U0605494

山西大学资助

■□—赵肖筠 著

市场经济运行中的法理问题研究

法学新思维文丛

Faxue Xinsiwei Wencong

法学新思维

中国检察出版社

图书在版编目（CIP）数据

市场经济运行中的法理问题研究/赵肖筠著．—北京：中国
检察出版社，2007.12
ISBN 978 - 7 - 80185 - 869 - 6

Ⅰ．市… Ⅱ．赵… Ⅲ．市场经济 - 经济法 - 法的理论 -
研究 - 中国 Ⅳ. D922.290.1

中国版本图书馆 CIP 数据核字（2007）第 193490 号

市场经济运行中的法理问题研究

赵肖筠 著

出 版 人：袁其国
出版发行：中国检察出版社
社 址：北京市石景山区鲁谷西路 5 号 （100040）
网 址：中国检察出版社（www. zgjccbs. com）
电子邮箱：zgjccbs@ vip. sina. com
电 话：(010)68682164(编辑) 68650015(发行) 68650029(邮购)
经 销：新华书店
印 刷：保定市中画美凯印刷有限公司
开 本：A5
印 张：9.75 印张 插页 4
字 数：261 千字
版 次：2008 年 2 月第一版 2008 年 2 月第一次印刷
书 号：ISBN 978 - 7 - 80185 - 869 - 6/D · 1845
定 价：28.00 元

序　言

　　改革开放以来，我国法学研究随着社会政治、经济、文化的发展变化而不断深化，并为中国法治建设的顺利展开提供了坚实的理论基础。美国法学家弗里德曼曾经说过，法典背后有强大的思想运动。法不仅仅是制度层面上一种社会治理模式和秩序的状态，更是思想层面上一种理念与文化的承载与传播。而法治的真正落实，就导源于人们感悟生命的需要，其以人的心智开发为基础，在对人的尊严、理性、权利的一步步追寻中，最终把人本身作为法终极关怀的目的。而法理学作为法学的基础学科，更是以人为根本价值追求的。

　　众所周知，在从传统社会向现代社会的转变过程中，人的形象与定位已经发生了翻天覆地的变化，"宗教人被'还俗'为理性人，道德人被'进化'为经济人，具体人被'通约'为抽象人，文化人被'提纯'为法律人"（高鸿钧语）。然而，在人的形象以及作为其生活背景与样式的社会生活发生巨大转型之时，本应处在法学学科最前沿、最迅速吸纳自然科学与社会科学之成就、最深刻反思法的基本问题、最有效引导部门法学流向的法理学，却面临着"将往何处去"的尴尬困境。代表一国法学整体水平的法理学研究，如果流于内容的空洞与语言的精美，论述策略玄妙有余而思想质地厚度不足，那么它只会愈加晦涩、玄虚、脱离实际。我们坚信真正的法理学应当是贴行于地面生存的，是在法律实践的生活场景中致力于思想创造与超越的，而我国目前的市场经济建设活动本身无疑将为法理学研究提供丰富的实践素材，引发更多新的研究课题。邓正来先生在描述其法学的理想图景时说，建构"中国理想图景"的诉求，给中国法学论者提出了至少这样两项要求：第一，借社会学和经济学既有成果研究当代中国转型阶段的各种社会问题，同时这种研究绝不能是对现实现象所做的毫无问题意识的平面描述或简单罗列，而要对各种问题进行综合的理论处理；第二，在上述基础上努力建构中国自己在这个特定时空结构中的"法律理想图景"，以此为应然标准评价、批判、捍卫和建构中国法制（法治）以及整个社会的发展。

法理学理应以服务实践为己任，理应为整个社会的健康运行提供坚实的理论基础。笔者在多年的法理学教学、研究过程中，始终以此为原则。尤其在当下严峻的社会转型期，面对改革的进一步深化，在政治、经济、社会、文化尤其法律领域出现的重大变革，不断以问题意识警示自己、鞭策学生，密切关注此一阶段具有典型性和代表性的社会焦点与热点，如法律与市场经济、法律与环境保护、法律与科学技术之关系，法律与新农村建设、和谐社会法律体系构建、法律移植等问题，突出法理学的应用性研究，探索法的本体性内容与价值论、方法论等。通过长期的资料收集、课堂讨论、社会实践，特别是在为首届研究生开设相关法理课程的过程中，悉心探索、教学相长，将与学生讨论研究的拙作归纳整理酿成此书。其中涉及的内容主要有：

一、树立以人为本的法律理念。新利益阶层的出现，新利益关系的产生，促使法理学关注以弱势群体为代表的民权民生问题，保障和维护社会公平和正义，因此树立"以人为本"的法理念，将人权、人性、人道纳入到法理学研究范畴是新时期我国法理学研究的一个重要课题。

　　转型期社会利益层发生了严重的断裂现象，利益层既呈现多元态势，又缺乏有机联系。这使得社会中不同的利益群体几乎处在不同的"时代"中，富者极富、贫者极贫，利益分配失当，社会发展成果难以惠及全民等拉断社会的力量正挑战着法律的智慧与能力，也引发人们关注社会公平与正义的问题。将不断发展变化的"公平"观落实到法律制度层面，既要寻得当代社会价值与法律价值的契合之处——利益的反哺，又需从多角度阐明其具体内涵，使利益分配符合法律范围内社会公平的理想。于是充分肯定私人利益、大力倡导互惠互利、公平补偿利益减损、切实关注代际公平、公众道德善恶指引、利益限制程度合理六条线路便连成了法律层面内利益语境下的社会公平概念。而以公平为核心价值的法律，在某种角度上讲恰是承载着深厚"人文"内蕴的意义体系。我们曾经习惯于自上而下展开的政府主导型法治建设，而这不论在理念上还是在制度上都被灌入阶级意志性、政治附庸性、威权震慑性，由此而成的法律观必定是"以官为本的国家意志论"。而在本世纪初，随着"后法律移植时代"来临，公众开始测试法律，激活权利，寻找答案。此时民众开始成为法治进程中的主角，他们主动地参与，以前所未有的热情回应规则的设计与运行；他们积极地领会，体悟"重视自身价值和关怀自身生活"的人文价值融入法律规范的意义所在；他们广泛地动员，让一个个具体诉讼因深入地讨论而家喻户晓，引导诸多个案的微薄力量汇集成推动法治进步的巨大潮涌。借"影响性诉讼"活动，我们得以迅速捕捉法治进程中的每一次脉动，继而构建起我国"以人为本法律观"的基本维度，即对人主动性、主体性和主导性的承认和尊重。从这一意义上看，法律既是现实的又是务实的，贴近人的真实生活，反映人的世俗要求。我们在充分把握"形而上"的法理念与"形而下"的法实践之间互生互发的基础上，也深刻地认识到，洋溢着人文气质的法理念，才是法治的灵魂所在。

二、培育市场经济主体的法律信仰。"法律必须被信仰，否则它将形同虚设"（伯尔曼语）。随着政治时代向经济时代过渡，作为市场经济主体的"经济人"，其所散发出的自主、自立、自利、理性的气质无疑使其成为当代中国社会主体最精彩的描述。同时，多元社会、多项选择机会的另一面也昭示着，充满利益诱惑的市场还带来了多重竞争、冲突、弊病，如何在个人自由与社会秩序、分权与集权、公平与效率、私权与公权、多元与统一等诸多紧张关系中寻求平衡，便成为法律设计的重中之重。培育市场经济主体之法律信仰，就是要在"经济人"与法律之间达成某种合意，因此这样的法律信仰是双向的：作为信仰的主体，"经济人"当以法律为指南，为行动提供合理预测，妥善处理个群关系；作为信仰的对象，法律当力图体会"经济人"的内心需要，不能高高在上，而要以生活的立场与之共鸣。

在对西方经济学之经典假设"经济人"历史性概念的回放中，我们发现"经济人"通过不断拓展，已经越来越接近一种真实的写照，扩大"自利"外延、改造理性条件后，"经济人"不仅符合普通人在多数场合中的现实形象，也具有价值评价上的中立性，因此成为法律信仰逻辑起点的不二之选。在对法律信仰变迁之路的时代考察中，我们得出从人对人的信任发展到人对法律的制度信仰其实是一种历史的规律。在对"经济人"形态的主体性、行为的逐利性和连带关系复杂性的实证分析中，我们认为"经济人"对法律的信仰其实是一种主观需要，而法律通过激励机制以自利、制约机制以互利的制度安排，也迎合了"经济人"对法律的客观选择。在对"经济人"法律信仰的价值分析中，我们把"利益"置于信仰的皈依之所，为了树立"经济人"的法律信仰，就需要塑造"利导之法"，而私人利益之充分肯定，多元利益关系之妥善调适，成本、利益关系之理性权衡就成为了利导之法的构成要素。

三、夯实和谐社会法律体系的理论基础。法律体系是法的本体论中的重要课题，而成熟的法律体系理论对于中国特色法律体系的形成和社会主义法治国家的实现有着重要的指导意义。而学界在讨论建立和完善中国特色社会主义法律体系的过程中往往忽视了一个前提性概念，即中国特色社会主义法律体系的"特色"究竟是什么？从应然的角度看，此"特色"的构成特征为何？

中国特色社会主义法律体系应当是以"和谐"为特色的法律体系，这既是建设社会主义法治国家必须注重和利用的本土资源，也是对当下人们实践选择的尊重与关怀。"和谐"社会法律体系可以从形式要素、内容要素和价值要素三方面加以分析。从形式上看，和谐法律体系应当是依据效力逻辑原则和功能逻辑原则构建起来的具有形式逻辑性、整体性、统一性、发展性的法律体系；从内容上看，和谐法律体系应当是适应中国现实客观条件、符合客观事物实际性质并能反映社会发展规律的法律体系；从价值上看，和谐法律体系必须以体现社会正义、促进社会全面发展、实现人民根本利益为终极价值追求。

仅仅勾勒出中国特色法律体系的"理想图景"是不够的，我们更加关心中国特色法律体系的实现路径和模式。首先，明晰和谐法律体系之三元基础——公法、私法和社会法。公法应以保护国家利益为根本价值目标，对于私人利益避免过度干预；私法应以意思自治为基本价值取向，实行意思自治的自由竞争；社会法调整日渐兴起的第三领域，规范社会组织中互动式、回应型的社会契约关系。其次，确立和谐法律体系之双重模式——以立法为主导，以司法为辅助，实现法典模式和判例模式合作互动。最后，建立和谐法律体系之协调机制，妥善处理国际法与国内法的协调与共治。在此，我们更着重于法理学与部门法学的关系协调。既然法理学因研究对象的普遍性和研究范围的概括性而具有显著的对部门法学的指导性，那么只有对各部门法的复杂现象予以特别关注，并对那些具有普遍意义的实践经验和发展趋势加以提炼和升华才有实现之可能。

四、重视法治建设与法律移植的关系。我国的法治建设是以开发本土资源为主，还是以移植西方法律文化为主；是要用普适的、大写的真理来展开，还是从传统文化中发掘经验；是走法治浪漫主义，还是走法治保守主义？这些争论，既是法律制度构建问题，也是中西文化交流问题，决定着我们这个发展中国家法治建设的道路。在目前深刻的转型阶段，法律制度与文化正处于不断的冲突与磨合中，为了保证这一特殊阶段的顺利展开与平稳发展，应当既立足国内，以中国传统文化为基点，从中挖掘有益成果加以改造，赋予其全新内涵，又需大胆引进和科学分析外国先进的法学理论和法律制度；既要针对性地研究我国的特殊问题，也要探讨世界范围内具有普遍性的问题。

因此，在探索法治建设法律移植之必要与可行的基础上，在百年中国艰难的法律移植历史回顾中，我们致力于总结当代中国法律移植过程中存在的偏失，主要是法律移植在准备阶段、运作过程和实践期间存在的问题，例如视野偏狭窄、研究欠深入；选择不当、理论滞后、思想教条、观念不畅；忽略实施、人才匮乏。为了克服以上偏失，完善我国法律移植之路，首先在于确定法律移植之根本原则，诸如法律移植要维护国家主权相统一原则，要实现植体功能最大化原则，要把握适时、适量、适度的原则等。其次在于明确移植内容之具体选择，法律价值观念层面上要重视移植法律至上的观念、人权保障的观念、主体平等的观念以及博爱观念等；法律表达层面上应重视移植规范市场经济方面的法律、保证可持续发展方面的法律以及社会保障方面的法律；法律实践层面上应重视移植权力制约和监督原则、司法独立原则、司法审查原则等，以此推动我国法律建设进程。

五、发挥法律经济学对我国法治建设的促进作用。法律经济学对法律制度的经济分析不是对生产力要素的分析，而是对生产关系以及人们在生产活动中所形成的各种利益关系的分析，这种以方法论的个人主义为理论分析起点的学派，把个人作为分析问题的基点，通过对个人行为、动机、目的、偏好等进行分析，展现社会发展的基本脉络。作为与传统法学有着很大区别的较新流派，其立论的前提和价值判断标准是经济学的前提和标准，即效率或效用最大化。而效率价值观的引入，给法学研究注入无限生机与活力。由于现代社会因生产力和经济的快速发展引发的市场优势地位和垄断现象的日渐增多，传统的法律价值体系发生较大紊乱，平等的基础即自由选择和自由竞争备受威胁。在传统法律逻辑分析无能为力之时，就迫切需要一种新的价值内容来弥补这一缺陷，成为法律分析和解释的目的或意图，也即效率。

转型阶段的中国若要在法学研究领域恰当运用法律经济学理论和方法，就应当充分了解该学派的历史发展过程，既要了解其所面临的传统理论困境，诸如人文精神匮乏、泛经济分析倾向，又要把握其已有的发展方向，诸如"经济理性"分析的变革、现实主义方法论的引入以及研究范围的明晰。同时在借鉴过程中要重视其与马克思经济学原理的区别和联系，在交叉比较中避免对某些重要问题进行简单化的处理。法律经济学理论对中国法治建设的启示是广泛而深刻的：重视"效率"在法治实践中的地位，立法方面注重成本效益分析，融合创造更多社会财富、最大限度优化利用和配置资源的市场经济目标；司法改革方面针对性地指导解决司法公正、司法效率、诉讼成本等关系；发挥经济分析方法在法学研究中的作用，以数量分析和行为量化理论丰富理性存在的解释方法，以可应用性和对实践的可作用性，扭转法学理论研究越来越抽象、脱离实际的趋势；关注法律经济学科对法学教育的意义，引导选择法律的现实主义道路，促进法律专业人才之培养。

六、探寻现代法与科技的内在关系。有学者说，21世纪世界范围内的竞争突出地集中在科技的竞争，此时政治意识形态作用逐步降低，而以科技为龙头、全球经济一体化为导向的经济科技意识形态就会越来越重要。哈贝马斯认为科学技术在当代西方社会日益承担着意识形态的职能。这必然影响世界各国在政治、经济、法律、文化、军事等各方面发生变化，也必然会影响中国特色社会主义法律体系的形成发展以及今后法律研究重点的转变。因此，我们应该研究法律与自然科学包括科学技术、科学思维、科学精神在内的一系列因素之间的相互影响和渗透，在自然科学的发展视野下探索法律理念、法律制度以及法律文化的演进和变化。

法与科技之间的联系是天然存在的。对此，我们选取了不同视角予以探讨。具体来说是以法理学范畴的思路，从法的本体论、进化论、运行论、方法论出发，在与科技发展形态相对应的过程中，深入挖掘法与科技之间深藏的内在因果联系。在法的本体论方面，我们发现不论是以神法为主导的法律观还是实证、经验的法律观，人们对法律本质的认识始终离不开其所处时代的科技发展水平。从对超自然力量的敬畏与猜测，到以人类主体性思想为源流的理性与思辨，再到运用自然科学之实证方法解决法学问题，科学理念、科学思维以及科学精神始终不断冲击着法学的发展，不断丰富着法律的本体论内容。在法的进化论方面，我们从法的发生学与发展学出发，分析生产力和科学技术在法产生和发展进程中所起的作用。在法的运行论方面，我们分析科技对立法内容、立法技术，执法质量、效率以及对司法中事实认定、法律适用和法律推理之影响。在法的方法论方面，我们从思维层面和技术层面探析自然科学方法对于法学研究方法的供养和渗入。最后在法与科技关系之当代定位中，针对当前一系列诸如资源环境、人与自然和谐发展以及经济社会全面协调可持续发展等现实问题，提出因科技迅速发展给法律主体、调整对象、权利内涵以重新诠释，给法律价值以重新理解，法与科技的当代互动将会多方位、多层次、系统全面地展开，为社会的发展提供双动力。

七、提升环境权保护之法律地位。实现人与自然的和谐共处，是人类社会和自然法学追求的理想境界。既尊重人的尊严又尊重大自然的尊严，既承认人的价值又承认环境的价值，是环境资源法的基本价值取向。现代环境价值观认为，环境权要求尊重自然价值和自然权利的环境道德，要求和合统一、公平正义的环境法律，要求环境道德法律化与环境法律道德化。基于此，我们站在法哲学的高度对环境权保障的一系列问题进行解析，提出将公平、正义理念扩展到一国人与他国人、当代人与后代人以及人类与自然之间的关系，体现人与人、人与自然间的双向和谐。

环境权作为一种不能定性为私权或公权的复合性权利，既是程序环境权，又是实体环境权，更是基本环境权。而我国目前关于环境权的法律规定却存在立法目的偏颇、环境权规定过于原则、环境权保护内容相对薄弱的缺憾，使得环境权在司法、执法和守法中都面临诸多困境。从理论角度看，环境权法律观是与中国传统环境思维——天人合一相统一的，它既符合空间维度的公正即代内公正，又符合时间维度的公正即代际公正，还具有可持续发展环境伦理的实践意义。而人与自然和谐相处思想作为环境伦理学领域的一场革命，又将进一步推动环境法理的根本变革。

八、挖掘"古今南北"商业文化的法理意义。以近代晋商文化中"活法"和现代温州经营模式中的商业文化为切入点，我们探究中国近、现代经济史上的案例资源对当代法治建设的启示，是要超越具体时空的限制寻求带有普遍意义的法律现象。而挖掘晋商和浙商文化中的法律要素，能够为当今市场经济的法律规制，提供一定的借鉴和参考。

我们说晋商厚重的商德文化离不开正义的支持，顽强的敬业精神来源于利益的激励，规范的经营环境取决于秩序的保障，持续的资本增值来源于效率的维系，良好的商业氛围得益于和谐的崇尚。而其有效的经济秩序又有赖于实体规则（即诚信和店规、行规）和程序执行（即行业协会的调解等）。在此勾连我国现实可以得出诸多启示：构建利益的法，树立法的工具合理性权威和价值合理性权威；厘清国家法与"活法"的关系，实现二者的良性互动；培育市场经济主体的信义伦理，奠定守法基石；引入诚信防纷机制、行会调解机制和利益解纷机制，完善多元化的纠纷解决机制等。总之，中国的法治需要对传统法文化进行挖掘与超越，这样才能建构适合我国国情的有中国特色的市场经济法治。

而研究温州模式的意义在于，通过这个在东方文明和意识形态中形成的市场经济典范，总结温州模式的形成和发展机理，揭示其体制示范效应和发展示范效应，揭示在东方文明下发展和运行市场经济的特殊规定性。这既能丰富我国市场经济理论，也有利于改革在整体上顺利地度过转轨时期。因此，我们研究了温州模式所体现的法精神，如市民社会本质、契约价值观念、意思自治原则、诚实信用理念、权利本位意识；总结了温州模式的法治发展障碍，如法治经济缺乏、政府转型缓慢、历史传统制约、法律规范缺失；设计了温州模式的法治发展路径，如立足本土法治资源、弘扬时代法治文明、建立现代法治经济、建设和谐法治政府……从温州模式所创造的成功经验和面临的新问题中，探寻其对其他区域发展乃至我国市场经济健康运行的有益启示。

以上所涉之市场经济运行中的法理问题，均是在密切关注我国从计划经济向市场经济、从乡土封闭型社会向市民开放型社会、从同质的伦理型社会向异质的法制型社会转型中现实问题的基础上，提出的法理学领域中的新课题。由于现实总处在不断地发展变化中，而本书是对我院首届法理学硕士研究生授课过程中研究问题的归纳总结，难免有许多问题的研究不深入，观点欠准确，特别是对同行们观点的理解、引用也会有不当之处，望学界同仁对拙作给予批评指正，而本人也会继续努力，将社会经济运行中的法理问题继续深入挖掘、探讨，为中国法治建设尽绵薄之力。

目　录

第一章　树立以人为本的法律理念

一、利益的反哺与公平的维度

转型期社会中利益层断的严峻现实，引发人们关注社会的公平问题。将言人人殊的"公平"落实到法律制度层面，既要寻得社会价值与法律价值的契合之处——利益的反哺，又需从多角度阐明其具体内涵，使利益分配符合法律范围内社会公平的理想。于是充分肯定私人利益、大力倡导互惠互利、公平补偿利益减损、切实关注代际公平、公众道德善恶指引、利益限制程度合理六条线路便联成了法律层面内利益语境下的社会公平概念。

反哺，生物学意义上用来形容雏鸟长成后，哺育曾养育自己而今年老体弱的父母。人们曾经用动物间的反哺之情鼓舞或佐证人伦孝道，当道德规则继续着其维系人心的力量时，我们发现"反哺"的道德意蕴其实可以在更广泛的领域加以使用。于是本文在法律层面上利益语境内，重新提出"反哺"，以期在"从传统到现代"的深刻转型阶段，为日益凸显的社会公正问题提供导向性的解决框架和更为广阔的解释空间。利益的反哺，不是简单的语义转换，它关注利益不断分化、重组、冲突、博弈过程中的衡平问题，既有实然的判断，又有应然的召唤，因此"利益的反哺"关涉价值。基于此，本文试图在"更加注重社会公平"、"共同富裕"的时代主题下，阐释利益话语中的"公平"概念，从充分肯定私人利益、大力倡导互惠互利、公平补偿利益减损、切实关注代际公平、公众道德善恶指引、利益限制程度合理六个方面塑造公平维度内利益反哺的法律机制，以相对具体的公平观指引当下的利益分配。由此，我们得以套用如下比喻：在通往和谐社会的列车上，如果"利益"是台马力强劲的"发动机"，那么"公平"无疑是当之无愧的"方向盘"。

（一）利益层断——转型社会的现实之述

美国著名未来学家托夫勒在其《第三次浪潮》一书中阐述了一个经典命题：农业文明是人类经历的第一次文明浪潮，工业文明是人类经历的第二次文明浪潮，而上世纪80年代已初露端倪的以信息技术和生物技术为代表的新技术革命则是人类正在经历的第三次文明浪潮。谈及中国社会目前所处的时代，却很难用第几次文明加以定位，许多学者因此选择了"转型期"这一词汇："从传统社会向现代社会过渡"、"从计划经济向市场经济转轨"、"从乡土社会向市民社会转型"、"从农业社会向工业社会转变"、"从封闭型社会向开放型社会转变"、"从同质的单一性社会向异质的多样性社会转型"、"从伦理型社会向法制型社会转型"……无论何种表述，都在传达同一信息，中国社会目前所经历的全面的结构性过渡，是难以进行单一的历史定位的。所谓的转型社会，是介于两者之间的既不是完全意义上的常态，也不是完全意义上的非常态的

"过渡"社会形态。① 社会结构、社会组织、社会成员的身份地位、价值观念、生活方式的转型，以经济体制的变化为基，呈发散形态辐射到政治、军事、科学、文化、教育尤其是法律等社会各个领域。本文拟在利益的语境中，将"转型期"中社会一般所具备的社会结构不平衡、社会矛盾异常尖锐、法律制度亟待创新等特点综合地表述为"利益层断"。以利益的视角截取生活断面，解构转型期的社会变迁，重塑转型期的法律价值。

所谓"利益层断"，可以从两方面加以理解：其一，利益层次呈多元化态势；其二，分化的利益层之间缺乏有机联系。前者是后者的基础，而后者仅仅是前者发展的一种分支形态，因为多元利益层次间的关系可以另一种常态方式呈现，即：深刻分化的利益结构、并存的利益力量、利益主体不同乃至对立的价值观这些不同的部分基本处于同一时代的发展水平，各部分能够形成一个整体的社会，而断裂的利益层缺乏如此特质。

具体而言，利益层次呈多元化态势，是利益层断的前提条件。利益主体一元化曾是中国计划经济时期的独特现象，新中国成立初期的国际环境对中国构成的压力、中国领导人的政治理念、革命根据地时期形成的传统以及建立现代化强国目标的确立等，② 都构成了一元化利益主体社会结构形成的因素，构成一个"总体型社会"。这时，国家对大部分社会资源进行直接垄断，是生产和生活资料的统一发放者。可以说，此时的利益格局是在行政的框架而非社会的框架中形成的，毕竟在消灭了私营经济和私有产权制度之后，民间社会赖以存在的经济基础已被瓦解，民间社会本身也不复

---

① 常态社会表征为制度规范、社会理性、政局稳定、生活有序。非常态社会表征为制度混乱、社会病态、问题丛生、生活无序。参见付子堂："'发展中法治'图景的描绘——问题的由来与研究进路"，载《法制与社会发展》2005 年第 4 期。

② 张树义：《中国社会结构变迁的法学透视》，中国政法大学出版社2002 年版，第 40 页。

存在。国家直接面对民众，政府直接统治民众，中间缺乏一个作为缓冲地带的民间社会。在这样一个社会资源高度集中的利益格局下，每个公民或组织获取资源的唯一途径就是通过国家，由此决定了国家（通过单位）对个人的有效控制和个人对国家的依附（直接表现为个人对单位的隶属和依附）。[①]

　　而在转型期，国家从许多领域退出，社会的独立性、自主性日渐增强。市民社会的形成和发展在法律领域内体现为法治，在经济领域内体现为市场经济。市场作为一种特定的资源配置机制，有其自身的配置规律和模式，此时的利益分配已经不再主要取决于国家意志，而是社会、市场中不同利益主体之间的博弈。在市场经济体制和社会结构分化的双重作用下，我们进入"多元利益时代"，与此前国家利益"一统天下"的格局不同，社会利益、个人利益在市场的召唤下"异军突起"。

　　同时，作为社会的基本因子，个人及组织随着社会分化的加深，在微观意义上又划分出数量更多、内容更复杂的利益群体。许多学者因此将中国社会阶层的类别划分为诸如产业工人、农业劳动者、个体工商户、私营企业主、专业技术人员等。如果从利益层次的角度考察，会发现其实不同的社会分工、社会地位等决定了他们有着各自的利益主张和诉求，甚至可以说，任何一个具体的经济社会事务都可以成为一种利益，并从中产生出一群分享这些利益的群体，围绕这种利益展开博弈。总之，在一个个人不断摆脱身份上种种束缚、由隶属、依附迈向自由、主体化的时代，利益范围的明确化、利益关系的复杂化，不断增强着人们的自我利益感，刺激着人们利益意识的复苏，使得转型期利益层次呈现出多元化、多样化的态势。

---

　　① 孙立平、李强、沈原："中国社会结构转型中的近期趋势与隐患"，载《战略与管理》1998年第5期。转引自李晓东、罗卫国："当代中国社会变迁中的立法转型研究"，载《南昌大学学报》（人文社会科学版）2006年第3期。

分化的利益层间缺乏有机联系，是利益层断的核心特质。若将改革开放前中国社会结构喻做"金字塔"，① 那么转型期的恰当喻体就是"马拉松"。② 在高度集中的体制中，政企不分、政社不分、政经不分，所有的个人、组织都凝聚其中，按照行政原则层层隶属，没有人能够游离于金字塔似的社会结构而独立自主地存在，全都程度不同地被构筑于这个底宽顶尖的金字塔中，湮没于国家发号的命令之下。而在今天这样的结构正在逐渐隐却，代之而起的是一场马拉松比赛。每跑一段就会有人掉队，这些掉了队的参赛者，甚至已经不再是社会结构中的底层，而是处于社会结构之外的淘汰者。如此"马拉松"是在市场经济蓬勃发展的帷幕之后，城乡差距、贫富悬殊等诸多社会不公以及利益冲突问题层出不穷的真实写照。举例而言，就我国城乡之间、工农业之间进行比较，当前者充分享有第二、三次文明浪潮的恩泽时，后者却因经营规模小、生产条件差、技术含量少、人力资本积累不足、市场化程度低等因素阻碍了发展，人们以家庭为基本生产单位，耕种小块土地，几近自给自足，无力分享以城市为代表的另两次文明之果。而在一个利益分化却能有机联系的社会中，农民应当是在机械耕种的同时利用网络了解农产品的市场情况；工业反哺农业，将资金、技术、现代管理方法及营销策略等要素引入农村；政策投入农业，将政府所掌握的财政资源、技术资源、信息资源和能力资源通过调配流入农村，使农民通过现代化生产方式和特殊保护获得与从事其他产业的人基本对等的利益。

当利益层存在断裂，这个社会中不同的利益群体几乎处在不同的时代当中（"时代"，在此并非真正意义上的时间概念，而是指

---

① 张树义：《中国社会结构变迁的法学透视》，中国政法大学出版社2002 年版，第 39 页。

② 孙立平：《断裂——20 世纪 90 年代以来的中国社会》，社会科学文献出版社 2003 年版，第 7 页。

代文明的发展阶段，社会进步的程度）。综合地讲，利益断裂（或曰具体的利益层之间缺乏有机联系），是一股富者极富、贫者极贫，先进部分与后进部分差距巨大，利益分配失当，社会发展的成果难以惠及全民等拉断社会的力量。由此而及必将进入一种理论上的怪圈：即便经济快速增长，社会中的多数利益群体也不能从中受惠；而若没有这样快速的经济增长，社会中的多数利益群体就会在经济停滞中受害。利益层断以及与之相关的社会不公还引发了"改革冷漠症"，贫困人群认为改革使自己的生活状况甚至不如从前，而富裕阶层担心进一步改革会触动既得利益，遂无人推动改革，"改革冷漠症"由此引发。

我们必须关注经济高位运行背后利益层断以及与此相关的社会公平问题。在利益分配的格局中，分化是必然的，差距是必需的，但尚存在"公平的差距"和"不公平的差距"之分，民众真正不满的恐怕正是那种"不公平的差距"以及由此形成的利益的失衡与断裂。目前，税基税源流失、偷税漏税频发、公共支出错位、腐败现象不止、灰色收入不绝、不良贷款增加……财政收入与 GDP 的比例、积累与消费的比例、政府消费与居民消费的比例、生产性投入与事业性投入的比例等都存在突出矛盾。贫富差距拉大过快，基尼系数由上世纪 70 年代末的 0.16 到上世纪 90 年代中后期的 0.40，再到当前已达国际公认警戒线的 0.46，我国成为世界上贫富差距拉大最快的国家；2004 年，占城镇居民 20% 的高收入群体获得了城镇全部可支配收入的 40%，收入分配严重向高收入群体集中；而当前，低收入及中低收入者已占总人口的 80%，中等收入者仅占 15%，这导致居民购买力明显下降，消费率降至改革开放以来的最低点；10% 的最高收入家庭和 10% 的最低收入家庭，年可支配收入已经扩大到 8.8 倍……①这些尖锐的社会现实以失

① http：//www.raresd.com/bbsxp/ShowPost.asp? menu = Next&ForumID =9&ThreadID = 46.

业、"三农"、资源、生态、安全、上访、低收入人群增多等具体形态反映在不同层次、不同领域、不同地区、不同行业，挑战着经济快速发展、经济总量高速增长、经济国际位次前移等目前已经取得的巨大成就。

"转型期"的表述，是社会学对化学和生物学概念的转用，旨在说明通过改变分子结构的空间排列方式，使其具有新的结构和功能。① 如果把社会中的每一利益主体、利益群体当做一个分子的话，分子结构理想的排列应呈"橄榄形"，即不仅各利益主体都处于同一架构，共享整体社会文明之果，而且在"分子"分布上，也是"两头尖中间圆"，占绝大部分的是处于中等经济地位、社会地位的利益主体，位于橄榄两端的则是较低和较高地位的利益主体。这种理想的模式是我们奋斗的目标，只有从现在"马拉松"式的利益层断顺利过渡到"橄榄形"内利益层的有机联系，才能真正营造出和谐的社会局面。

（二）利益"反哺"——社会价值与法律价值的统摄之道

解读"转型期社会"利益层断的现实问题，是从社会学的角度为法律分析提供素材和切入点，在社会价值与法律价值的契合点上，我们首先关注"利益"。利益，从字面看指好处。人们普遍的把利益界定为"需要"，言及利益，时常暗指需要。其实，以过程论，需要是动机，利益是需要转化后的结果。以边沁为代表的功利主义法学曾将法律界定为对各种利益的衡定，奥斯丁指出权利之特质在于给所有者以利益。② 耶林说权利就是受法律保护的一种利益，庞德将利益界定为"人类个别地或在集团社会中谋求得到满

---

① 付子堂："'发展中法治'图景的描绘——问题的由来与研究进路"，载《法制与社会发展》2005年第4期。
② 李卓："权利的社会本原——在社会冲突与社会合作的视野下"，载《法制与社会发展》2006年第2期。

足的一种欲望或要求"。① 马克思也指出："人们奋斗所争取的一切，都同他们的利益有关。"② 可以说，利益是人类行为的内在动力，它推动人的一切行动，也推动社会整体进步。"利益在时间和空间上的失衡性导致人类的争战，在长期的实践中，人类逐渐发现了避免争斗的各种方法，这些方法的内容就组成了社会秩序的规则，伦理、法律都是人类界定、维持利益关系的社会秩序规则。在利益的长河中，利益矛盾在实践中不断产生和暴露，社会秩序各方面的内容在逐渐解决矛盾的过程中不断发展，不断进步，不断完善。"③

所以，不同的时代，人类对于利益的态度在很大程度上影响着文明的进程。西方前资本主义时期，对利益的追求并未得到道德上的肯定，受到当时主流社会的谴责，经过了文艺复兴、宗教改革和重商主义的洗礼，这种利益最大化的动机成为了人类理性的基础内容，社会对它的道德评判开始实现中立化，而这种对利益最大化的道德中立化的确立，④ 成就了西方世界的兴起。"当西方人为私欲的满足提供一种尽可能合理的秩序，并使之不断完善的时候，中国人却一直在做着另一件事情，结果，西方人创造了一种高度复杂的精细的技术体系，中国人却只有一套'义利之辨'的哲学。"⑤ 君子喻于义，小人喻于利，利之于义，有如小人之于君子，首先便在

---

① ［美］庞德：《通过法律的社会控制》，商务印书馆1984年版，第81页。转引自张树义：《中国社会结构变迁的法学透视》，中国政法大学出版社2002年版，第39页。

② 《马克思恩格斯全集》第2卷，第82页。

③ 谢志平："论利益、权利、权力及其关系"，载《湖南大学学报》1999年第7期。转引自李卓："权利的社会本原——在社会冲突与社会合作的视野下"，载《法制与社会发展》2006年第2期。

④ 种明钊、应飞虎："经济人与国家干预法"，载《现代法学》2003年第2期。

⑤ 梁治平：《寻求自然秩序的和谐》，中国政法大学出版社2002年版，第197页。

道德的正当性上低了一头，在面对人类社会共有且常见的好利恶害的事实时，传统立法的精神或曰文化的性格始终不是肯定，不是满足其合理性，而是压制，通过反复的教化、劝诫，意图营造一个无私、去私的理想世界，并最终形成一套重义轻利、贵义贱利的价值体系，君子以义为标榜，倡言利他，并得到社会公认，而"小人"的价值偏好粗糙难登大雅之堂，更勿提成为国家的法律，即便是"汲汲一生、富贾天下"的商人，他所承受的道德上的压迫，就不仅来自社会的某一阶层，而是包括他自己在内的整个社会，他在价值上是贫弱的。①

其实，"从历史唯物论和社会心理学的观点看，满足既被当做人们需要的实现，又是新的需要的起点和契机，因而追求利益是人类最一般、最基础的心理特征和行为规律，是一切创造性活动的源泉和动力，既然如此，承认和保护人们的利益，从而激励人们在法律范围内尽其所能的实现其物质利益（又不限于物质利益，笔者按），就成为人们之所以需要法律的理由"。② 因此，社会价值与法律价值在"利益"要素上的契合，使法律得以成为利益关系的调节器。从这个意义上看，法律就绝不是一套枯燥的操作规则，而是分配利益归属、解决利益冲突、创造利益合作的生动机制，在权利、义务的法律符号之下，实现激励和约束的双重调节。人类社会自身是一个不断变化的非平衡系统，随时会产生对抗性的不协调因素，而所有的对立和冲突，在一定程度上都可以理解为利益的博弈。存在利益差别的各种利益主体在谋取各自利益的活动中都会以最大化为目标，利用各种手段极尽所能。于是，利益格局中的弱势主体会尽力改变自己的劣势地位，试图打破不平等的利益格局；而

---

① 梁治平：《寻求自然秩序的和谐》，中国政法大学出版社2002年版，第198页。

② 张文显："构建社会主义和谐社会的法律机制"，载《中国法学》2006年第1期。

强势主体则竭力保持优势地位，维护甚至发展不平等的利益格局。在各自利益的伸张中，发生利益冲突在所难免，但差异不否认共性，冲突不排斥共识。关键在于如何构建法律制度以匡正他们各自的逐利行为，使各利益束处于一种相对均衡的状态，这是法律制度创新的要旨所在。

早在 19 世纪，功利主义法学派就曾提出：政府的职责就是通过避苦求乐来增进社会的幸福，最大多数人的幸福乃是判断是非的标准。立法应当在这个标准的指导下进行，但是国家的法律并不能直接向公民提供生计，它们所能做的只是提供驱动力，亦即惩罚和奖励，凭借这些驱动力人们会被导向为自己提供生计。法律也不能指导个人如何寻求财富，它们所能做的只是创造条件，以刺激和奖励人们去占有更多的财富。① 转型期过程，是法律制度创新的过程。在关注上述"利益层断"的基础上，思考法律这一现代社会最重要的社会控制方式当以何种姿态应对考验，在旧制度老化失效、新制度亟待确立的紧迫之下如何弥合社会中业已形成的利益群体间的巨大分歧，扩大共识，由此，我们再度回归一个经久不衰、历久弥新的终极价值——公平。

公平，古老而不断更新的概念，在汉语里往往与公正、公道、正义、平等交替使用。我们从自身经验的感知中能够体会到何谓公平、何谓不公，但却难以给公平下一个公认的概念。也正因为如此，尽管西方先哲从很早就开始关注公平、正义等，却始终没有定论，每一种关于公平的理论都适应了它所处的时代的需要，但每一种理论也都有其局限之处。概括说来，有影响的公平定义如：它是一种美德，己所不欲勿施于人，己所欲施于人；它意味着各得其所，是每个人获得其应得的东西的人类精神倾向；它意味着一种对

---

① Jeremy Benthan , *Theory of Legislation* ed. C. K Ogden （London 1931），p. 9. 转引自刘作翔：《法理学》，社会科学文献出版社 2005 年版，第 478 页。

等的回报；它指一种形式上的平等；它指法治或合法性；它指一种公正的体制……①

作为法律价值中的重要内容，公平是一种本原价值。在众多的法律价值目标中，我们往往需要对其作某种排序，以明确标示什么价值可以处于最高、最优先的地位。它们既是人们在知识非常充分的情况下最容易想到的价值目标，也是人们在知识很不充分的情况下的首要选择，也即"本原性的价值"。② 在笔者看来，公平可以在此定位中占有一席之地。作为本原性价值，公平是其他许多价值观念的来源，其深发于人的本性，符合人类理性和生活规则的最低限的当然要求；它是不可分解的价值观念，尽管有类似的言语表述可以交替使用，但其所蕴涵的内容是不以其他观念为源头的；它是无须自证的，是用某种"先验"的伦理情感包容着的不证自明的道德载体；它是可以成为裁决不同的低级价值观念彼此冲突时的参照系。

如前述利益作为法律价值和社会价值的契合一样，公平同样是这两种价值的契合点。法律的功能，不仅在于为人们提供一整套行为指引，更在于为人们营造一种氛围，使处于其间的人们树立起对公平正义等至美价值的执著与信念，因此法律应该有自己的精神追求，有自己崇高的目标。这一目标只有与民众心中的价值观相吻合，才能有真正实现的一天。此时的公平，作为一种社会公认的美德，就不仅仅是对个人的要求，更是对社会制度的要求。

利益的"反哺"，恰是对以上两种价值观念的综合，融合了法律在当下的双重任务。公平与利益，都是我们希冀的目标。面对利益冲突、利益博弈、利益层断，以公平为最终理念的法律必将有所作为。它确认、界定和分配各种利益，通过相关的规则、原则，用权利、义务的语言表达出来；在利益冲突矛盾的时候，它引导利益

---

① 张文显：《法理学》，高等教育出版社、北京大学出版社2003年版，第251页。

② 吴玉章：《法治的层次》，清华大学出版社2002年版，第57页。

主体正当、和平地以法律提供的程序解决纠纷；它弥补利益主体的损失，以强制手段惩罚不法获利；以超前的特性引导利益关系朝既定方向发展，促进更多的利益内容产生、成长。而在这所有的法律活动中，必须有一个价值方向上的指引，比如说公平，只有在公平的事业之下，法律对利益关系的调整才能突破表面上的秩序，迈向更深层次的和谐。

20世纪70年代美国著名的政治哲学家约翰·罗尔斯在《正义论》中所确立的"作为公平的正义"、"平等的自由"以及最值得关注的互惠互利的差别原则与对弱势群体的补偿原则，开拓了"罗尔斯时代"，引发西方学界对公共理性与社会行为、个人权利与公共利益、个人价值与社会正义、多元性与统一性、自由与平等重大问题的理论探讨。尽管其针对美国社会，但他关于公平与正义、平等与效率、权利与功利的思考，不仅具有普遍的学术价值，也能为处于转型期的中国社会提供有益参考，尤其是在解决公民权利的平等保障以及社会最少受惠者利益维护问题等方面。罗尔斯从受"无知之幕"遮蔽的"原始状态"出发，推导出按词典式排列的正义两原则：1. 对与其他人所拥有的最广泛的基本自由体系相容的类似自由体系，都应有一种平等的权利。2. 社会的和经济的不平等应这样安排，它们与职位相连，而职位对所有人开放，它们适合于最少受惠者的最大利益。第一条原则侧重保证公民在政治权利上享有平等的自由。罗尔斯认为，基于宪法的权利和自由，给人们以自尊和自治的那些必要条件必须平等分配，不应考虑人的社会地位、品行、财产状况。第二条原则针对社会、经济和文化权利，主要要求经济和社会利益分配的不平等，应该对处于社会最不利地位的人最有利。这条原则的实质是要求国家应对社会成员的经济等利益差别予以调节，以最大限度地改善最不利者的地位。罗尔斯既是自由主义者，又是平等主义者，在坚持西方自由主义精神传统的同时，面对社会严峻的贫富分化，以追求实质平等的"正义论"积极回应现实，并以高度的抽象性超越了年代和国别的限制。

建立社会主义和谐社会，把实现公平正义作为一个核心的价值目标，就必须对当前利益层断及背后的社会不公问题予以深切关注，不断调适法律和政策的着力点，克服经济"有增长无发展"的困窘。事实上，从十四届三中全会"效率优先，兼顾公平"到十六大报告"初次分配注重效率，再分配注重公平"，再到2006年5月中共中央政治局会议提出"在经济发展的基础上，更加注重社会公平"、"着力提高低收入者收入水平，扩大中等收入者比重，有效调节过高收入，取缔非法收入"，直至2007年1月5日召开的第七次全国民事审判工作会议针对当前因利益格局发生深刻调整，资源分配、市场占有、生产经营、收入分配、劳动关系等方面矛盾冲突导致越来越多的民事案件涌入法院，提出努力建设公正、高效、权威的民事审判制度，并将平等保护各类民事主体的合法权益作为关键举措，① 都表明不论政策上还是法律上，公平价值都已占据较从前更为重要的地位。建立和谐社会最好的选择就是在促进社会公平的过程中推动制度转型，既解决社会不公问题，又为进一步改革提供动力。

（三）利益语境中的公平之维

阐释公平离不开利益的语境，谋取利益离不开公平的指引。以公平这一本原性法律价值为指引、为视角、为范围，针对利益层严重断裂的社会现实构建利益的"反哺"机制，不仅是对"十一五规划"提出"利益的衡平与反哺"命题的集中阐释，也是对科学发展观以及和谐社会主题的一次升华，更是对转型社会"弱势主体及弱势利益"的着重关注。如何将衡平与反哺纳入法律制度发展、创新的轨道，通过法律体系的合理构建解决诸多社会不公和利益严重冲突的现实问题，需要高处着眼、低处着手。

第一，充分肯定私人利益。法律必须使每个人在形成和要求他

---

① 《人民法院报》2007年1月6日。

的利益方面是自由的，将任何理智健全的成年人视为在道德上自主。作为利益中最基础的部分，私人利益是利益主体行为的直接动力，强大而直观。苏力先生说："能够为人们所信仰的法律必须是能够给人或至少是绝大多数人带来利益的。"① 这种利益需与个人切身相关，其与只讲付出不求回报的道德教化无关，与送法下乡的一相情愿无关，与冰冷的国家强制力无关。因为法律向来都是亲历性的，私人利益可以说是普通人与法律最直接、最生动的体察媒介，只有从他最熟悉、最关切的日常法律实践中感受到个人的被肯定、被重视、被张扬，他才会理解本本上的法律是为他着想的，而非强者的喉舌。

在经典的计划经济体制下，微观主体对自身利益的追求受到很大限制，不用说追求利益最大化，就是追求微小的利益也不可能。因而产生资源运用低效和管理的僵化，尽管政府通过强制性手段维持了表面良好的社会秩序，但却是以微观经济主体的低效率为代价的。② 市场经济充分利用了利益主体的自利特性进行制度的设计和构建，其与私人利益密切相关。在满足了个人自由逐利、实现自身利益最大化的同时，也使市场本身获得相当高的资源配置和运用效率。为了构筑法治的大厦，我们毅然选择了市场经济作为基本的经济根基，由此决定了面对私人利益，要在观念中肯定，行动中落实。在笔者看来，私人利益之充分肯定，是公平这一历史性概念在当下时空中最重要的内涵之一，它可以被视做国家及国家利益适度隐退后个人个性的凸显。在由计划经济向市场经济转轨的过程中，与其将个人利益视为由国家、社会所决定，不如将个人利益放置于与国家、社会互动的关系中更为妥当。打压从未真正得道，疏导方

---

① 苏力："法律如何信仰"，载许章润主编：《法律信仰：中国语境及其意义》，广西师范大学出版社 2003 年版。

② 种明钊、应飞虎："经济人与国家干预法"，载《现代法学》2003 年第 2 期。

显智慧理性。综观我国诸多的法律法规，尤其是宪法、民法等，其对个人利益的肯定已是浓墨重彩，其以权利的口吻将个人利益这一核心内涵表达得淋漓尽致，但问题在于如何克服原则上重视，操作中忽视，口头上重视，行动中忽视，立法中重视，执法中忽视的困境，还需要我们更加深刻地体会市场经济中法律与利益（尤其是私人利益）的密切关系。

第二，大力倡导互惠互利。私人利益的充分肯定，是型塑利导之法的首要一步，同时历史经验告诉我们，在一个利益多元、关系复杂的时代，绝对的个人利益不仅毁灭自身，也葬送更大范围内的个人利益。为了使个人在追求自身利益最大化的同时不妨碍其他利益主体谋求自利、市场经济的效率以及公共福利的形成，法律应该通过制约机制的建立，对极端自利的行为加以匡正，使其在既定范围内正常运转，最大限度地减少坑蒙拐骗、弄虚作假等有损市场效率和公共利益的绝对自利。法律设定权利义务，将复杂的利益关系简化和固定化为一种关系模式。从正面权利的角度看，是要利益主体从中汲取强大的动力支持，在一视同仁的关怀中体会追逐幸福和满足需要的自由；从反面义务的角度看，则是要限制任何极端行为的泛滥，为自利行为划定疆域，为整体利他营造环境。由此，自利与利他并不是绝然对立的，互惠互利才是利导之法的忠实解读。

在一个因经济高速发展，社会交往、经济活动日渐不可知、不可测的时代，人们为了应对市场的复杂化和瞬间交易所带来的种种畏惧，开始渐渐从法律制度、规则中寻找心灵的慰藉，他们对法律的需求与迫切，或许更多地与制约机制联系在一起。因为起点公平的人，在奔跑竞争的路途中拉开了距离，少数利益主体强大的背后，是更多处于相对弱势的利益主体。对于后者，他们更加期待法律在互利机制的安排中更多考虑自己的处境，在激励与制约的交错中，促使所有利益主体的行为趋向于相互的合作、互利，促使其利益最大化成为"受约束的最大化与受激励的最大化"。

作为公平维度中的重要内容，互利是在充分尊重自利这一人类最不稀缺资源的基础上所作出的开明延伸。毕竟"如果对这些由人类的需要所引发的有害于他人利益的行为不加约束，对人的理性不加张扬，对非理性不加鞭挞，没有善恶对非的标准，人类理性就会像'劣币驱逐良币'一样被非理性驱赶，人类就会处于无休止的混乱状态，社会也就无法有序地组织起来并按一定的行为规则运行"。① 互利，排斥不加限制的自我利益膨胀，损人利己，为达目的不择手段，将自身的幸福建立在更多人痛苦之上，它力图使个人的自利行为与社会整体所希望并称赞的行为之间建立一种良好的关系，这无疑也是公平的应有之义。

在法律的思维当中，如何制定真正体现互惠互利的法律，关键在于让立法活动本身成为利益博弈的平台，使各利益主体能充分参与立法，表达其对利益的关切和诉求。在这一过程中，立法机关通过听取利害关系人、专家以及一般民众的意见和建议，举行听证，平衡利益，在涉法利益各方充分表达的基础上加以比较和筛选，从而实现法律本身的互惠互利。立法机关当以一种超脱的姿态和中立的地位引导利益主体充分表达，同时在起点公平、程序公平的基础上，对弱势群体利益进行"倾斜保护"，以免强势过强造成博弈中的一边倒，实现形式与实质的双重平等。这是在一个利益层次分化、利益结构复杂化社会中良法产生的必备条件，也是公民权利意识增强的必由之路。

第三，公平补偿利益减损。对社会公众所承认的利益分配与归属所做的任何侵犯，都应当给予利益受损者以适度的补偿。举例而言，② 在我国"七五"和"八五"计划期间，因发展资金短缺，国家投资政策向东部倾斜，必然减少了西部发展资金，实际也牺牲

---

① 陈惠雄：《人本经济学原理》，上海财经大学出版社 1999 年版，第284 页。

② 钭晓东："实践利益的衡平与反哺，实现契约到身份的回归"，载《法学》2006 年第 2 期。

了西部的发展利益。同时在国家区域经济发展战略下，西部走了一条以资源开发为主的道路，因此现在东部地区经济快速增长是建立在西部低廉资源、能源支撑基础上的。结果，一方面，因价格改革时间上的差异性，东西部地区产品长期存在不平等交换；另一方面，西部为东部的经济发展承受了巨大的环境资源耗费成本，而此间的收益却奉献给了东部，造成地区间发展程度的极大不公，也制约了整个国家的可持续发展。宏观层面上不均衡的区域发展，微观层面上诸如城市房屋拆迁、土地征用征收等具体的利益失衡现象，都是对社会公众所承认的利益分配所做的严重侵犯。在自然法理念中，任何人都应在平等范围内承担社会义务，如若特定主体为其他人作出牺牲，只有通过补偿，用获利一方之所得弥补失利一方之所失，才能平衡失调的双方利益，实现法律上的公平。

于 2006 年 9 月 1 日施行的新的《大中型水利水电工程建设征地补偿和移民安置条例》，可以说正是这一理念的充分体现。该条例针对目前水利水电工程建设补偿标准偏低、范围偏小、标准不统一等问题，按照"三农"问题上"多予、少取、放活"的基本方针，强化了移民安置规划的法律地位，特别是对征收耕地的土地补偿费和安置补助费标准、移民安置的程序和方式、水库移民后期扶持制度以及移民工作的监督管理等问题作了较为全面的规定。其中引人关注地规定了土地补偿费和安置补助费之和为该耕地被征收前三年平均年产值的 16 倍，大大提高和统一了征收耕地的补偿标准；扩大移民对安置工作的知情权、参与权和监督权；国家对移民工作实行全程监督与评估，对各级政府及主管工作人员设定严格的法律责任。①
1949 年以来，我国共兴建了 3000 多座大中型水库，多年的水库建设产生了数以千万计的水库移民，他们舍弃自己赖以生存的家园和土地，为整个国家的经济建设作出了巨大牺牲，得到的补偿却远远不能折抵他们因此所遭受的损失，相当多的移民仍旧处于极度的贫困

---

① 《法制日报》2006 年 8 月 13 日。

当中，生产生活条件普遍较差，库区和安置区基础设施薄弱，经济社会发展滞后。可以说，新条例的颁布对于帮助水库移民脱贫致富、促进该地区经济社会发展意义深远。尽管我们承认，社会经济发展与贫富差距拉大、弱势群体产生是对"孪生兄弟"，任何发达社会都无法避免，但是社会转型及改革发展的代价不能全部由特定主体独自承担，甚至是永久承担，弱势群体有权获得国家、社会尤其是既得利益者的救助和扶持。"饮水思源"，这既符合我们共同富裕的社会目标，也是法律公平的当然之义。

（四）切实关注代际公平

相对于前述利益"反哺"的同代色彩，代际公平更强调处于不同年代利益主体之间的利益平衡。这其中既包括对上一代为改革发展作出贡献的社会成员（如工人、农民）的对等补偿，也包括对提前付出资源代价蒙受不利的下一代人的长远关怀。任何人对社会的贡献都应得到承认。

在计划经济体制下，由于工农产品之间存在剪刀差，广大农民为工业现代化的奋斗目标作出了重要贡献。改革开放以后，尽管农民的收入状况有所改善，但直到目前，农民收入之低、负担之重、生活之苦，仍然是十分严重的社会问题。同时，由于改革对国民经济作出重大战略调整，企业改制、搞活，也使大批产业工人下岗失业。这些在计划经济时代作出重要贡献的产业工人和无地、失地农民所处的利益状态显然与他们的付出不对等，利益的失衡引发心理失衡，他们必然对社会不公有着最深切的体会和最严重的控诉。同时，当以可持续发展的目光审视发展的轨迹时，我们必会发现今天的收获在很大程度上是向明天借取的。稳步攀升的 GDP 指数以巨大的能源消耗、资源浪费、环境恶化为成本代价，这大大降低了经济发展本身的质量评价。资源环境，并非当代人可以任意左右的私人所属，它是与子孙后代共有共享的财富。漠视和剥夺后代人的利益发展机会和发展能力，既是短视的，也是不公的。

我们既反对为了未来牺牲现在，也反对只顾现在不顾将来。对于所有为社会承认的安排作出贡献的行为，社会应当表示感激。而表达感激最有效的方式，就是以某种法律制度上的安排对这些贡献给予对等的奖励，毕竟个人对公平正义的渴望未必会大于对物质财富的渴望，但对于社会整体而言，公平有着更大且不可代替的价值内涵。在法律制度的设计中，充分考虑代际公平，就是把公平的价值观与社会发展紧密相连，赋予公平以丰富的时代色彩和发展韵律。

（五）公众道德善恶指引

在关于公平、正义的跨越千年的讨论中，自然法是探索公平、正义标准的最好方式。法学作为公平和善良的艺术，正是要致力于探索和发现法律概念与制度中的伦理基础，虽然有些许抽象和偏向模糊的玄想，但其敏锐而富有启发的表述总是能得到民众道德情感的呼应与认同。因此，价值以伦理为皈依，法律以道德为根基。康德认为法律是最低限度的道德。黑格尔确信：法律与道德是自由意志得以实现的两种不同的方式，前者是抽象法，后者是主观意志的法。立法的合伦理性，构筑了立法价值的正当性，因此法律作为矫正利益分配不公、扭转强弱利益群体间力量差别的主导机制，理应以社会公认的道德善恶为指引。充分调查民众对利益分配模式及效果的评价情况，悉心体会他们对社会公平、幸福的感知度，是法律贴行于生活地面的必然要求。

曾有学者采取随机抽样的方法对全国 12 个省和直辖市的不同年龄段、不同社会阶层的人进行了实证调查，以了解各个社会阶层对当前收入分配现象的看法及社会不公平感受。① 结果表明，对于"最不公平的现象"的选择，所有阶层选择比例最高的都是"因权

---

① 李春玲："各阶层的社会不公平感比较分析"，载《湖南社会科学》2006 年第 1 期。

力造成的不公平"，各阶层都有约30%到40%的人认为权力腐败是导致当前社会不公的重要原因；其次是职业，再次是行业……对于"在您看来您所在市（或县）里人们之间收入差距如何"的选择中，绝大多数人（71.6%）认为收入差距太大了，已超出了他们能接受的程度。分析原因，一方面在于中国传统文化中"均贫富"的思维惯性以及计划经济时期平均主义分配的制度遗留，抵充着人们现在对收入差距、贫富分化的心理承受力；另一方面在于转型期中确实存在的机会不公、规则不公、官商勾结等丑恶现象，使社会不公问题在人们的心理上进一步放大。此种调查研究，为了解当前利益分配问题的严重程度、公众道德善恶评价标准及对"恶"的容忍程度提供了切实的参考。同时它还提醒我们，纠正社会不公，要站在社会整体的立场上，以维护每一个社会个体、团体的平等权利和合理利益，制定相对公平、客观的法律法规。在某个特定时段，还要有所侧重，例如现阶段就要充分考虑占较大比重的中等偏低和低收入人群的利益状况，着重解决他们的不公待遇。对于公平的理论阐释不论有多少种，最有效的无疑是那种适应了它所处的时代需要、满足了民众道德评价的理论。这种务实的公平观，说明法律中的善不仅是规则内在的品质，或是规则与规则所处的社会环境间的关系，更是规则与民众道德情感之间的关系。

（六）利益限制程度合理

为了利益的衡平，对某些利益进行限制的时候，若面临多种限制手段，要理性衡量，尽量采取代价最小的方式，确保得到的利益大于失去的利益，在任何情况下，对所得利益的限制不能超过所失利益受侵犯的合理比例。因此，利益的"反哺"不是要否定经济效率，而要在过去忽视公平导致二者失衡的情况下，努力寻求"做蛋糕"与"分蛋糕"的均衡点，以效率促发展，以公平促和谐，"反哺"仍需有重点、分阶段且循序渐进。利益的"反哺"也不是重归平均主义，公平不是平均，割裂劳动与报酬之间的有机联系，只会大大挫伤人们的积极性，引发全社会范围内的共同贫困。贫富差距本身是人类社会发展中的永恒问题，差距的适度存在，能反映人们能力高低、投入大小或奉献多少，一定程度上反而体现着社会公平。它既能激发人们努力提高自身能力素质，又能激发人们为创造社会财富奉献自己的体能和智能，还能促进生产要素的优化、竞争意识的增强、经济效益的提高。①利益的"反哺"更不是通过"逼富济贫"缓解仇富、厌世的社会不安情绪。不可否认，时下富裕阶层当中确实有一部分人是依靠坑蒙拐骗致富、权钱交易发家的，但仍有相当多的人是通过诚实劳动、辛勤积累致富的，逼富济贫的短期效应不仅会造成紧张的社会气氛，还不利于社会中各利益主体间的信任与合作。社会公平的整体营造，应当是在法律框架下对任何非法暴敛财富的行为施以惩罚，是在全力创造起点公平、机会公平、规则公平的基础上，对实质公平的积极争取。

利益的衡平与"反哺"，是"十一五规划"提出的突出命题，也是对转型期社会利益层断这一严峻社会现实的积极回应。在"更加注重社会公平"、"共同富裕"这样的时代主题之下，如何构建利益"反哺"的法律机制，如何赋予"公平"这一亘久不衰的人类理想、本原性法律价值以全新的内涵，是本文着力破解之题。于是在利益的语境下，充分肯定私人利益、大力倡导互惠互利、公平补偿利益减损、切实关注代际公平、公众道德善恶指引、利益限制程度合理六条线路，便联结成公平维度下利益"反哺"的法律机制。

二、法律观的人文品性——从"影响性诉讼"谈起

2007 年 1 月 15 日，由中华全国律师协会、北大方正集团有限公司和法制日报联合主办的"方正杯 2006 年中国十大影响性诉

---

① 李铁明："更加注重社会公平，要理清四种认识"，载《湖湘论坛》2006 年第 1 期。

讼"评选活动落下帷幕，在这次堪称中国当下最具民意和专家内涵的权威评选活动中，乙肝病毒携带者就业歧视案、少女登机被拒截肢案、邱兴华杀人案、"齐二药"假药案、阜阳法院腐败案、李刚诉全国牙防组案、上海社保基金案、药监局高官落马案、"奥美定事件"以及南方证券股份有限公司破产案，被专家、媒体和网民评为"2006年中国十大影响性诉讼"。不论这"十大"抑或是候选阶段另外20个案件，甚至那些虽未入选却也为人们耳熟能详的案件，它们的影响力不仅仅在于记录了过去一年发生在人们身边的法律场景，更在于其所宣示的意义。

伯尔曼曾经说过，人们法律观上最大的错误就是在于假定，法律是外在于人的，法律不是它全部生命的一部分，它与爱、与信仰和恩典无关。① 让法律从书本中走出，回归具体生活场景，是"后法律移植时代"的中国法治践行的必经途径。有学者说新中国的法治史可以分为两个时期：从上世纪70年代末至90年代末我国法治重在借鉴，法学理论、法律条文、司法体制的移植使我们得以迅速地在借鉴先进理念与制度的基础上步入法治轨道，这是"法学家的时代"；而在本世纪初，以"孙志刚案"为转折点，"后法律移植时代"来临，公众开始测试法律，激活权利，寻找答案。② 此时民众开始成为法治进程中的主角，不再被动接受曾经被认为是异己的外在约束，他们主动地参与，以前所未有的热情回应规则的设计与运行；他们积极地领会，体悟"重视自身价值和关怀自身生活"的人文价值融入规范的意义所在；他们广泛地动员，让一个个具体诉讼因深入的讨论而家喻户晓，引导诸多个案的微薄力量汇集成推动法治进步的巨大潮涌。法律因此不再高高在上、冷漠无

---

① ［美］哈罗德·J. 伯尔曼：《法律与宗教》，中国政法大学出版社2003年版，第92页。

② "由影响性诉讼倾听法治进步的足音"，载《法律日报》2007年1月11日。

情，而是伸手可触的正义之所在，利益之所属，自由之所依。作为一种生活方式，法治既是现实的又是务实的，贴近人的生活，反映人的世俗要求，法律观也因此完备了人文品质。在笔者看来，对人主动性、主体性和主导性的承认和尊重，构成了"以人为本法律观"的基本维度。

（一）民众话语激活——人主动性的展开

"影响性诉讼"是那些超越了个案当事人的诉求，对类似案件处理，对立法、执法、司法之完善以及普通民众观念转变产生较大影响的案件。不论是乙肝病毒携带者遭遇就业歧视所折射出的就业平等权保护，还是农民邹世荣车祸死亡赔偿金反映的生命无价、公平赔偿，抑或城管李志强被杀案所体现出的执法科学、合理、平和与理性，都说明当个案具备了较大的社会知名度，涉及不特定多数人潜在的利益要求，凸显现存制度或规则的种种缺陷，能为制度进步、规则完善提供改进的契机时，就可以说它是有"影响"的。而这种"影响"若需在现实中有所依托，则离不开公共大众的热情参与，而且这种参与主要是一种话语参与，因此对于公众而言，"影响性诉讼"就是论坛。连续两届评选的"中国十大影响性诉讼"，是在媒体和网络等公共平台的架设基础上，让一个个活生生的具体法律事件走入公众视野，成为对话的关键词，而公众对此反应的热烈程度也大大超过了主办者的预计。在这个人文日新的时代里，民众的参与热情导源于法治观念日盛以及公共事务勃兴。

在过去的一段时空中，我们都为中国法制发展的特殊性深感忧虑，因为我国法律的建构性远大于进化性，是在救亡图存的迫切背景中作为一种救国、治国的方略移植而来的。即便它是大写的"人"书就的普适真理，也会因为缺乏公众经验、情感、直觉的检验过程而难以融入信任和信仰的情怀。自上而下展开的政府主导型法治建设，不论在理念上还是在制度上都自觉不自觉地强调阶级意志性、政治附庸性、威权震慑性，由此而成的法律观必定是"以官为本的国家意志论"。一方面，国家权力的运行往往把作为空洞的、整体的"人民"放到至高地位，而对于现实的、个体的"群众"或公民则表现出某种程度的轻视和懈怠；另一方面，又常常以"代表人民"和谋求民众"福祉"的名义进行社会控制和管理，既加强了集权操控的合法性，官僚主义作风的严重程度，也剥夺、限制了公民自我做主的主动性。① 面对法律，如果人们想到的是冰冷、强硬，是"密如凝脂、繁如秋荼"，是一统的国家秩序安排，是对外生权威的被动服从，那我们离真正的法治只会渐行渐远。

1986 年联合国大会通过的《发展权利宣言》的序言指明，人是发展进程的主体，因此发展政策应使人成为发展的主要参与者和受益者。《宣言》第 2 条同样规定，所谓"发展的主要参与者"，是指发展不能只是政府的事情，广大人民必须参与科学决策和立法，必须参与经济、政治、文化政策和法律的实施过程，必须参与各方面发展的实践活动，必须参与对国家的立法、执法和司法活动的全面监督。把广大的民众作为社会发展、法治进步的主要参与者，尊重人自主、自由和自为的本性，是"以人为本的社会合意论"法律观的第一层内涵。

在"影响性诉讼"发生并引发讨论、评选的过程中，公众参与的热情和话语的激活，为"以人为本的社会合意论"法律观作出了生动的诠释，也为长期担忧公民意识淡薄的悲观情绪注入了强心剂。其实，对于公众而言，他们不过是在戏剧般的法律案件中发表了一己之见，而对于法律人来说，民众话语的激活是弥足珍贵的风向标，它预示着一个个没有接受过正规法学教育的公民开始了解鲜活的法律和生动的司法、执法现状，开始体会法律的精神和法治的意义，是从"臣民意识"到"公民意识"的转折。以人为本，让个人成其为"个人"，就是要尊重和发挥个人的判别力和选择

---

① 马长山："法律的'人本精神'与依法治理"，载《法制与社会发展》2004 年第 4 期。

力，赋予其自主选择并决定幸福的活动领域和能力空间。这意味着我们要从传统的思维惯性中走出，破除组织高于个人、集中高于民主、公意高于个意、公意优于私意的主导观念，质疑集体总是比个人更具有价值优先性和道德正当性的正统理念。以人为本，让个人成为法律上的个人，就是要用法律上权利与自由的语言肯定和张扬人多元的利益诉求。从权利的角度看，要让个人从法律中汲取强大的动力支持，在一视同仁的关怀中体会追逐幸福和满足需要的自由；从义务的角度看，要限制任何极端行为的泛滥，为整体利他营建环境，保证更多的个人实现自利。正是在良法激励与约束的双重机制中，每一个法律上的个人才完善了恰当自处和自为的法律人格。

我们曾一贯强调的也许多是阶级、国家这样宏大的、带有全局性的视野（这当然与我国独特的发展进程密切相关），但随着认识的深入，真正的法治对真实的个人的重要性远大于作为个人之生存与生活样式的国家，对真实的个人的当前境况与未来命运的关切也远甚于其对国家的关切。当人们一步步对这一结论产生共鸣时，便会因法律的人文精神而欢欣鼓舞。此时，法律对人的关注不再主要来源于精英人群或政府对民众的安抚性关注，而是作为社会场景主体的个人对自身当前命运和未来前途的真情实感与切身关注。① 在李刚诉全国牙防组一案中，消费者状告某口香糖的生产商虚假宣传、销售者未尽审查义务、全国牙防组违法认证构成共同侵权，并追加牙防组上级主管部门卫生部为共同被告，从小小口香糖的认证标志掀起一场由公民个人、司法机关、媒体、公众、行政机关、企业等各方参与的公共事件。本案最终以消费者胜诉而结束，但它的社会影响却在继续着，不仅市场上已经看不到打着全国牙防组认证标志的产品，法院也向国家认监委、卫生部发出司法建议函，后者

---

① 汪习根、王雄文："论科学的法律发展观——发展权视野的思考"，载《当代法学》2005 年第 3 期。

随之作出要求牙防组停止开展口腔保健品认证活动的决定。这些行动都切实推动着我国口腔用品认证制度的进一步完善。可见，由被动到主动，由外在到内化，证实了法律真正的生命力来源于民众对法的共同承诺、共同参与和共同推进，而法律信仰的根基也因此坚实。

法律信仰是法律与人之间达成的某种合意，而法律本身就是一种合意，其有效适用性并不主要来自于暴力后盾，而是建立在众多法律主体同意、认可的基础上。如果规则强加于人却不代表行为人的切实利益，遵守也非出于自觉自愿，那么法律难以有效。基本秩序尚且担忧，毋论民众对法律身心的投入和崇敬。法律信仰是双向的合意、动态的过程。作为信仰的主体，民众当以法律为生活的指南，为行动提供合理预测，妥善处理个群关系；作为信仰的对象，法律当悉心考察社会变迁，体会人的内心需要，关怀人的价值、自由和权利。而在这两者的互动中，关键还要让民众充分表达意愿，主动参与法律的运行。毕竟个人才是自身福利的最佳判断者，其对自身利益的选择天然合理、合情，而且这种选择的理性是不可代替的，个人对生活的真切体验，决定了其对法律的真正要求。因此，法律人文品性之塑造，首指个人以其独立的品格、主动的态度，积极参与法律的产生、运行与评价，整个社会应为它的真正落实提供畅通的渠道。

（二）民众关注焦点——人主体性的展开

综观本次"十大影响性诉讼"的主要案情，会发现尽管它们涉面宽泛（涵盖了立法、执法、司法等层面），但仍可归结为以下两点：基本权利的保障问题和权力滥用的控制问题。前者集中地表现为民众对民生的关注，包括医疗安全、就业保障、消费者权益保护等，后者则具体化为如何从制度上完善权力监督与制约中的诸多纰漏，包括行政监管不力、权力垄断失控、司法腐败频发等。

从乙肝病毒携带者就业歧视案中，我们关注它背后有着相似歧视性就业遭遇的一亿多人组成的利益共同体，让如此巨大的社会群体在起跑线上丧失公平竞争的机会，既是对人力资源的浪费，也是对社会公平理念的背离；通过少女登机被拒截肢案，航空法律法规面临着平衡处于危难的弱势个体权利与相关整体利益的严峻挑战，行业垄断中的强势商家对以人为本的公共服务精神的漠视，对弱势消费者权利的漠视，不仅是企业逃避社会责任的伦理问题，更是特殊行业在情况危急、风险不定时刻拯救伤者制度化、法律化的问题；邱兴华杀人案引发的大规模社会辩论中，既有关于死刑程序正当性的讨论，又有对被害人进行国家补偿的提议，都为法律保障弱势者权益提出了新的要求，考验着我国司法制度和整个社会法制文明的程度；"齐二药"假药案、药监局高官落马案以及"奥美定事件"的同时入选，为重大的公共卫生事件的解析提供了恰当的注释，三者的相互印证实属逻辑的必然，不论是医疗器械还是新药审批，矛头都指向政府在医疗卫生领域中的监管不力，消解着民众对政府的信任感；涉案金额巨大、关系国计民生、牵涉众多官员的上海社保基金案，反映了公共基金管理中存在的诸多问题，如何建立社保基金征缴、管理、发放的严格运营模式，如何建立合理高效的专项检查、公众监督的法律机制，是当下利益层断、社会不公的严峻现实提出的紧迫要求；阜阳法院腐败案，拷问的不仅是法官的法律素养、道德底线，更是社会正义最后一道防线的坚实度，当公民诉诸法院这一权利救济的最后渠道时，腐败窝案频发的"正义堡垒"怎能得其所愿？行政监管乏力、司法腐败不绝，都在于权力的设置与运用过于集中，关涉面过于宽泛，因此分散权力、监督权力，在法律制度的设计中平衡关键的利益关系是防止权力滥用、权钱交易的理性思路。

　　所以，不论是对权利的热衷还是对权力的警惕，都表明当把"和谐"作为整个社会发展的基本理念时，我们无须对自身合理的利益要求半遮半掩，对影响社会和谐的矛盾问题讳莫如深，关键是要通过深入分析抓住平衡利益和解决问题的契机，为法律规则、制度以及理念的完善提供动力支持。当把"以人为本"作为科学发展观的核心内容，作为法治文化的灵魂价值时，我们必然将"权利"视为法律的基本定位，毕竟只有"权利本位"的法律才能真正顺应人本精神，与人性相合。因此，法律观人文品性的第二个基本维度就具体表现为对人主体性的尊重与承认，对人利益诉求的肯定和满足。

在利益的语境中谈论人的主体性，是要避开关于人性善恶与否旷古未休的争论，让善、恶这两种人性可能发展的路径回归一个价值无涉的起点，即人类利己与利他的客观本性。追求自身利益是驱使人行为的根本动机，这一特性提供了预测人行为的恰当依据，也为社会行为及社会制度的构建奠定基础。"我们不知道他要什么，但我们知道，不论他要的是什么，他会不顾一切地以最大化的方式得到它。"① 关心自己是理所当然的，而由这样一种共同人性所组成的社会，客观上会使得每个人自食其力，由此而产生互通有无、物物交换和相互交易。② 这种自利也是利他的，很难想象一个不自爱、不自利的人会去爱人、利他。以利己、利他作为法律设计的人性起点，目的是为了通过法律激励和约束的双重机制，切实保证追求个人利益最大化的自由行动能无意识、卓有成效地增进社会的公共利益，使人的利益最大化成为受激励的最大化和受约束的最大化。

人的主体性，是人基于对自身理性能力的认识和信任，对自己控制自然、社会及身心怀有的巨大信心，相信自己就是生活的主人；是摆脱了一切人身束缚或附庸地位，在国家及国家利益适度隐退后个人个性的凸显；是以独立为前提、以自主参与为条件、以平等为要旨的法律景象。而法律对人主体性的尊重，对人的价值、尊

---

① 霍奇逊：《现代制度主义经济学宣告》，北京大学出版社1993年版，第88页。转引于应飞虎、吴锦宇："事实的推导、预测与发展"，载《现代法学》2005年第7期。

② 胡玉鸿：《法学方法论导论》，山东人民出版社2005年版，第434页。

严、独立人格、个性、理想和命运的首要关怀，使法律在终极意义上完备了受人信仰的品质。而若将这种终极关适集成肉身，便还原为现实中对利益的依托。以边沁为代表的功利主义法学者曾将法律界定为对各种利益的衡定，奥斯丁指出权利之特质在于给所有者以利益，耶林说权利就是受法律保护的一种利益，庞德将利益界定为人类个别地或在集团社会中谋求得到满足的一种欲望或要求。"从历史唯物论和社会心理学的观点看，满足既被当做人们需要的实现，又是新的需要的起点和契机，因而追求利益是人类最一般、最基础的心理特征和行为规律，是一切创造性活动的源泉和动力。既然如此，承认和保护人们的利益，从而激励人们在法律范围内尽其所能地实现其物质利益（又不限于物质利益——笔者按），就成为人们之所以需要法律的理由。"①

　　法律是否将人作为根本，是否将个人的基本利益需求视为根本，往往决定着法律文明的程度。面对人类社会好利恶害的客观现实，如果法律不能积极肯定、有效疏导因此而形成的利益紧张关系，只是一味压制，意图通过道德化的说教营造一个无私、去私的理想世界，那一切努力都将是枉费，它或许可以在一时一刻赢得静态社会中人际表面的和谐，却仍旧无法避免人性的普遍虚伪。深刻的历史教训启迪我们，与其将个人利益视为由国家社会所决定，不如将个人利益放置在与国家社会互动的关系中更为妥当，让法律成为个人利益诉求的最强音。

　　区分法律是以人为本，还是以神、以物、以官为本，是以一切人为本，还是把自己当目的、把别人当手段，关键要看其如何处理两类关系：法律与权利的关系、法律与权力的关系。前者意指法律须以权利为本位，没有权利就没有法律。这既是近代以降人类启蒙的智识之果，也是目前以人为本法律观的根基所在。随着法理念的

---

　　①　张文显："构建社会主义和谐社会的法律机制"，载《中国法学》2006 年第 1 期。

觉醒，人们对权利的渴望已经日渐强烈和扩张，将越来越多的注意力放在自身，关注自己作为独一无二的价值的存在，这种意识的觉醒使得"对人们行为的任何规范调整如果只与禁止和义务相联系，就不可能是有效的"。① 随着自然经济和产品经济向市场经济过渡，人们逐渐打破人身依附、层层附属的坚冰，强烈地认识到自身的主体地位和独立能力，开始自主、自律地开拓自身命运，而法律只有充分彰显人们日渐扩张的权利诉求，才能真正演绎"以人为本"的文化公理。在邓维捷诉银联跨行查询手续费一案中，我们看到的不仅是公民个人为防备物的价值、金钱的损失而奔走，三毛钱的官司"是以权利和名誉为赌注通过物去主张人格本身"，② 是保卫自身权利免遭卑劣蔑视而采取的正义之举。抽象的法律与具体的权利之间的关系犹如血液从心脏流出又复归心脏的循环系统：法律将利益的诉求整合、归纳、系统化、条理化，用诸多具体权利、义务的符号表示出来，为公民捍卫自身提供强大支持；而经过检验的法律，因其内容已然带有民众的自我满足而重新获得永恒的生命意义，"以人为本、以权利为本"的理念使法的形象生活、灵动起来。此时的法律就不仅是现实生活中日常洒扫应对的凭借，展示预期前景的生活之道，人们据此可以安身，更成为人类情感寄托与信仰的"膜拜"的对象，人们据此可得立命。③

至于法律与权力的关系，要坚持法律高于权力，权力服从法律。这意味着要将"依法治国"作为社会主义法治理念的重要内容，关键是让政府依据充分体现人民意志的法律管理国家、治理社会，权力的获取与运行皆源于法。它的深层意义在于表明国家治理

---

① 孙笑侠："论法律的外在权威与内在权威"，载《学习与探索》1996年第4期。
② ［德］耶林："为权利而斗争"，载梁慧星主编：《为权利而斗争》，中国法制出版社。
③ 许章润："法律信仰与民族国家"，载《法律信仰：中国语境及其意义》，广西师范大学出版社2003年版。

的法理性，既指国家的日常管理要受到法律的约束，同时也意味着国家的任何干涉都可以还原为法律，并借助于法律来完成，而国家的各层体制也通过这种治理的法理化，获得了合法性，即所谓通过法理性获得合法性。① 对权力警惕的态度本身也是为了使权利的实现更加顺畅与安全。

在这"十大影响性诉讼"中，至少有五个案例涉及权力与法律的关系问题。理论上，权力必须有法律依据，但在当代中国法律实践中，法律对权力的规定往往原则性有余，具体化、可操作性不足，对于处在政治实践前沿、关系国计民生的行政职权缺乏权威法律的明细规定。而权力在规则层面上的缺失必然导致权力的无所受制，任由权力主体自身伸缩自如。当伸缩的尺度由自己掌控时，便必然围绕着权力主体自身的利益所在：利之所在，权力无限延伸，腐败案件就层出不穷；利之所失，权力遁形无踪，行政监管乏力就屡见不鲜。权力的膨胀与萎缩又常常同时发生，相互印证，"齐二药"假药案、"奥美定事件"与药监局高官落马案，就是一组生动的例证；当老百姓普遍处于看病贵、药品价格虚高不下的困境时，当通过国家 GMP 认证的大型正规企业生产销售出致人死伤的国药准字号药品时，当通过国家药监局审批的作为人体软组织填充材料的"奥美定"使近 30 万人付出惨痛代价时，药监局高官纷纷落马，这时公众追问的就不再是行业自律，而是政府监管部门的执业能力、道德意识与法律责任，郑筱萸之于"齐二药"，郝和平之于"奥美定"，重大公共卫生安全事件都能在政府监管部门中落脚，凸显了权力"为与不为"的错位。

---

① 李猛："除魔的世界与禁欲者的守护神——韦伯社会理论中的'英国法问题'"，载韦伯：《韦伯：法律与价值》，上海人民出版社 2001 年版，第 158 页。

（三）民众凝聚动力——人主导性的展开

法律观的人本精神，既体现在人自主参与法律生活，把积极的热情融入法律运行；也体现在法律本身对人利益主体地位的承认与重视，让生硬的规则成为生动的生活方式；还体现在普通民众能以自己切身的法律经历卓有成效地推动法律进步，让走向法治的路途结结实实地踩在每一个典型的个案上，这是"影响性诉讼"以个案推动法律制度进步的意义所在。

在法律的历史上，总是有一些典型、特殊的个案，成为那个时代法律话题的核心词，引导着法治文明的走向。苏格拉底面对不公的指控，本可逃亡躲避这场"不正义的审判"，但他仍将毒酒一饮而尽，成全了法律的权威与审判的庄严；在布朗诉教育委员会一案中，联邦最高法院否定了"隔离但平等"的种族歧视观点，为民权运动的进一步展开注入了强大力量；经过马伯里诉麦迪逊一案，"宪法至上、司法最终"的法律原则最终寻得了建立违宪审查制度的契机；身背"绑架"、"强奸"重罪的米兰达，根据美国宪法赋予的"反对自我归罪"的权利上诉至联邦最高法院并最终得胜后，"你有权保持沉默"的"米兰达警告"使得程序公正的理念更加深入人心……不胜枚举的典型案例，犹如法治乐章中无数个跳动的音符，正是它们的联合构成了恢弘的法治交响曲。因此，法治并非遥不可及的理想，并非堆砌成山的法条，它就真实地存在于你我身边，存在于一个个发生在过去、现在以及未来的鲜活案例中，尤其是那些带有影响性的典型案例。在这些案例的背后，我们无法忽视每个案件当事人为此作出的巨大表率，他们不仅主导了个案的进展，也主导了法治的进程；我们也无法忽视任何一个曾为之献计献策甚至仅仅参与了讨论的所有个体，因为是他们主宰了法治社会的舆论声音……

曾经发生在英国爱丁布鲁克医院门前的一幕充分论证了这点。一群抗议的中年妇女曾经在这里遭遇了共同的不幸，20 年前尽管这家医院尽了最大努力，她们的新生儿还是夭折了。20 年后人们从档案中偶然得知医院曾将死婴的病变器官取出做医学实验。父母们再次感到孩子被夺走的伤痛，他们一起向医院抗议，但又不仅仅是抗议，在与院方的会面中，他们并没有纠缠于金钱赔偿，而是执著表达了修改法律、完善对人体器官的权利保护的愿望，而此前英国法律并没有明确规定。不能小看这些家庭主妇们的力量，包括 BBC 在内的英国主要媒体都报道了这一事件以及她们对制定相关法律的呼吁。此后，一股推动立法的力量就像暗流涌动开来，不时会在市政选举或慈善集会中冒出，并最终在议会大厦涤荡出一种新的秩序。① 当普通民众化悲痛为法律，让利益情感超越个体的范围，扩及对社会公众利益的关注，自觉担当起立法或制度改进的责任只为避免他人遭受相似的不幸时，可以说，民众作为法治主导动力的品格就臻于至极了。

在我国"前法律移植时代"，学者对于公众漠视、无视法律的态度极为忧心，自上而下的大规模法律移植常常被喻为"嫁接"，以示外来文明与本土资源的不相适应；而在这个"后法律移植时代"，人们已经可以清晰地看到公众开始以个案为媒介检验测试法律，用无数个体的法律经历激活文本上的法律。当民众逐渐体悟到自己作为法律的价值依皈，需要用自己的行动赋予法律以生命时，他们必然会为当下中国法制的发展添足马力。借"影响性诉讼"这一活动，我们看到法治道路上既有高歌猛进，又有细碎的脚步，既有个案公正促进制度正义的激动人心，又有问题遗留已久、法律规制滞后的差强人意。但不论怎样，法律找到了改善的突破口和进步的理由，与个案牵动在一起的，除了当事人个人利益的损害与赔偿外，还有立法、执法、司法等制度层面上的启发。

在农民邹世荣车祸死亡赔偿金一案中，车祸赔偿制度已经到了必须改革的地步，公平正义、和谐稳定的社会中，法律本身就应该

① 《21 世纪环球报道》2002 年 8 月 12 日。

体现出对生命的平等关注和保护，区别城市居民与农村居民死亡赔偿金适用标准的做法，不仅是经济求偿的差别待遇，更是对"以人为本"法律观的极大背离；当受伤的少女登机被拒导致腿部溃烂，再植希望破灭，不得不接受截肢手术时，截去的还有处于强势垄断地位的航空公司本应承担的人道主义救助，航空法律法规尊重消费者权利的理念绝不能是一句空洞的口号，危难时刻的人道救助制度性规定是其人本精神不可或缺的法律要求……立法中人本精神的弘扬，不能只是立法者个人人文素质的培养问题，克服立法体制的弊病才是解决问题的关键。众所周知，不论是在理论上还是在宪法、立法法中，我国的立法权赋予全国人民代表大会及其常务委员会，但实际操作中往往通过授权立法等将立法权分散开来，使人大代表举手表决法律通过与否常常只具有形式意义。因此，政府以及某些利益集团就成为实际的立法主体，在他们起草法律法规的过程中，部门利益、团体利益成为了主导法律形成的关键力量，这就很难保证公正客观的立场以及"以广大民众根本利益为依皈"的价值取向，不仅是政府，甚至法院、检察院在事关权力的立法时，也难逃"追权夺力"的宿命。当立法成为权力延伸扩张的工具时，法律观的人文品性就会被抛之脑后，立法的逻辑结果定是对这些"立法主体"有利，其对权力的热衷必然远大于对权利的关心。因此普通公民参与立法程序便应适时走入政治视野。对于宪法及其修正案、特别重大的如关乎公民基本权利的立法要加大民主参与程度，毕竟公民受教育的程度和广度已大为提高，他们越来越具有独立见解、民主参与意识、自主自决意识、守法护法意识。以制度化的方式保证公民以自身看法和见解切实影响立法过程（如议事公开制度的完善，听证会、座谈会等民意表达渠道的通畅），对立法者施加公共压力，是防止立法恣意，防止国家利益部门化、部门利益个人化的有效方式，也是彰显法律人文品质、树立法律权威、培育法律信仰的根本路径。

执法方面同样呼吁法律观的人本精神。2007年4月11日，备受关注的"李志强案"一审宣判，被告崔英杰以故意杀人罪被判处死缓。案件虽告终结，但它留给人们的思索是长久的，该案既涉及城市管理合法性、合理性和管理手段正当性的问题，也反映出公民基本生存权的保障问题，促使人们再度反思历时十年、争议重重的城管制度。城市要有序，民众要生存，当二者发生矛盾冲突，将何种价值置于优位考验着执法态度与智慧。一个不容忽视的原则是：权力尊重权利，秩序如果建立在侵害人基本权利的基础上，那它将成为赤裸的暴力，把握秩序的分寸感关键在于把握人权的价值内涵。无数个相同或类似的"李志强案"已经把"完善行政执法理念"推到了紧迫的关口。缓和"管与被管"间的紧张关系，既关涉执法水平，也关涉执法态度。面对当前行政执法过程中存在的不同程度的野蛮执法、粗暴执法、简单执法等现象，不论是民众还是执法者本人都只会进一步强化法律的国家主义观念、暴力主义观念和管理主义观念。而正是这些长期占主导地位的法律观念在历史上极大地阻碍了法治从理念到制度的产生与发展，其与传统的皇权观念一道，为奉权力如圭臬、视法律为强控完成了理念上的整合与继承。如果以这种法律指导今天法律的执行，必然会将民众作为管理、治理的对象和法律关系中的末位因素，而将政府置于优位，由此而形成的权利、义务不对等的失衡现象也必然导致行政相对人从忍气吞声到暴力相向。把"以人为本的法律观"贯彻到执法层面，就是要充分尊重行政相对人合理的利益要求，包括人格尊严与合法权益，坚持教育优先、过罚相适应，坚持执法手段的温和理性，保障当事人陈述、申辩、听证的权利等。正在制订中的《行政强制法》充分地意识到这一点，以温情善意的立法内容软化着执法的强硬色彩。"实施扣押财物的行政强制措施，不得进入公民住宅扣押公民个人财产抵缴行政收费；除违禁物品外，在市容监管中行政机关不得扣押经营者经营的商品"，除非紧急情况或者当事人同意，"行政强制执行不得在夜间或法定节假日实施"，"行政机关不得采取停止供水、供电、供热、供燃气等方式迫使当事人履行行政义务"。这些尊重当事人合法权益、倡导文明执法的法律条款，将对公民权利的悉心关怀纳入细节当中，让刚性的行政强制显示出柔软的质地，折射出人性的光芒。

最后，让我们把目光集中于法律正义的最后防线。最高人民法院曾先后颁布两个改革纲要争取降低司法成本、提高司法效率和质量，但司法改革不仅涉及司法活动的技术性问题，还是一个价值定位的问题，在删繁就简、化静为动的技术改进基础上，让现代司法理念落实于人文精神才是司法改革的主旨所在。在 2007 年 1 月 5 日召开的第七届全国民事审判工作会议中，肖扬进一步强调了以科学发展观、"公正司法、一心为民"为指导思想，以"公正与效率"为工作主题，努力建设公正、高效、权威的民事审判制度。当前，随着利益格局的深刻调整，资源分配、市场占有、生产经营、收入分配、劳动关系等方面的矛盾越发明显，并往往转化为民事案件进入法院，如乙肝病毒携带者就业歧视案等要求法院平等保护各民事主体的合法权益，在具体的诉讼中落实宪法所规定的平等就业权，促进经济、社会的全面可持续发展；德国公司诉大中集团案、计算机软件侵权案，要求法院通过正确审理知识产权纠纷，保障全社会的创造活力和创新能力，提高社会发展动力；松花江支流水污染案，要求法院加大对危害民众健康、影响可持续发展的环境侵权行为的处罚力度，促进人与自然的和谐……司法力量虽然是被动的，但当民众以具体的权利要求诉诸法院、启动案件后，司法就义不容辞地担当起推动法治进步的责任，在保证个案公正、维护案件当事人权益免遭不法侵害的同时，以具体的法律适用诱导着社会秩序的形成，并在一次次经验的积累中，通过个案发现法律缺漏，为立法之完善提供宝贵素材和意见。

"影响性诉讼"是已然步入司法程序的典型法律事件，尽管目前媒体的声音似乎高过司法机关而成为"影响性诉讼"产生影响力的主导力量（而在西方法治国家尤其是施行判例法的英美法系国家，往往是由公民推动，在司法机关作出独创性判决之后，由媒体将其影响力扩展开来，波及公共决策和民众生活）。因此，从某种意义上看，我国的"影响性诉讼"反映了法治建设中的不足，司法对民意的吸纳、司法塑造正义的能力、司法的主动性以及司法机关的内部建设都有很大的改进空间。

当一宗宗小小的案例，超越了个案当事人特定的权利诉求，凸显法律制度的冲突与不洽时，当公众的期盼超越了对个体的关注，投向法律的秩序、安全与人道时，我们看到了立法、执法以及司法体制改进的契机所在。对于学者而言，"影响性诉讼"是分析法律问题的切入点，是研究范式转变的关口；对于媒体而言，"影响性诉讼"是法治报道的生动题材，是吸引公众眼球的新闻焦点；对于民众而言，"影响性诉讼"是各抒己见的自由论坛，是法治观念启蒙的教科书；对于职业法律人而言，"影响性诉讼"就是立法、执法、司法行为的"资治通鉴"。在众多社会主体竞相参与的过程中，我们倾听到法治进步的足音，正是他们激活的话语、关注的焦点、凝聚的动力，充分展示了在迈向法治的社会里人的主动性、主体性与主导性。面对法律，当人们不再感觉枯燥乏味、抽象费解，而是私权利的记载、公权力的界限，是以自己的需要为依据、出发点、目的和归宿的"人本法"时，法律以人为本的品性就因此成就。在这个意义上，法律就是规范体系与意义体系的融合、政治属性与文化属性的融合。

第二章　培育市场经济主体之
　　　　　法律信仰

　　让我们再次重温伯尔曼的经典的阐述："法律必须被信仰，否则它将形同虚设"，"没有信仰的法律将退化为僵死的教条"，"没有法律的信仰将蜕变为狂信"。在这信法为真的激情与执著中，人们用最美好的词汇表达对法律的坚守和对法治的热爱。然而，情感的共鸣难以代替现实的撞击，理性的法律无力承担头顶上神圣、虔诚的桂冠。与其抱怨法律信仰遥不可及，不如褪去它头上宗教般狂热、神圣的光环，埋头寻找它脚下扎根的土地，锁定平凡人、世俗事，树立理性的法律信仰。在本文的语境中，培育市场经济主体的法律信仰，就是培育"经济人"的法律信仰，所谓市场经济主体并非泛泛而谈，而是以"经济人"为基本主体定位的。将"经济人"这一极具自利、理性特征的人类形象的真实写照作为法律信仰生成的基点，不仅符合"法律起源于人性的生活经验的社会常例"之共识，也为居于意识形态领域信仰夯实了生活的根基。因此，"经济人"的法律信仰，首先是现实的，其次是务实的。

随着政治时代向经济时代过渡，"经济人"身上所散发出的自主、自立、自利、理性的气质无疑使其成为当代中国社会主体最精彩的描述，它是摆脱隶属、依附等人身限制之后主体形象的鲜明代表，甚至可以说，社会中有多少个"经济人"，社会就有了多少个发展进步的中心。与此同时，多元社会、多项选择机会的另一面也昭示着，充满利益诱惑的市场还带来了多重竞争、冲突、弊病。如何在个人自由与社会秩序、分权与集权、公平与效率、私权与公权、多元与统一等诸多紧张关系中寻求平衡，便成为法律设计的重中之重。

"经济人"的法律信仰之题，就是要在"经济人"与法律之间达成某种合意。法律本身就是一种合意，其强制力并不主要来自于暴力后盾，而是建立在众多主体同意、认可的基础上。如果规则强加于行为者却并不代表行为者的利益，遵守并非出于自觉自愿，那么法律不会有效，基本秩序尚且堪忧，遑论民众对法律身心的投入和崇高。所以，"经济人"的法律信仰是双向的：作为信仰的主体，"经济人"当以法律为指南，为行动提供合理预测，妥善处理个群关系；作为信仰的对象，法律当力图体会"经济人"的内心需要，不能高高在上，而要以生活的立场与之共鸣。如此一来，法律确定了自我，"经济人"树立了信仰。

一、"经济人"——法律信仰的逻辑起点

（一）法律信仰逻辑起点之定位

第一，法学研究的逻辑起点。

学科研究，一般会设定逻辑起点，以此为基础对社会现象进行具体解构，在确定基本理论框架的同时，也与其他理论体系区别开来。哲学家黑格尔在其《逻辑学》一书中提出确定科学研究起点

的方法是一种"前进——回溯的方法","前进就是回溯到根据,回溯到原始的和真正的东西,被用做开端的就依靠这种根据,并且实际上将是由根据产生的"。① 找到根据便也意味着逻辑起点的确立。由于科学认识是一个螺旋式上升的过程,是由起点到终点的循环,所以选择逻辑起点,应当遵循一定的原则。比如说,要坚持逻辑起点应是最常见的东西,具有普遍性,有利于人们通过经验性知觉加以把握;要坚持逻辑起点的"历史性",即应关注促成学科发展的历史基础;要坚持逻辑起点应包含往后发展的一切内在矛盾,学科所及的社会现象,都是从这一起点中派生出来的。②

胡玉鸿先生将法学研究的逻辑起点定位于人,观察法律背后人的问题,并从四个方面阐述了这一立论的理由,即客观基础——法律与人本身的内在联系,价值基础——法律保障人追求良好生活,功利目的——法律只有在人的参与下才有效,思想基础——法律要解决的永恒问题是人的问题。其从终极意义上将"人"作为法学研究的出发点和归结点,同时具化此"人"为"法律人"展开解析,联结法学研究与法律人之模式构造。③

"现代法学应当是人学"。随着法学研究的深入,人们已不再满足于就法论法的研究进路,而换之一种姑且可称为"功夫在诗外"的选择,以影响法律的终极因素"人"为基点,把人的需要作为法的依据、法的出发点、法的目的、法的归宿。当学者研究的视角从对社会系统及其细节部分的一般关注进而深入到对其中的活

---

① 胡玉鸿:《法学方法论导论》,山东人民出版社 2005 年版,第 322 页。

② 薛克诚:"略论人学在马克思主义哲学中的地位",载中国人学学会编:《人学与现代化——全国第二届人学研讨会论文集》,广西人民出版社1999 年版,第 20 页。转载于胡玉鸿:《法学方法论导论》,山东人民出版社2005 年版,第 321 页。

③ 胡玉鸿:《法学方法论导论》,山东人民出版社 2005 年版,第 369—392 页。

动主体（人）的重视时，"当法哲学从人与法的关系的角度来研究法的一般问题时，它便在法学领域中推动了学科的变革"。①

　　第二，法律信仰的逻辑起点。

　　信仰作为人类社会生活的一种历史现象、精神现象，可为人的行为提供行为模式和价值尺度，信此为真的人从中得到明确的生存背景、生活准则和生活目的，可以说信仰是人的精神支柱和行动指南。②《辞海》将信仰解释为"对某种宗教或对某种主义极度信服和尊重，并以之为行动的准则"。人类尽管作为万物之灵，却总也无法避免来自自然的考验或人为的动乱，无法摆脱生命无常、世事难料的迷惘心态，于是早期原始社会的图腾信仰、奴隶封建社会的神灵信仰、近现代社会的法律信仰，便成了人类自造并借以自慰的"拴系心理的结实木桩"。如果说人类对图腾、宗教的信仰是因战栗于生死苦难而去现实以外寻找解脱之道的话，那么，法律信仰则来自于人们的现实生活经验。在科学技术和工业革命的社会背景中，它用"法律"取代"上帝"成为人类新的精神寄托，在继受宗教信仰的虔诚、献身、热烈的基础上，又勃生出现实、世俗、理性的精神。在商品交换中人们产生了对诚实信用的契约精神的崇尚，在经历了血腥复仇的战争和伤痛后产生了对"公力救济"和有序生活的向往，可见，法律信仰其实体现了人类对自身价值的重视，对自身生活的关怀，③ 这种信仰的寓意与法律主体对自身的信仰坚定地联系在一起，从其诞生之日起，就携带着亲历性、生活化的因子。

　　国内关于法律信仰的概念尚无统一认识，有学者认为，法律信

　　①　林喆：《法律思维学导论》，山东人民出版社 2000 年版，第 2、13 页。
　　②　陈金钊："论法律信仰——法治社会的精神要素"，载《法制与社会发展》1997 年第 3 期。
　　③　陈融："法律信仰的基础及价值"，载《河南政法管理干部学院学报》2004 年第 5 期。

仰是指法律被人依赖、受人尊敬、受人爱戴、受人推崇、受人敬畏;① 有学者认为，法律信仰是两方面的统一：一是主体以坚定的法律信念为前提并在其支配下把法律规则作为其行为准则；二是主体在严格的法律准则的支配下的活动;② 也有学者认为，法律信仰是社会主体对社会法的现象的一种特殊的主观把握形式，是社会主体在对社会法的现象理性认识的基础上油然而生的一种神圣体验，是对法的一种心悦诚服的认同感和依归感，是人们对法的理性和激情的升华，是主体关于法的主观心理状况的上乘境界;③ 还有学者认为，法律信仰是一种法律爱国主义，它意味着对于民族国家的政治忠诚和文化依皈，特别是对于民族国家及其人文类型落实和捍卫法律价值的意愿、能力与效果的坚定不移以及由此而来对此所进行的监督和鞭策,④ 如此等等，不一而足。

综观国内关于法律信仰的论述，少有从法律信仰主体的需要出发展开完整论述，多是在强调法律信仰重要的同时叹陈历史情结难断裂而宗教感情难培养，或是从法律运行的角度就各个环节提出立良法、行良治、司法独立等目标要求。毋庸置疑，这些都是对法律信仰不可或缺的理论探索，但是如果缺乏探讨问题的逻辑起点和理论支点，所有努力都将流于空泛且失于片面，如果不以"人"这一终极目标为基本的内核或审视标准，法律信仰的大厦将面临整体性失落，正如伯尔曼所言，人们的法律观上最大的错误，就是在于假定法律是外在于人的，而并非他全部存在的一部分，它与爱、与

① 孙笑侠："论法律的外在权威与内在权威"，载《学习与探索》1996年第4期。

② 谢晖：《法律信仰的理念与基础》，山东人民出版社2003年版，第16页。

③ 刘旺洪："法律信仰与法制现代化"，载《法制现代化研究》，南京大学出版社1996年版。

④ 许章润："法律信仰与民族国家"，载《法律信仰：中国语境及其意义》，广西师范大学出版社2003年版。

信仰与恩典无关。① 笔者拟在"现代法学应当是人学"的立论前提下，将"经济人"作为法律信仰的逻辑起点。将经济学理论中的经典假设运用于法学尤其是法律信仰这一涉及意识观念的抽象领域，尽管可能会引发有关学科兼容性的争论，并有混淆世俗性与神圣性、功利性与非功利性概念之嫌，但笔者坚信，"最好的假设并不一定是最接近复杂现实的假设，而是那种尽可能简单明了，并具有尽可能大的解释和预见能力的假设"。② 总之，关于人的假设或曰人的模式，并无优劣之争，仅角度不同。

（二）"经济人"概念的历史解读

"经济人"虽被视为古典经济学和发展至今的西方主流经济学的基本假设，但其明确内涵并未得到严格和统一的界定，不同的经济学者在不同的时代背景下，往往根据自身理论体系的需要从不同方面予以阐释，推动"经济人"假设在历史中演进。

一般认为，"经济人"这一基础性范畴的产生源于亚当·斯密。尽管他本人未提炼出"经济人"这一表述，但他的思想中已然孕育了"经济人"的基本内涵："我们每天所需的食料和饮料，不是出自屠户、酿酒家、烙面包师的恩惠，那仅是出自他们自利的打算。我们不要对他们的爱他心说话，只对他们的自爱心说话。我们不要说自己必需，只说他们有利。"③ 斯密的"经济人"描述简单、抽象而且宽泛，立足于人的行为一是理性的，二是自利的。作

---

① ［美］哈罗德·J. 伯尔曼著：《法律与宗教》，梁治平译，三联书店1991年版，第120页。

② ［美］弥尔顿·弗里德曼：《实证经济学》，载于亨利·勒帕日著：《美国新自由主义经济学》，李燕生译，北京大学出版社1985年版，第26页。转载于聂文军：《亚当·斯密经济伦理思想研究》，中国社会科学出版社2004年版，第241页。

③ ［英］亚当·斯密著：《国富论》（上），郭大力、王亚南译，商务印书馆1972年版，第16页。

为独立的个人而非集体的单位，人人都自愿、积极地去争取和实现自己的利益，以自我发动为驱动力，无须任何其他外在的调节或刺激，只要社会、国家或他人不束缚这一自利动机，整个社会的生产就会自动良性地运转。斯密的"经济人"是文艺复兴、宗教改革和启蒙运动之后，人们生活的重心从宗教、天国、精神的领域转向人间、世俗、物质的领域之后应运而生的，充满着现实主义、理性主义、自由主义和个人主义的时代色彩。尽管理论抽象程度不高，但较符合实际，也较为全面，并为之后该假设的深化奠定基础。

斯密之后，古典经济学家把"经济人"假设推向极端化和片面化。在李嘉图的著述《政治经济学及赋税》中，那种经济人在社会中似乎只有一种活动，即谋利的活动；只有一种要求，即生计的要求；只有一个目的，即成为富人的目的。他被假定为没有道德、没有真理、没有艺术；其理想不是善、不是真、不是美，只是富，在李嘉图这里不易找到几个所谓"精神文化"的字样,① 求利是他的全部，道德、伦理的特性不在其视野之内。西尼尔明确肯定经济主体对利益最大化的追求，把"经济人"自利动机概括为财富最大化，"每个人都希望以尽可能少的牺牲取得更多的财富"。② 穆勒在此基础上，首次明确了"经济人"概念,③ 以追求财富作为"经济人"假设的核心，把"每个人的其他激情和动机完全抽象掉"。如果说斯密的"经济人"略显简单、贫乏，那这一时期的"经济人"内涵则相对丰富，但也片面、极端得多，斯密时期"经济人"理性、求利的特性在穆勒这里已经相当醒目地凸显开来，

---

① 厦门大学经济研究所编：《王亚南经济思想史论文集》，上海人民出版社1981年版，第10页。

② ［英］西尼尔：《政治经济学大纲》，商务印书馆1977年版，第46页。转引自马涛、肖绣文："'经济人'与人文关怀——兼评海派经济学的'新经济人'理论"，载《当代经济人研究》2004年第9期。

③ 杨春生：《经济人与社会秩序分析》，三联书店、上海人民出版社1998年版，第22页。

甚至是以一种完全和无限的方式。

新古典派的主要代表马歇尔推动"经济人"概念成为一个相对完善、辩证的命题，将"经济人"描述为一个开明的、正常理性的和现实的普通人。"经济人"充满了追求经济利益的动机，这一动机虽然主要却并非唯一；况且其动机也不全都是利己的，也可能包含许多利人的活动，其对金钱的欲望也许出于高尚的动机。这种既有利己，又有利他的"开明经济人"是普通、正常、真实的，缩短了其与日常生活的距离，也剥离了偏激与狂热。他的理性不会绷紧自己的利己神经，而是像把他的理性运用于日常生活的其他领域一样运用于经济领域，他虽然离不开对利益的追求，但不会时刻计较着利益，像机器一样时时趋向于那一目标——力求利益的最大化，他以一颗平常心，生活于社会之中和经济生活之中。① 可以说马歇尔的"经济人"具有明显综合、折中的色彩，消除了对自利、理性的极端运用，以一种相对灵活的方式弹性把握。

现代经济学时期，"新政治经济学家"将"经济人"假设发展到了"新经济人"阶段。贝克尔运用"经济人"假设分析原本属于社会学、人口学、政治学、法学等学科中种族和性别歧视、犯罪现象、人力资本等课题，实现经济学的帝国式扩张；布坎南把"经济人"假设的运用从经济领域扩展到公共选择的政治领域，认为不论经济主体还是政治主体都是"经济人"，其目标都是追求自身利益最大化，都按成本——收益原则行动；诺斯沿用新古典经济学的成本收益方法，证明了推动制度变迁和技术进步的行为主体都是在预期收益大于成本的情况下，追求收益最大化，并最终实现制度变迁。② 现代经济学的"新经济人"频繁出现于非经济领域，在

---

① 聂文军：《亚当·斯密经济伦理思想研究》，中国社会科学出版社2004年版，第217页。

② 邓春玲："'经济人'与'社会人'——透视经济学两种范式的人性假设"，载《山东经济》2005年第3期。

实现自身效用最大化的过程中，他突破了仅限于经济利益追求的束缚，从自身行为中寻求心理或生理上的满足，诸如名誉、地位、尊重等不能用纯经济尺度衡量的利益。在不断反思和修正的过程中，"经济人"内容日渐丰富，解释力日渐增强。

"经济人"假设在西方主流经济学的发展历程中，尽管常常遭到非主流经济学家的责难（其实任何假说都会存在某种局限性），但其本身的内容也在批评中不断完善与充实。如果无视"经济人"本身的发展，仍然把他描述为一种免除了所有约束的人的形象——非社会化的、完全自私的、不受规范约束的人，仅仅只是理性地进行计算，以促进他自己的利益——这实在是对"经济人"抽象的一种丑化！① 通过对"经济人"历史性概念的回放，不难发现"经济人"假设通过不断地拓展，已经越来越接近于一种真实的写照。

首先，扩大"自利"外延，把对他人福利的关心纳入个人的效用函数之中。贝克尔就曾分析了利他行为同样可能会导致效用最大化的问题。因此确切地讲，所谓"对他人福利的关心"是附条件的利他主义，个人的利己倾向也会有表面的利他行为，这是一种"开明的自利"。经济学家面对纷纷质疑，对利己行为作出如此拓展解释，是一种令人钦佩的自我强化。毕竟，作为经济人的基本特征，自利最真实地反映了人类最基本的行为，这是人性中一个十分重要的方面，因生存、生活的需要而具有相当的合理性（当然，自利并不意味着自私或损人利己），面对现实，人们所应做的不是否定、弃绝，而是"因势利导"的设计制度、规则，防止利己走向肆意妄为。

其次，改造理性条件，将空泛的"大理性"变成满足一定现

---

① 杨春学："经济人的'再生'：对一种新综合的探讨与辩护"，载《经济研究》2005年第11期。

实条件约束的"小理性"。① 经济学接受了来自西蒙的"有限理性"成果，认为人的理性只是"有限的"而非完全的。之所以有限，既在于现实生活的复杂性和事物的发展变化所导致的信息成本增高，也在于人的智力有限，人对完成决策的计算和认识能力有限。有限理性意味着它处于强理性和弱理性之间，在处理人与环境的关系上，它更符合现实中大多数人的中等形象，有限理性的人在面对不确定的环境、不完全的信息和不完善的自身认识能力时，要么会严格地遵循过去与成功有关的习惯做法和常规做法，要么采用试错的方法。这些行为会给人以极大的启示，促使人们去关注在不完全情况下，契约的选择和制度设计对于实现个人利益最大化的至关重要性，关注习惯、传统规范（尤其是法律制度）对实现个人效用函数最大化的裨益所在。

同时，"经济人"假设的有限理性，改进了斯密关于"经济人"以制度约束为前提条件的观点，在他那里，良好的制度（如法律）只是一种外生变量，只强调制度对经济人的制约作用，而现在人们更关注经济人对制度建设的积极作用，关注经济人对制度建设的必然要求，这是由外生变量到内生变量的飞跃！

本文以经历了漫长发展过程、具备丰富内涵的"经济人"假设，作为当今市场经济条件下普通人的人性假设，就是要通过这种理论上可以把握、实践中可以认识的经典命题，为市场经济主体之法律信仰培育奠定基础，追求法律信仰培育路径的可行性和有效性。因此，在本文的语境中，市场经济主体并非泛泛而谈的，而是以"经济人"为基本主体定位的。

（三）"经济人"作为法律信仰逻辑起点的原因解读

原因之一："经济人"符合普通人在多数场合下的真实形象。

---

① 马涛、肖绣文："'经济人'与人文关怀——兼评海派经济学的'新经济人'理论"，载《当代经济人研究》2004 年第 9 期。

如前所述，在历史中不断修正的"经济人"融合利己与利他，由完全理性到有限理性，由最大化到非最大化，由单一目标函数到多元目标函数，已经不仅仅是以纯粹的物质利益为目标，而是整合了非经济利益或精神上的满足，把多维和复杂的人性考虑进来，将过去作为外生变量的各种因素如社会、制度、文化、历史等都纳入经济人分析框架，成为内生变量。① 这里的每一个变化都意味着他向现实更迈进一步，越来越接近大多数普通人在大多数场合中的真实形象。综合之中，他保持自利、理性的核心特征，轮廓分明，接近生活，有利于人们经验性地加以把握。

"经济人"假设的现实性与法律的现实性不谋而合。法律是对现实人的生活最为直接的规范性要求，法治亦是对现实人的生活最直接、最全面的规范性反映。只有从人的日常生活世界中寻求法律存在和发展之因，从人的日常生活世界中探究法治之本，才有可能在生活场景中培育起人们对法律、法治的制度性信任与心理依赖，从而孕育出法治的精神意蕴，并使之长期有效地渗透于现实人的日常空间，给予法治的制度性物质设施以强大而坚固的观念支撑。

因此，法律信仰也应当是现实的、极具生活气息的，它理应走下宗教的神坛，在现实人的具体生活场景中安身立命。欲回归"生活世界"的境界，无疑需要我们尊重生活的主体——人，尊重人的基本行为特征，比如自利，理性，甚至机会主义倾向之缺点。所以法律信仰从理论到实践都必须把"经济人"这一具体化的人放在第一位，对他的关注才是法律信仰真正的出发点，任何不着边际的空谈虔诚、神圣体验对培育法律信仰有百害而无一利。

原因之二："经济人"具有价值评价的中立性。

"经济人"具有非价值性评价，他渐渐绕开关于人性善恶旷古未休的争论，聚焦于人的行为，考虑经济人是否按理论预测行事，

---

① 邓春玲"'经济人'与'社会人'——透视经济学两种范式的人性假设"，载《山东经济》2005 年第 3 期。

"我们不知道他要什么，但我们知道，不论他要的是什么，他会不顾一切的以最大化的方式得到它。"①

作为一个理论命题，对人性的任何一种假设都是很容易遭到反驳的，但是这些立论一旦成为制度建设的前提，就会产生截然不同的后果。我国传统一向秉持的德治、人治，以人性善为前提，以"道德人"为基础，用法律的道德化、伦理化一以贯之，化法律问题为道德问题，认为依靠思想和道德教化的力量可以解决一切政治问题、法律问题，于是乎，仁慈的开明君主或包公似的清官便成了普通民众心神往之的信仰对象，他们渴望这些道德完美的君子们在根本上是有利于人民根本利益的利他主义者，却忽略了任何外在制度化设计的保证或制约引发的必然结局是，官员在自利本性与儒家思想这阴阳两极的双重钳制下呈现出普遍的伪善，并导致中国过去两千年来难有稍为廉洁、公正的政府。

反观西方，休谟早已指出："必须把每个成员都设想为无赖之徒，并设想他的一切行为都是为了谋求私利……我们必须利用这种个人利害来控制他，并使他与公益合作，尽管他本身贪得无厌、野心很大，不这样的话…… 最终会发现我们的自由或财产除了依靠统治者的善心别无保障，也就是根本没有保障。"② 践行这一信条的首推美国开国元勋的制宪活动，这些立宪者有的是政务要人，有的是商人、律师、种植园主、投资者，他们在政坛、法庭、庄园那些财富、权力交织的场合中洞见人类利己的种种表现，深知人类是无法改变的追求自利的功利主义者。因此，美国的宪法被设计成实施三权分立的制度制约的产品，避免以人自我克制的品德愿望承载

---

① ［英］霍奇逊：《现代制度主义经济学宣告》，北京大学出版社 1993 年版，第 88 页。转引于应飞虎、吴锦宇："事实的推导、预测与发展"，载《现代法学》2005 年第 7 期。

② ［英］休谟：《休谟政治论文选》，商务印书馆 1993 年中译本，第 19 页。

无以更改的自利本性。况且该宪法本身也是利益集团不断斗争妥协、讨价还价的产物，正如查尔斯·A. 比尔德在《美国宪法的经济观》中所强调的那样，"宪法不是所谓全民的产物"，在制定和通过宪法的过程中，"经济力量是原始的或根本的力量，而且比其他的力量更能解释现实"。

把"经济人"假设从经济领域牵引到法律领域，并成为法律信仰的逻辑起点，目的便在于通过重新寻找立足点来设计法律本身，在利用明显的互利关系上提高法律运行的效率，完善法律值得被人信仰的品质。只有假定所有的人都是"经济人"，并仔细探析"经济人"的行为特性，做好预测，才能得出适当、合理的法律规制，最终将追求自利最大化的行为纳入到互利的疆域之内。因此，以"经济人"为法律信仰逻辑起点的价值在于，它通过一种客观的真实描述，将人们的注意力从完善个人引向完善制度尤其是完善法律制度的轨道上，这是侧重点的根本不同：前者站在国家、社会的立场上，力图通过宣传普及国家法，以求提高民众的法律素质，培养法律信仰；后者站在合乎人性的个人立场上，对国家法提出质疑，对制度提出要求——你凭借什么使人信仰？其实，当代法治建设的重心不论从理论上还是从实践上都已转向法律怎样得到人们的普遍遵守，所以在现代社会里，法律制度的设计比人性人品的教化更重要！

另外，需要补充强调的是，包括"经济人"假设在内的全部假设人的模式，都不是万能的，它本身也有众多缺陷，这是一种对研究课题切入点的简化，以"经济人"假设取代其他一切人的模式的研究显然是不切实际的；其本身也是在舍弃其他学科中有关人的定位的许多方面而形成的。① 这种方法的运用本身意味着一定的取舍；况且他本身也无法解释人类全部生活场域的所有活动，对于

---

① 胡玉鸿：《法学方法论导论》，山东人民出版社 2005 年版，第 480 页。

人们通常所能理解的真正纯粹的利他行为，或那种不求同等回报的自我牺牲，或对于宗教信徒的虔诚心态，"经济人"假设确实无能为力；在个人行为的全部场合，并非全部是自利、理性在发挥作用，甚至是利他、非理性起了关键作用。由此可见，"经济人"假设的运用虽然是为了解构生活，但也只能以一个视角截取人类生活的一个断面。指出"经济人"假设固有的缺陷，不是要否定其在研究中的意义，而是督促人们更加全面地看待这一假设。拉德布鲁赫曾说："人类呈现的形象的变化是法律史上'划时代的'变化，对于一个法律时代的风格而言，重要的莫过于对人的看法，它决定着法律的方向。"①"经济人"虽然不能解释人类所有行为的含义，但它的确是一个极强有力的概念，信仰的对象——法律只有假定每个人都是盘算着成本收益、又缺乏足够理性的"经济人"，才能呈现出对所有人一视同仁、运行高效的欣欣景象。

二、法律信仰——"经济人"的必由之路

（一）时代变迁中的信仰之路

不论对于人还是社会，信仰都是绝对必需的，不同范围内的个人之间、个人与组织之间及个人与其生活环境的规范或制度之间必须建立某种程度的信任关系，它是社会生活的稳定剂。这是人类意识在千万年的进化发展过程中，对人类生命的生存背景、生存条件及存在意义的意识和追求，是对人类客观生存缺陷的主观克服和弥补，人类借信仰之力可以成为宇宙中的超越存在，这种超越存在是

---

① ［德］古斯塔夫·拉德布鲁赫著：《法律智慧警句集》，舒国滢译，中国法制出版社 2001 年版，第 141 页。转引于胡玉鸿：《法学方法论导论》，山东人民出版社 2005 年版，第 481 页。

人的一种主观态度——即对某一世界观的确信。① 社会心理学家黎鹏说，在某种意义上，"决定人生和历史的真正因子，就是信仰。信仰是不可避免的，它永远构成人类精神生活的主要部分。一种信仰也许会被人推翻，但继之而起的又是一种新信仰。假如一个民族的信仰发生变迁，必有整个社会生活的巨大变迁随之而起"。② 当然或许也可以这样说，假如整个社会生活发生变化，一个民族的信仰变迁也会随之而起。

许多人认为中国人没有信仰，若立论于中国缺乏西方的宗教信仰基石，或将信仰仅仅描述成某种形而上的上乘境界或神圣体验，这样的观点无可非议，因为众所周知，中华民族是极具实用理性的民族。中国古代从官方到民间的主流文化——由殷商至满清（甚至潜移到当代），始终停留在"均无贫"的现实计较中，始终徘徊于王、神、天同形构造的阶段，始终在世俗世界中为解释生活而编织各种经世致用的观念体系，始终未能超越现实形成所谓彼岸意识而对宇宙和人类真正具有终极关怀的精神。③ 然而，如果把信仰从某种神秘、超验的、直面终极的探讨中解脱开来，把它视为一种日常生活信任体系的话，我们并不匮乏这种传统，因为人们普遍渴望过有序的生活，渴望生活程序可以预测。这种信仰以一种对人的信任为形态，以儒家伦理道德为载体，在现实人的日常生活世界中自主展开、细致落实。在土地中刨取生活的人们，世世代代生活在反复轮回的田野上，被严格固定在一种封闭、较少改变的生活方式中，人际关系的多维使得其中的每个人都深知，"为恶"将以自身、家族、宗族的"面子"、荣誉为巨大成本，为此他们言行谨慎

① 陈金钊："论法律信仰——法治社会的精神要素"，载《法制与社会发展》1997年第3期。

② 贺麟：《文化与人生》，商务印书馆1996年版，第90页。

③ 冯亚东：《平等、自由与中西文明》，法律出版社2002年版，第23页。

而多现美德，基于人与人之间的熟悉和信任建立的社会信任系统十分适用于这种比较稳定的生活圈子。但是"在认同与信任的圈子不断扩展之时，一个源自人性的基本社会事实没有改变。那就是社会中一个信任体系越大，其成员间的信任感越弱、越单一；一个信任体系越小，其成员间的信任感越强烈、越全面。一个人可以凭借优异的分数进入任何一所大学，可以凭借著名大学的文凭轻而易举的择业，可以凭借黄金走遍全世界的交易所。但是当一个人进入到一场冒险中时，谁是可以依赖的伙伴？当他陷入危难时，谁是他最后的守护者？"[1] 在人的社会空间大规模拓展、社会活动日渐增多、生活节奏明显加快后，那种简单的信任体系（即人对人的信任）便不足以支撑陌生人组成的社会结构和社会关系的稳定，于是人们惊呼世风日下、道德沦丧，而这正是社会发展的必经阶段，是不可跨越或省略的历史过程，新的信任体系必须建立，它要经过无数次的生活检验而非牧师般的精神说教，重新给人们带来切身利益、正义的预期及实现时，才能牢牢扎根于人们的情感与心态，这便是一种崭新形态的信任体系，即人对法律的制度信仰。

此种信仰之路如果只是一种发展方向或一种可能性，那么西方由宗教而及法律的信仰道路可提供某种实证。在西方社会，人们对于宗教和法律的信仰曾是紧密联系的，在漫长的历史发展中二者呈现出互养的形态。经过中世纪的人文主义运动和科学的巨大发展，神的威信受到极大的动摇，启蒙思想家在猛烈抨击神权、专制的同时，也提出了与之相对立的民主、人权等思想，于是"法律至上"成为"上帝死后"的一剂救世良方。在宗教中汲取了信仰要素的法律，表现出一种强烈的理性主义倾向，与宗教信仰相比，它具有迥然不同的精神气质，因为作为一个不可回避的事实，在如今的现

---

① 郑也夫：《代价论——一个社会学的新视角》，三联书店 1995 年版，第 45 页。转引于姚建宗：《法治的生态环境》，山东人民出版社 2003 年版，第 29 页。

代乃至后现代社会背景中，世界"除魅"的世俗化过程中，那种曾与宗教神圣观念相关联的超越信念已经不可挽回的衰落了，致力于一种对于超验价值的自觉和献身的神圣信仰，再也无力唤起现代的人不计较功利的或鄙视功利的执著。法律信仰的到来本身昭示着，道德中所含的"温情脉脉"以及宗教中所含的超验情感均不适合现代社会的运行机制，"法治"作为历史的选择似乎已经尘埃落定、无须争辩。但我们并非站在历史的终点线上迎接看似必然到来的法律信仰，也不是要用西方的尺度来衡量自己的步伐，是要在自己的传统与现实中，谋求某种形式的法律信仰，论证其何以可能、何以可行，寻找法律信仰之根。

伯尔曼面对 20 世纪 60 年代美国等西方国家的社会问题，认为西方人所面临的危机并非法律的过度神圣化，而是担忧他们过于分裂，需要重新整合，因为没有宗教的法律会退化成为机械僵死的教条。没有法律的宗教，则会丧失其社会有效性。然而我们的困境似乎更难以摆脱，用梁治平先生的话来说，"我们的现代法律制度包括宪法、行政法、民法、诉讼法等许多门类，它们被设计用来调整社会生活的各个领域，为构建一个现代社会奠定基础，同时，他们也代表了一种精神价值，一种在久远的历史中逐渐形成的传统。问题在于，这恰好不是我们的传统。这些不但没有融入我们的历史、我们的经验，反倒常常与我们固有的文化价值相悖。于是，当我们最后不得不接受这套法律制度的时候，立即就陷入到无可解脱的精神困境里面，一种本质上是西方文化产物的原则、制度，如何能唤起我们对于终极目标和神圣事物的意识，又怎么能激发我们乐于献身的信仰与激情？我们并不是渐渐失去了对法律的信任，而是一开始就不能信任这法律。因为它与我们五千年来一贯遵行的价值相悖，与我们有着同样久长的传统的文化格格不入。"①

---

① 梁治平："死亡与再生：新世纪的曙光"，载［美］哈罗德·J. 伯尔曼：《法律与宗教》代译序，中国政法大学出版社 2003 年版，第 12 页。

如果法律既缺乏神圣般信仰的民情，也缺乏会通古今的品质，法律信仰的构建之题将是难解的。但并不意味着无解，随着经济的发达、政治的民主与文化的多元，传统也在更新。在这一渐进的过程中，我们还应清醒地认识到，法律无须神圣笼罩，它也不是一种高高在上没有血气的冰冷之物，它为人们所信赖、所依靠，不在于盲目服从，而是因为它构成了人们的真实生活。

（二）从"经济人"的"三性"看其对法律信仰的主观需要

如果空谈时代变迁或曰时代选择并将之作为结论难免泛泛，但若结合前文所述"经济人"的真切形象，从法律信仰的主体出发，就会从"经济人"的行为特征中看出某种必然性。尤其在当今市场经济浪潮中，"经济人"形态的主体性、行为的逐利性以及连带关系的复杂性，决定了其对法律信仰的主观需要。

第一，"经济人"形态的主体性。这种主体性，是"经济人"基于对自身理性能力的认识与信任，对自己控制自然、社会及自身怀有的巨大信心，相信自己就是生活的主人。所以，独立、自由、平等是"经济人"作为社会生活主体的必然要求。而建立在自然经济和计划经济基础上的一切人的形态，无不以"附庸"为根本描述，在礼俗社会中，人的权利是一种"渗透着义务、承载着义务的权利，那些满足按照义务要求履行之期待的权利"；① 在计划经济时代，如 20 世纪 50 年代后期的人民公社运动，尽管从表面上看形成了主体间不分你我、共荣共存的群体关系，但当剥开它的表皮详细观察时不难发现：在这种群体关系中，人们以人身依附为代

---

① ［德］古斯塔夫·拉德布鲁赫著：《法律智慧警句集》，舒国滢译，中国法制出版社 2001 年版，第 141 页。转引于胡玉鸿：《法学方法论导论》，山东人民出版社 2005 年版，第 482 页。

价创造了群体，以低效率维系着群体，最终却以责任推诿丧失了群体。① 在层层的隶属关系中作为主体的人的独立、平等之实现简直是一种奢望，他无力摆脱自然经济与产品经济条件下自我满足或只能接受他人分配以满足需求的经济关系模式，主体特征根本无以建立。只有打破这些人身依附，让整个社会呈现出以独立为前提、以自主参与为条件、以平等为纽带的景象，商品经济中经济人形态的主体性才能展露无遗，他充分的理性和意思能帮助他自主、自律地开拓自己的命运。

正是这种主体形态促使"经济人"更迫切地希望法律在提供保障的同时加以促进。因为从良法的角度看，法律应将人的问题视做首要问题。我们曾一贯强调的，也许多是阶级、社会、国家这样一种宏观的带有全局性的问题，但实际上，真正的法治对真实的个人的重要性远大于作为个人之生存与生活样式的社会与国家，对真实的个人的当前境况与未来命运的关切也应远甚于其对社会和国家的关切。也就是说，人的价值、尊严、人的独立人格、个性、存在和生活及其意义，人的理想、人的命运，都需要法律予以关怀，而且是首要的关怀。② 于是，法律对公平、自由的价值追求把对人的主体性尊重展现至极，以之为一种最高的价值取向予以肯定。这时法律在终极意义上完备了受"经济人"信仰的品质，同一性的观念使它与差别性的规则体系区别开来，使其根基如此之深，足以撑起参天大树。

第二，"经济人"行为的逐利性。追求自身利益是驱使"经济人"行为的根本动机，这一特性为我们提供了预测人行为的恰当

---

① 谢晖：《法律信仰的理念和基础》，山东人民出版社 2003 年版，第436 页。

② ［德］古斯塔夫·拉德布鲁赫著：《法律智慧警句集》，舒国滢译，中国法制出版社 2001 年版，第 141 页。转引于胡玉鸿：《法学方法论导论》，山东人民出版社 2005 年版，第 482 页。

依据，同时也为社会行为及社会制度的构建提供基础。按照斯密的理解，人的关注点是以"距离"（时间距离或空间距离）为基准的，离自己越近的事物也就是越容易引起注重的事物，关心自己是理所当然的，而由这样一种共同人性所构成的社会，客观上就会使得每个人自食其力，由此而产生互通有无、物物交换和相互交易。① 同时，这种自利同样也是利他的，很难想象一个不自爱、不自利的人会去爱人、利他。"如果每个人都为公共工作而忘记自己，政治家将手足无措……如果一国人民变得十分无私，将没有治理他们的可能性。每个人都可能用一个不同见解来考虑他的国家的利益，而且很多人可能通过努力促进国家利益来参加对国家利益的破坏。"② 而在自利与利他双重动机、效果下，只要有良好的法律和制度的保证，"经济人"追求个人利益最大化的自由行动会无意识的、卓有成效地增进社会的公共利益，这是"经济人"假说中最有意义的命题。③ 由于"经济人"行为的逐利性普遍存在，具有了不证自明的合理性，可见单纯从生活经验看，每个人在作出行为之前，都会对自己的行为进行一番利益权衡和成本计算。

虽然"天下熙熙，皆为利来；天下攘攘，皆为利往"，但人们求利的范围、方式、目的各不相同。有社会、民族、国家之利，有个人、团体、企业之利；有正当之利，有失当之利；有艺术、科学、权力等精神之利，也有衣食、住行、玩好之利。在人类求利的行为中，并非人人都能取得利益，也并非人人总能利益最大化，这是由于每个主体的活动与科学规律之间并非构成一一对应的关系，

---

① 胡玉鸿：《法学方法论导论》，山东人民出版社 2005 年版，第 434 页。

② J. Steuart：*Inquiry into tneprinciples of political Economy*，University of Chicago Press 1966 ，pp. 243 - 244；转载自王根蓓：《市场秩序论》，上海财经大学出版社 1997 年版，第 237 页。转载自胡玉鸿：《法学方法论导论》，山东人民出版社 2005 年版，第 435 页。

③ 杨春学：《经济人与社会秩序分析》，三联书店、上海人民出版社 1998 年版，第 12 页。

也由于一般主体很难准确地掌握客观规律。① 有鉴于此，"经济人"对法律的尊重、信任乃至信仰，也就成为某种迫切需要，因为法律作为调解、整合各种利益的规则体系，能够给"经济人"的生活提供理性预测，其科学、合乎规律的规则不仅方便掌握，而且可以给"经济人"提供利益引导，使纷繁复杂的社会关系通过法的调整而变得井然有序，并最终为人们带来实际利益。

从这个意义上讲，良法除了应当承载自由、秩序、公平、正义等与人的尊严相关的终极价值外，还应当具有功利和实用的内涵，所以"经济人"眼中的法律还有一层世俗的意义，只有在其提供了社会存在、发展所必需的人际交往的基本准则，提供了基本便利的协商机制和设施，提供了基本稳定的社会秩序时，法律才能被视为"经济人"生活不可或缺的组成部分，渐渐被内化为一种真挚的情感和信任。如苏力先生讲，法律必定是具有功利性的，尽管这不意味着功利就是或者应当是法律的唯一性质。② 信仰不能回避利益的计算，法律若不能在人们的日常生活中为人提供相应的福利和便利，其信仰就不可能建立。总之，逐利的"经济人"需要法律充当其利益的向导，在权利、义务的分配中明确自己的为与不为；现实中的法律需要表达出其对社会中最大多数人的利益和要求的深切关怀，体现出对常识、常情、常理的真实体会，才能得到它所期待的回应，一种深沉的热爱。

第三，"经济人"连带关系的复杂性。在从意义体系、规则体系两方面明确了"经济人"对法律的主观需求后，还需明了"经济人"行为特性中的自利、理性会随社会结构的变化，更鲜明地体现在人际关系上，这是对上述两点程度上的深化，使"经济人"

---

① 谢晖：《法律信仰的理念和基础》，山东人民出版社2003年版，第69页。

② 苏力："法律如何信仰"，载许章润编：《法律信仰：中国语境及其意义》，广西师范大学出版社2003年版。

在发展中对法律的需要显得更为迫切，这一点无疑成为塑造法律信仰的强化剂。

关于社会中人们之间相互作用、相互依赖的关系，狄骥将之视为社会的"第一要素"，称为连带关系。在他看来，有人类就有社会，有社会就有连带关系，社会连带关系是人类的天赋。① 据此可以认为，前"经济人"时期，社会连带关系是同求的或无机的。以我国自然经济、计划经济时期为例，以血缘、地缘为主要纽带联结起来的人群，保持的是一种机械的团结，同质性较强而独立性较弱的个人在某种共同价值观念的凝聚下，往往形成强烈的但较为简单的集体意识。与此相对应，调整人际关系的规则，如道德、礼或是政策，就会呈现出整体压制的形态，以义务为本位，以节制人的行为求得"和谐"与"稳定"。而当社会发展到"经济人"时期，也即市场经济时期，整个社会连带关系面貌一新。

其一，熟人社会变成陌生人社会。社会成员高度的流动性使基于血缘、地缘纽带而形成的伦理道德约束力大大减弱，费孝通先生分析说："现代社会是个陌生的人组成的社会，各人不知道各人的底细，所以得讲个明白；还要怕口说无凭，画个押，签个字。这样才发生法律。在乡土社会中法律是无从发生的。'这不是见外了么？'乡土社会里从熟悉得到信任。"② 那么市场经济下的"经济人"还能继承这种单一性大于多元性、自律性大于他律性、应然性大于实然性、伦理性大于法理性的道德③并形成对它的信仰么？

其二，社会分工日益发达。在分化的集体中，个人不再彼此相似，而是个性凸显，精细的社会分工使每个人都在从事某种专门的

---

① 吕世伦主编：《现代西方法学流派》（上），中国大百科全书出版社2000年版，第378页。

② 费孝通：《乡土中国 生育制度》，北京大学出版社1998年版，第10页。

③ 钟明霞、范进学："试论法律信仰的若干问题"，载中国民商法律网2006年3月2日。

工作，由此引发的必然结果便是日益紧密的依赖关系，杜尔克姆认为，正是这种依赖使整个社会的协调一致得以实现。① 这种依赖是分工后的合作关系，它不仅必然而且必须，因为个人犹如社会整体中的一个器官，各不相似、必不可少，只有使合作协调均衡，尊重其中每个人的功能效用和利益追求，社会运转才能更健康，社会结构也才能愈加稳定。可以说，这时的社会连带关系是有机的、分工的，它需要的是那种以个人权利为本位的、普遍的、公正的且能对"经济人"人际关系提供合作预期的法，它是陌生人面对不可避免的社会分工、合作，为了克服恐惧、猜忌、无所适从而必然求助的对象，只有它给人以结结实实的安全感。

（三）从法律的"二制"看"经济人"对法律信仰的客观选择

"经济人"对法律的信仰，还在于法律作为一种制度安排，既能为"经济人"的利己提供激励、保障，也能为"经济人"参与竞争、追逐利益进行外在约束。因为尽管我们承认市场经济的建立乃至社会的繁荣，都是以"经济人"对自身利益的追求为基本动力，但这种进步并不是没有代价的。我们必须看到"经济人"还有着机会主义的行为倾向，他不会自觉地把行为限制在互利的界限内，或自觉地把个人利益置于他人利益之下，或自觉遵守规范，尤其在"经济人"具有信息优势的情况下，他极有可能作出侵犯他人利益乃至社会利益的行为。"机会主义者在最大化自身利益时，往往把主要精力用于分配性努力上，其行为结果不是增加社会财富而仅仅是社会财富的不同分配，所以人们常言道，他们并不关注把'蛋糕'做大，而只是力图获得有限'蛋糕'中尽可能大的

---

① 吕世伦主编：《现代西方法学流派》（上），中国大百科全书出版社2000年版，第361页。

分额。"①

　　有鉴于此，法律制度的设计，既要充分考虑"经济人"利己的特性，也要避免其将"利己"建立在"损人"的基础上。为了支持更广泛"经济人"的利益诉求，法律要明晰地界定他活动的空间，只有在约束与激励共存的框架当中，"经济人"追求自身利益最大化的行为，才会卓有成效地增进整个社会的公共利益，同理，公共利益的整体推进，也是个人利益的重要保证。现代法律的设计初衷也在于此，它尊重个人的求利本性，也冷静地意识到人际间存在的利益冲突；在激励机制与制约机制的双重安排下，它化解冲突，弥补个人理性与社会理性之间的鸿沟。在这层视野下，法律就不是一套枯燥的规则，而是分配利益、解决纠纷、制造合作关系的生动机制；它不是"经济人"作为旁观者去认识的对象，而是极具利导性、方便效益性的内在观点，在广泛的支持和有效的实施中，法律成为"经济人"之信仰对象便是水到渠成的客观选择，舍此无他。

　　其一，激励机制以自利。对"经济人"的激励，是法律制度设计的基本功能之一，面对自利这一世界上最不稀缺的资源，法律的任务就是用种种具体的权利配置方式来促进它进一步强大。正如美国制度经济学派代表人物康芒斯所说，"如果说支配人类活动的自我利益是蒸汽机的话，那么引导动力的，便是制度这台发动机"，没有发动机，则蒸汽机无法运行，无制度的激励，则人的行为动力将会不足。② 法律对"经济人"的激励，主要体现在其对利益的界定和赋予上，套用法律的话语，即权利的设置。"法是权利

　　① 种明钊、应飞虎："经济人与国家干预法"，载《现代法学》2003年第12期。
　　② 种明钊、应飞虎："经济人与国家干预法"，载《现代法学》2003年第12期。

呼唤的结果，没有权利就没有法律"。① 现代法律是以权利为本位的，这既是近代以降人类启蒙的智识之果，也是我国目前民众法律信仰培育的根基所在。随着法理念的觉醒，人们对权利的渴望已日趋强烈、扩张，人们愈来愈多地将注意力放在自身，关注自己作为独一无二的价值的存在，这种意识的觉醒，使得"对人们行为的任何规范调整如果只与禁止和义务相联系，就不可能是有效的"。② 因为"如果群体的利益高于一切，那么对社会正义的谋求非但不会导致法律的遵从，而且会导致对法律权威的蔑视，因此宪法所宣载的权利和自由绝大多数是，而且也不能不是以个人为主体的"。③

以权利为本位的法，在激励"经济人"自利的机制安排中，以中性的态度给予每个"经济人"平等的主体地位，这是一切活动的根本起点。在一个以血缘、地缘建立信任关系的格局中，相互间的信任一般仅限于家族、宗族、同乡等概念所涵盖的范围内，圈内平等互利，圈外则一致对抗、冷漠无情。而在一个依靠业缘合理性构建成的秩序中，传统的区别对待让位于近现代的一视同仁，它打破各种身份隶属的限制，创造了一种起点的平等、机会的平等。同时，在残酷的竞争中，"经济人"除了一开始就要设法避免因他人犯规而使自己受损的情况外，更重要的是，他能在这种情形发生以后通过法律制度的设置，为自己争取必要的补救措施。在某种终极的意义上，法律成为了"经济人"订立契约、防止侵权的守护神，它构筑了正义的又一道防线。当然，除了这种起点与终点的双重呵护，法律激励机制的设置还更多地体现在"经济人"逐利的过程中。简言之，对"经济人"的制度激励，主要是通过对利益

---

① 徐显明："法与权利"，载《马克思主义法理学》，山东人民出版社1990年版，第331页。

② 孙笑侠："论法律的外在权威与内在权威"，载《学习与探索》1996年第4期。

③ 夏勇：《走向权利的时代》，中国政法大学出版社1995年版，第211页。

在"经济人"之间的合理分配、对财产权的有效保护和对有限理性的克服而实现的，其中涉及了行为人的贡献与报酬相一致、财产权的合理配置且界定明晰、公权不应侵犯产权等相关内容，均充分阐释法律作为一种制度安排，在引导经济人自利方面的推动作用。

其二，制约机制以互利。在一个逐利的社会中，每个人在追求自身利益最大化的同时，必然会涉及第三方或曰市场相对方的利益，这使法律的制约机制较激励机制显得更为突出，如若没有这层外在约束，个人追求自身利益的动机和行为势必会导致"一切人对一切人的战争"，交易成本、信用成本升高，整个社会也将陷入混乱、无序的状态。所以，"经济人"的自利，不仅有促进作用，也有阻碍作用，不受限制的自利在很大程度上会妨害他人自利的谋求、市场经济的效率以及公共福利的形成。"如果对这些由人类的需要所引发的有害于他人利益的行为不加以约束，对人的理性不加张扬，对非理性不加鞭挞，没有善恶是非的标准，人类理性就会像'劣币驱逐良币'一样被非理性驱赶，人类就会处于无休止的混乱状态，社会也就无法有序地组织起来并按一定的行为规则运行。"[①]因此，人们需要法律的制约机制对这种极端自利的动力加以匡正，使其在给定的范围内正常运转，最大限度地减少弄虚作假、坑蒙拐骗等损害公共利益的绝对自利。否则，无以整合利己与利他，形成互利的良好秩序，无以建立对法律的制度信仰。

"经济人"对法律的信仰，从正面权利的角度看，是要从中汲取更为强大的动力支持，在一视同仁的关怀中体会追逐幸福和满足需要的自由；从反面义务的角度看，则是要限制任何极端行为的泛滥，为自利行为划定疆界的同时，也意味着一个整体利他环境的营造。由此，自利与利他并不是绝然对立的，互惠互利才是"经济

---

① 陈惠雄：《人本经济学原理》，上海财经大学出版社1999年版，第284页。

人"行为的忠实解读。然而，要建立一个超越狭隘和极端自利的社会，培植利他或互利的氛围，关键不在如何改变人，因为任何试图扭转"经济人"自利本性的努力都将是徒劳的，这也正是以"经济人"利己性作为制度设计的起点和归宿的原因所在。关键应在改变人所生存的法律环境结构，在法律制度的设计中，使个人的自利行为与社会整体所希望并称赞的行为之间建立一种良好的关系。法律在制约机制上的安排，以义务的形式为表现，它抑制了为达目的不择手段，促使"经济人"的行为趋向于与其他经济人的合作、互利，在激励与约束的平衡与协调中，"经济人"的行为使其利益的最大化成为"受约束的最大化与受激励的最大化"。

在一个因经济高速发展，社会交往、经济活动日渐不可知、不可测的时代，人们为了应对市场的复杂化和瞬间的市场交易所带来的种种畏惧，渐渐从法律制度、法律规则中寻找心灵的慰藉，企盼情绪的稳定。随着社会开放度的进一步提高，人们对法律的需求势必更为强烈，他们对于法律的这种迫切，或许更多地与制约机制联系在一起。因为，起点平等的人，在奔跑竞争的路途中拉开了距离，少数"经济人"强大崛起的背后，是更多处于相对弱势的"经济人"，而后者更加期待法律的制约机制能切实地适用在前者身上。于是，法律作为防止最坏的制度安排，便再一次承载了受人信仰的品质。

三、利益——"经济人"法律信仰的价值依皈

（一）"经济人"与法律的价值契合点

将"经济人"与法律信仰相连，旨在为意识形态领域中的法律信仰寻找现实的寄托，让一种飘忽的、自上而下的心境回归本真，在具体的生活场景中为法律培植信仰的根基，此方为务本之道；而"经济人"在以开明自利、有限理性等特征赢得法律信仰

逻辑起点之时，也意味着其必须遵守"游戏规则"，在激励机制的安排下积极自利，在制约机制的约束下互惠互利，谋求个人理性、集体理性的契合之处。所以，"经济人"的法律信仰并不是单向的，作为信仰主体，他当以法律为行动的基准，这时的法律便既不是刻在大理石上，也不是铭刻在铜表上，而是铭刻在内心里；作为信仰对象，法律当力图蕴涵"经济人"内心世界和社会生活的真切需要，体会共鸣。只有在这种互养的双向反复中，我们的信仰难题方才得解。不论是世代相传的传统型法律信仰，抑或是追求精神满足的价值合理型法律信仰，抑或是自觉服从法律的合法型法律信仰，在中国的语境中都略显单薄。我们更需要一条具有可行性的信仰之路，这条道路不是靠精神说教铺就的，也不是靠国家权威强制铺就的，而是无数社会个体在亲历现实法的运作和实施过程中用信任的情感铺就的，它不遥远、不神秘、不虚幻，恰恰相反，它贴近生活，反映世俗。作为一种生活的方式，它最终深沉地皈依到一种朴素的价值当中，那就是——利益。

从价值的层面看，"经济人"对法律的永恒诉求在于利益。

西方人讲利，是在承认"私"的前提下考虑各个不同利益、要求、主张的协调，而中国人则热衷于"天下公利"意义上的功利，眼前利益和长远利益的争论，私没有地位。[①] 而没有"私"的"利"，与其说是一种理想，毋宁说是一种幻想，它或许可以在一时一刻赢得静态社会中人际乃至宇宙万物表面的和谐，却无法遮掩时代车轮碾压过后虚伪的灵魂。

面对利益一词，尽管人们赋予其纷繁的内容，又划分为众多的类别，但其中最为关键的是它对自身利益的包容与尊重。如若建构法治的精神意蕴——法律信仰，则必须让法律价值皈依于饱含丰富自利内涵的利益，唯有如此，"经济人"直观的感受才将直接导向

---

① 梁治平：《寻求自然秩序的和谐》，中国政法大学出版社2002年版，第186页。

其对法律价值的认同，他才会普遍地认可法律为自己生活中须臾不可分割的部分，并将法律的要求内化为自己行为的动机，由此可见，主体的价值追求只有与法律的价值取向相一致时，才会显现出信仰的姿态。

（二）利导之法的要件解读

法律的利益价值何以体现？早在19世纪，功利主义法学派曾提出，政府的职责就是通过避苦求乐来增进社会的幸福，最大多数人的幸福乃是判断是非的标准。立法应当在这个标准的指导下进行，但是国家的法律并不能直接给公民提供生计，它们所能做的只是提供驱动力，亦即惩罚和奖励，凭借这些驱动力，人们会被导向为自己提供生计。法律也不能指导个人如何寻求财富，它们所能做的只是创造条件，以刺激和奖励人们去占有更多的财富。① 法律欲得民众之信仰，须想民众之所想，急民众之所急，良法所应具有的品质，在本文的语境中，就是一种利导之法。作为利导之法，须具备以下条件：

第一，私人利益之充分肯定。作为利益中最基础的内容，私人利益是经济人行为的直接动力，强大而直观。苏力先生说能够为人们所信仰的法律必须是能够给人们或至少是绝大多数人带来利益的。这种利益需与个人切身相关，与只讲付出不求回报的道德圣人教化无关，与"送法下乡"的一相情愿无关，更与冰冷的国家强制力无关。因为法律信仰是具有亲历性的，私人利益可以说是普通人与法律最直接、最生动体察的媒介，只有从他最熟悉、最关切的日常法律实践中感受到个人的被肯定、被重视、被张扬，他才会理解本本上的法律是为他着想的。因此，任何精美的粉饰在面对生活

---

① Jeremy Benthan , *Theory of Legislation*, ed. C. K. Ogden （London 1931）, p. 9. 转载自刘作翔：《法理学》，社会科学文献出版社2005年版，第478页。

的无比具体、无比生动甚或无比不容易的时候都将苍白无力。所以，法律信仰的培育不能灌输教导而成，它最原初、最本真的一步踏在私人利益的个体感受之上。只有经历了这一真切的体验过程，法律信仰才是有望的，省略或忽视任一举措，都会导致信仰之根无以立足。

现实中，让我们受益良多的市场与私人利益是密切相关的。市场经济本身的建立，以此为基。在经典的计划体制下，微观主体对自身利益的追求受到了限制，不用说追求利益最大化，就是追求微小的利益也不可能，因而产生资源运用低效和管理的僵化，尽管政府通过强制性手段坚持了表面良好的经济秩序，但却是以微观经济主体的低效率为代价的。① 而在由计划经济向市场经济的体制改革中，我们明确了个人利益这一实质的内驱力，与其将个人利益视为由社会所决定，不如将个人利益放置在与社会互动的关系中更为妥当。在目前利益日渐分化、利益博弈日渐明显的趋势下，个人由于摆脱了来自国家、单位等的重重身份限制，愈来愈具有积极性、主动性和创造性。利益范围的明确化，利益关系的多样化，大大激发了人们的自我利益感，刺激了人们自我利益的觉醒。也正是由于他们体内利益细胞的激活，为我国市场经济的展开注入了无限生机和活力，推动改革大步前行。市场经济恰恰利用和顺应了"经济人"这种自利的特性，在制度的设计和构建中将其充分体现出来。使他能够在这种体制下自由地追逐利益，实现自身利益最大化，也才使市场本身获得了相当高的资源配置和运用效率。事实胜于雄辩，经济体制改革所释放出的巨大生产力、经济快速发展、经济总量提升、经济国际位次前移等成就都昭示着，个人利益的满足是改革的实质动力。

为了构筑法治的大厦，我们毅然选择了市场经济作为基本的经

---

① 种明钊、应飞虎："经济人与国家干预法"，载《现代法学》2003 年第 12 期。

济根基，由此注定了在面对客观规律时，要从观念上肯定、行动中执行。综观我国诸多法律文件，尤其是宪法、民法等，对于个人利益的肯定已是浓墨重彩，其以权利的法律口吻将利益这一核心内涵表现得淋漓尽致，但如何克服原则上重视、操作中忽视、立法中重视、执法中忽视的困境，还需要我们更加深刻地体会市场经济中法律与利益（尤其是个人利益）的密切关系。我们并不否定市场经济体制的运行需要一定的道德支撑，但对个人利益的追求是最强劲的动力资源，所以明智的法律应对私人利益加以更为客观的肯定或承认，只有这样它才是值得信任、尊重的，因为尊重是相互的。

第二，多元利益关系之妥善调适。承认个人利益，是法律信仰塑造过程中对法或立法者最基本的要求，但要求却不止于此。历史经验告诉我们，在一个利益格局多元、利益关系复杂的时代，绝对的个人利益不仅毁灭自身，也葬送更大范围内人的个人利益。法律身为利益关系的调节器，只有充分合理地配置利益归属，才能不负"利导之法"的美誉。利益除了个人利益之外，还有群体利益、社会利益等，尤其在社会转型期间，个人利益与个人利益、群体利益、社会利益的冲突是极其普遍的，需要法律以设定权利、义务的方式，在激励和约束的双重目的下，把复杂的利益关系简化和固定化为一种模式，用法律符号来表示人与人的利益关系。由此，权利义务的确认、界定和分配，是法律调整利益关系或曰防止利益冲突的首要步骤。在这一过程中须注意两点：

一是调适策略应体现时代要求。由于社会处在发展变化中，利益的分配又是一个复杂的过程，一个曾经普遍有效的分配方式在今天未必仍然有效，因此即使是好的法律也应根据情势变化，适当地予以修改以适应新时新地新景，法律只有机敏地注意到利益状态的变化，才能据此妥善地分配利益、确定归属，在既有利益和新生利益之间形成合理的利益预期。

从十四届三中全会"效率优先，兼顾公平"到十六大报告"初次分配注重效率，再分配注重公平"，再到 2006 年 5 月 26 日中共中央政治局会议提出"在经济发展的基础上，更加注重社会公平"、"着力提高低收入者收入水平，扩大中等收入者比重，有效调节过高收入，取缔非法收入"（即调两端促中间），正是结合经济、社会发展不同阶段所遇到的突出问题，对利益分配模式的政策选择。当前社会出现了较为严重的多元主体利益失衡问题，在经济快速发展的同时，社会发展相对滞后，公共资源分配不均，城乡、地区差距加大，收入分配矛盾凸显，一些社会群体为改革发展作出的贡献与所得补偿不对等，具体表现为失业、"三农"、资源、生态、安全、上访、低收入人群体增多等，都在严重困扰着经济运行。如何形成合理的利益分配格局，缩小贫富差距，是改革进入攻坚阶段所面临的严峻考验。"调两端促中间"、"构建科学合理、公平公正的社会收入分配体系"就是针对利益失衡的现状，尤其是分配格局、分配关系、分配秩序、分配政策取向在实践中的问题，在分配制度改革方面发出的一个强烈信号。其以促进公平为支撑点，着力体现共享改革发展成果之目标，亦属"和谐社会"这一时代主题的应有内涵。

二是调适利益关系应当确立解决利益关系的基本原则。古希腊人虽然不曾有明确的权利观念，他们所关心的却是权利问题的核心之一：在人们相互冲突和重叠的要求之间，确定什么是正当的或是正义的。如果说，他们确实把某些要求看成或说成不正当、不正义时（当时关于这些总有不同的看法），他们却不会一般的否定人们提出主张或要求这件事本身的正当性，这也正是罗马文明的基本前提之一，否则就不会有罗马私法。[1] 由此可见，面对利益冲突的最佳态度，不是压制利益要求，而是寻求某种公认的原则、方式，对利益冲突进行疏导，比如公平、正义的原则，利益兼顾的原则，缩小利益差异的原则，利益限制的程度合理原则等。

---

[1]　梁治平：《寻求自然秩序的和谐》，中国政法大学出版社2002年版，第184页。

具体而言，法律在调整利益关系时，既要考虑社会整体公平，也要注重保护少数人的利益，因为尽管我们的法律以维护多数人利益为己任，但这并不表示少数人的利益就理应受到忽视，否则，这样的法律就很难说是公正的；面对个人利益、集体利益、社会利益、眼前利益、长远利益，都不可偏废，应当统筹兼顾；在利益差异明显加剧的时刻，法律要肯定竞争强者的获利行为，也要加以必要的限制，因为当社会财富的百分之九十被不到百分之一的人所占有时，这种利益间的差异将会是危险的。与那些依靠坑蒙拐骗、权钱交易等非法手段一夜暴发的富裕阶层尖锐对立的，是土地被征收、房屋被拆迁、国企破产下岗失业的赤贫者，是看不起病、住不起房、上不起学的痛苦挣扎……在某种利益对立、摩擦的表面之下，隐藏的是他们"仇富"、"厌世"的社会不安，也是对社会不公的愤然控诉，如果法律不能对利益差距采取有效措施，不为弱势群体的利益提供倾斜性保护，不把税收和财政优先用于解决低收入阶层的困难，三十年改革不仅难以惠及于民，更有动乱不安的旦夕之祸；同时，在迫不得已对某些利益进行限制时，若面临多种限制手段，要理性衡量，尽量采取代价最小的方式，确保得到的利益大于失去的利益……总之，协调利益关系，不仅技术含量高，也要求彰显人类基本的价值追求，由此利益价值就与正义、效率、秩序等密切地联系在一起，这也是法律信仰的应有之义。

第三，成本、利益关系之理性权衡。根据经济分析法学的观点，效率是诠释正义的一种方式，效率的最佳体现是用最小的成本获取最大的利益。世俗法律中的"经济人"都难免"斤斤计较"的盘算，只有在法律成本与法律利益的运算中，他们才能最终确定遵守法律究竟是利是弊。因为在当下时空中，很多情况下即使法律能够给人以利益，但若成本高昂，也会使法律信仰大打折扣。"如果成本费用超出了主体的支付能力，即便主体想选择法律却无能为力时，主体则会舍法而代之以法律以外的手段。所以法律虽为人们所需但若高不可攀时，人们对法律的信仰就有可能成为'空中楼阁'式的海市蜃楼。"① 法律成本于法律信仰之重要不次于法律信仰中的任一话题，它仍旧符合具体生活场景中的常识、常情与常理，是"经济人"面对法律运作无时无刻都在思考的问题，这是理性权衡的关键参考。

以《破产法》为例。理论上市场经济需要破产法，按经济学的观点，破产法减少了对投资者、债权人、债务人的所有权保护中所需要的交易成本，同时便利了投资者的资金流转，减少交易费用；但在实践中破产法的试行曾经非但没有减少决策人或行为人的交易成本，反而增加了其交易成本。又如我国"强奸"案件当事人多采取的私了方式，② 再如农民工向工头讨要工资未果转而采取极端手段引起公众关注或政府重视的例子，等等。很难说这些事件中的当事人并不了解法律的基本内容，在众多的民事纠纷乃至刑事案件中，他们都是在明知法律手段存在且可以付诸一试的情况下，最终选择规避法律的，须知有时真正的反抗也许不是对抗，而是规避或沉默。也许更让人痛心的是，他们当中曾经有人选择法律保护自己，却在拖沓的程序、不公的审判、无望的执行等诸多阴影中，担负起相比物质成本更为沉重的精神成本，最终成为法律信仰的殉道者。

利益，是可以参照成本衡量的，如果法律给人带来的利益、成本之比最大，法律就越能被信仰，反之，法律信仰不仅无望，甚至连基本的法的运行都会令人担忧。为此，许多学者纷纷从执法、司法等角度献计献策，力图降低法律被适用的成本。但一个不可忽视的事实是，我们的法律建构性远大于进化性，是在一种救亡图存的迫切背景中，作为一种救国、治国的方略移植而来的，即便它是大

---

① 钟明霞、范进学："试论法律信仰的若干问题"，载中国民商法律网，2006 年 3 月 2 日。

② 钟明霞、范进学："试论法律信仰的若干问题"，载中国民商法律网，2006 年 3 月 2 日。

写的 "人" 书就的普适真理，也会因缺少公众经验、情感、直觉的检验步骤而难以融入信仰的情怀。当然若从此层面看，我们的信仰话题就面临了复杂的历时性问题共时性解决的困境，"中国法制发展的特殊性在于许多相关因素紧紧纠缠和扭结在一起，如把传统性与现代性、中国经验与外国经验、意识形态因素与非意识形态因素、后发展的优势与劣势、政府与社会、经济与政治等统统高度压缩为一个牵一发而动全身的问题，每一个问题解决都仰赖其他问题的解决。这样，法律信仰的问题就不是单独的信仰的问题"。①

　　总之，作为法治的 "精神意蕴"，法律信仰较法治的 "硬件系统" 更难于构建，需要在漫长的历史中点滴培育、细微体会。苏力先生说，信仰就如同爱情一样，你无法强求获得，它必须基于人们的自觉趋从，身心的依赖。本文采取了或许与其他文章不同的进路，力图在某种生活世界中挖掘法律信仰的根基所在，为此大胆借用了 "经济人" 这个经济学领域中的经典假设，以其丰富内涵塑造了时下法律信仰的主体，将之作为法律信仰的逻辑起点，并从 "经济人" 行为、思虑的角度出发，铺就了其通向法律信仰的必经之路，最终将利益的价值内容放置于 "经济人" 法律信仰的皈依之所。循着这样的思路，我们必然走向了本文开篇阐述所欲达到的宗旨：法律是来自世俗生活的理性，法律的信仰无须加冕神圣的光环，与其心境缥缈，不如扎根土地，正本清源方为务本，本立而道生。

---

① 　叶传星："法律信仰的内在悖论"，载《国家检察官学院学报》2004年第 6 期。

第三章　夯实和谐法律体系之理论基础

　　自党的第十六次全国人民代表大会上提出构建社会主义和谐社会的目标以后，"和谐社会"已经成为当代中国社会的流行话语，如何构建社会主义和谐社会成为社会各界热烈讨论的焦点问题。当代中国所要构建的社会主义和谐社会既不是历史上中西方"和谐社会"思想的逻辑展开，也不是中国古代社会中偶尔出现的社会大治在数量或规模上的扩大。"社会主义和谐社会"与传统思想中"和谐社会"的内涵、特征及其社会实践的内容都有着质的区别。

　　在众多区别中，最为显著的区别是：社会主义和谐社会与法治社会有着不解之缘。社会主义和谐社会以"民主法治"为其首要特征，社会主义和谐社会与法治社会的目标追求、路径资源基本相同，二者都需要各种社会规范的相互衔接和相互配合，尤其是需要法律这一当代社会的最为重要、也最为有效的治理和控制社会最基本、最有效的手段。要充分发挥法律的功能以推动和保障和谐社会的构建，引导促进和谐社会的发展，就必须加强对法律体系的理论研究，建立和完善相应的法律体系。

一、法律体系的多元解释

当代中国关于法律体系的理论研究还很薄弱，这首先表现为法学界对法律体系的理解和用法并不统一，法理学界对法律体系的概念也还没有形成一个统一和明确的认识，这严重制约着中国法律体系理论的深化和发展。因此，我们认为有必要在此对法律体系的概念略作分析。语言哲学的研究结果表明：语词的意义会发生流变，一个语词在一个历史时期中被普遍认可的意义在另一个时期会消失或变更，没有绝对意义上的"精密语词"与"不精密语词"。①所以我们不能也不需要对"法律体系"下一个众口称是、绝对精确的定义。我们只是将法学界比较常用的"法律体系"的含义加以归类梳理，并逐一考察分析，以期取得对"法律体系"这一语词含义的最低限度的共识，为更加深入研究法律体系的其他理论问题奠定基础。

（一）法律体系的理论解释

根据新分析实证主义法学的代表人物——英国牛津大学研究员约瑟夫·拉兹的研究结果，第一个公开而又充分研究法律体系概念的是 20 世纪在西方法学界久负盛名的法学家、纯粹法学派的代表人物——汉斯·凯尔森；在此之前，分析法学派的创始人"奥斯丁的著作中已经隐藏了一种比较完整的法律体系理论"。② 英国著

---

① See: Terence Ball, James Farr and Russell L. Hanson, ed. Political Innovation and Conceptual Change, Cambridge University Press, 1989. p. 22.
② 刘作翔："奥斯丁、凯尔森、拉兹的法律体系理论——根据拉兹的《法律体系的概念》一书"，载《金陵法律评论》2004 年春季卷。

名法学家拉兹的《法律体系的概念》是分析实证主义法学乃至西方法学界对此问题研究的集大成者。①

在分析法学派眼中，"法律体系"的概念并不是一个技术性的法律术语，也不是用于法律的管理和分类的概念；它主要用于法学思维中，是分析法学派阵营中的学者们大致分享的一种思维方式和研究法律的态度，它通常使用于法哲学关于法律的性质论述中，而不是用于财产法、侵权法或知识产权法等具体法律制度或法律部门的认识中。在分析法学派看来，"法律体系的概念是单个法律的任何充足定义的先决条件，只有站在体系的高度研究法律之间的关系，才能够从法律之间的联系中认识法律的性质。"② 实际上，在一定意义上可以认为，分析法学派论述的法律体系的概念与法律的概念是全同关系，只是前者更加突出法律的体系特征。

分析法学派的代表人物似乎都避免给"法律体系"这一概念下一个简单的定义，而是强调法对法律体系的特征把握。拉兹认为对法律体系的特征的把握涉及四个问题：1. 存在问题——一种法律体系存在的标准是什么？2. 同一性问题——某一法律属于哪一种法律制度或法律体系，以及某一种法律制度或法律体系由哪些法律构成？3. 结构问题——所有法律体系是否具有共同的结构？4. 内容问题——各种法律体系是否具有某些共同的内容？③ 在拉兹之前，有关法律体系的特征研究主要放在前两个问题上，拉兹在此基础上对以上四个问题进行了详尽和富有创意的研究。

分析法学派对"法律体系"的理论界说，属于对法律体系的最广义的理解和解释，他们的这一理解和解释以及对法律体系特征

---

① 此书已有中译本，详见［英］约瑟夫·拉兹著：《法律体系的概念》，吴玉章译，中国法制出版社 2003 年版。

② 李桂林、徐爱国：《分析实证主义法学》，武汉大学出版社 1999 年版，第 246 页。

③ ［英］约瑟夫·拉兹著：《法律体系的概念》，吴玉章译，中国法制出版社 2003 年版。

问题的强调，与其作为一个法学流派对"法律是什么"这一法的本质的追问和回答密切相关，他们从体系的角度和高度对法律的性质作了深入的研究，将对法律的分析推向了一个更精深的水平，并促使法学从哲学、政治学、伦理学等学科中分离出来。这不但为法律和法学理论的发展作出了不可磨灭的贡献，同时也为中国法理学界提供了一套与我们以往所理解的法律体系迥然不同的理论，对我们检讨和反思自己的法律体系理论不无益处，对构建以"和谐"为特色的中国特色社会主义法律体系的实践也将产生深远影响。

（二）法律体系的传统解释

法律体系的传统解释是指中国主流法理学教材上对法律体系的理解和解释。现在中国主流法理学教材上关于法律体系的理解或解释只是在语言上略有差异，实质上并无根本区别。在这一意义上运用"法律体系"的人一般认为法律体系是指一国现行法律规则和原则按一定逻辑顺序组合起来的部门齐全、结构严谨、内部和谐、体例科学、协调发展的整体，法律体系的基本构件是法律部门，法律体系的原子是法律规范包括法律规则和原则。① 并且认为，"一国法律整体上大体可以分为法律规范、法律制度、法律部门、法律体系四个层次，法律体系是法律结构的最高层次"。② 进而认为中国特色社会主义法律体系是以宪法为统率，以基本法律为主干，由法律、行政法规、地方性法规和特别行政区法律为内容构成的部门齐全、结构严谨、内容完善、关系和谐的科学体系。③

---

① 各种法理学教材上关于法律体系的解释在表述上可能与此有所不同，但是这些教材上关于法律体系的定义的"内核"与这一解释的"内核"并无差异。因此，对他们所理解的法律体系的含义作这种"重述"，笔者认为不会引起这些教材的编者或著者的异议。

② 周永坤：《法理学——全球视野》，法律出版社 2000 年版，第 80 页。

③ 张少瑜："依法治国与法律体系建构学术研讨会综述"，载《法学研究》2000 年第 5 期。

　　法律体系的传统解释强调法律体系的以下三个要素：1. 以"一国现行全部法律规范"为基础；2. 以"法律部门"为基本构成单位；3. 呈现出有机联系的统一整体。尤其强调第一点。对法律体系的这种理解显然是受到前苏联学者关于法律体系理论论述的影响，这种理解把法律体系的范围限定在国家整体上，只是国家主义视角的结论。基于这一解释的法律体系理论对一个国家的法律体系的建设有着一定的积极作用，并且事实上也起到了积极的作用——我们自新中国成立至今的法制建设的成果在很大程度上就是以此种法律体系理论为指导和支持的。但是，基于这一解释的法律体系理论对法律全球化以及国内法律地方化的趋势并无解释力，因此很难对法律全球化和国内法律地方化作出回应并提供理论支持，甚至不利于这一趋势的发展。

　　因此，在法律全球化和中国社会转型的背景下，并根据中国法理学界关于法律体系理论的实际情况，对法律体系的传统解释予以扩展和延伸就显得非常必要。我们认为，法律体系的传统解释应将法律体系的外延范围扩展至一定区域内的现行法律规范，而不专指一国的现行法律规范，这里的一定区域包括一国，也包括整个国际社会、区域性国际社会和一国内的不同区域。这样一来，法律体系的传统解释便是指一定区域内的全部现行法律规范按照一定的逻辑结构构成的有机联系的整体或总和。对法律体系传统解释的这一延伸和扩展，会使得法律体系的解释力明显增强，因为这一意义上的法律体系不但涵盖了国际法律体系、欧盟法律体系、东盟法律体系等国际社会的法律体系，而且也囊括了澳门法律体系、香港法律体系等一国内不同区域的法律体系。可以预见，基于这一意义上的法律体系理论可以让研究者打破国家主义视角的狭隘，促使法律理论研究者以世界的眼光研究中国的问题，进而为法律全球化和地方化的必然趋势作出理论上的回应和应有的贡献。

　　在此需要交待和说明的一点是，对法律体系的传统解释予以扩展和延伸，并非是对传统解释的背离，也并未超越传统，而是传统解释逻辑推理的必然，因为无论是一定区域的法律体系还是一国范围内的法律体系都同样强调法律体系的"逻辑家族"的相似性。

（三）法律体系的文化解释

文化意义上的法律体系或法律体系的文化解释是英美法系国家的法学家们所理解和习惯的。这一意义上的法律体系与法系一词的含义非常相近，是指"在一定法律文化传统基础上或者以相同的法律文化传统为纽带而形成的具有文化之内在相关性的法律之整合体。例如中华法系总是以儒家主导的法文化为纽带；伊斯兰法系总是以伊斯兰法文化为纽带；大陆法系总是以罗马法典理性的法文化为纽带；而英美法系总是以英国判例法文化为纽带"。①

文化意义上的法律体系所强调的是法律的"文化家族"的相似性，即这一意义上的法律体系同样具有逻辑性的特征，只不过这里的逻辑性是文化演进的逻辑。文化意义上的法律体系把法律体系视为具有文化内在相关性的法律整合体，为我们理解法律体系提供了一个全新的视角，也为我们探究法律体系的生成、变化、效力之源和运行方式提供了一条能够深入下去的路径。

（四）法律体系的学科解释

中国法学界对法律体系的用法最多的是"某一社会领域 + 法律体系"，比如安全生产法律体系、未成年人保护法律体系、房地产法律体系、社会保障法律体系等，在我们所收集的近十年题目中包含"法律体系"的约600篇文章中，大约有80%是在这一意义

---

① 谢晖："论法律体系——一个文化的视角"，载《政法论丛》2004年第3期。

上运用法律体系的。①

　　作为法律理论研究者可以认为这种对法律体系的理解是不正确的，但是作为一个真正关注中国现实和民事的法律理论者却不能采取"鸵鸟政策"，忽视或无视它们的存在。美国法律经济学家波斯纳曾经举过这么一个例子："如果美国士兵已经接受了这个非理性但又无法动摇的信念——13日星期五发起进攻会带来灾难，那么这个信念本身就是一个事实，军事统帅在安排进攻时就有责任把这一事实考虑在内。如果13日星期五发起进攻非常重要，那么他就要努力教育士兵摆脱他们的迷信；但如果不是非常重要，也许他认为最好还是接受这一点。"② 同样的道理，既然大多数人对法律体系的理解和用法不同于法理学教材上的界定，法律理论研究者就应该对此作出回应和解释，抽象、概括出对法律体系的一种新的解释。

　　这种新的解释，笔者称之为法律体系的学科解释，因为它是从法律体系所调整和规范的社会领域对法律体系的诠释。这一意义上的法律体系是指调整某一社会领域的全部现行法律规范按照一定的原则组合形成的有机联系的统一整体，它包括部门法意义上的法律体系，比如民商事法律体系、刑事法律体系等，但又不仅限于此，因为它还包含更加具体的社会领域的法律体系，如房地产法律体系、科技创新法律体系等。基于这一意义上的法律体系理论，可以凸显被"宏大"法律体系理论所遮蔽的一些问题，促使我们更加深入和具体地研究法律体系的细节问题。

　　总而言之，法律体系这一概念既可以从一般理论层面来理解，

---

　　① 张庆麟、彭忠波："论我国外资法律体系的重构模式"，载《法学评论》2006年第1期；温树英："构建我国金融机构市场退出监管法律体系"，载《政治与法律》2002年第3期；王健："宏观调控法律体系构造论"，载《法律科学》1998年第2期。

　　② ［美］理查德·A.波斯纳：《性与理性》，中国政法大学出版社2002年版，第425页。

也可以从一定区域内现行法律规范的视角和法律文化的视角来观察，还可以从其所调整和规范的社会领域来把握。对法律体系含义的这一梳理和归类分析，从一般意义上来讲，可以在一定程度上消除中国法学界和法律实务部门对法律体系含义理解混乱的局面。

二、当代中国法律体系之实证分析

在对法律体系的概念进行一番分析、梳理后，我们需要对当代中国法律体系的现状及其存在的问题进行一些实证分析。

新中国成立 50 多年以来，特别是党的十一届三中全会以来，我国的法律体系建设工作取得了重大成就。全国人大及其常委会根据国家政权建设和社会发展的需要，尤其是适应改革开放和社会主义现代化建设的需要，依据宪法行使国家立法权，不断出台了我国政治、经济和社会生活所需的各项法律。从 1979 年到 2007 年 3 月十届全国人大五次会议结束时止，全国人大及其常委会共审议通过了包括宪法在内的法律 350 余件，有关法律问题的决定 140 余件，法律解释 14 余件；国务院制定了 1000 多件行政法规，其中现行的有 655 件；有立法权的地方人大及其常委会制定了上万件地方性法规；民族自治地方制定了 600 多件自治条例和单行条例。经过不懈努力，以宪法为核心的中国特色社会主义法律体系已初步形成。同时我们还必须看到，我国目前的法律体系还不能完全适应 21 世纪全面建设小康社会和构建社会主义和谐社会的需要。一些对基本形成中国特色社会主义法律体系起支架作用的重要的法律亟待研究制定，如侵权责任法、国有资产管理法、税收基本法、反垄断法、保障措施法、社会保险法、社会救济法等；一些已制定的法律也许要根据社会主义市场经济发展和社会全面进步的要求加以修改完善，如预算法、反不正当竞争法等。另外，一些行政法规和地方性法规也需要修改完善，一些应与法律相配套的实施细则如《中华人民共和国物权法》的实施办法或细则尚未出台。全国人大及其常委会等国家法律制定机关面临的任务依然很繁重。

对于当代中国法律体系的现状除了上述简单概括以外，我们至少还可以从以下三个方面予以描述或勾勒：第一，从形式上看，当代中国法律体系主要由以宪法为核心的制定法构成，包括宪法、法律（含基本法律和非基本法律）、行政法规、行政规章（含部门行政规章和地方行政规章）、地方性法规、民族区域自治条例和单行条例、经济特区的法律、特别行政区的法律、国际条约和国际惯例、司法解释。另外，国家和共产党的政策、行业规范、职业规范、习惯等也是当代中国法律体系的构成部分。第二，从内容上看，当代中国法律体系由宪法类法律部门、行政法法律部门、刑事类法律部门、经济法法律部门、民商事法律部门、社会法法律部门和诉讼以及非诉讼程序法律部门构成。各个法律部门下又包含若干层次的子法律部门，并对应诸多规范性法律文件。第三，从地域范围上看，当代中国法律体系是由一国两制四法域构成的法律体系，一国指中华人民共和国，即中华人民共和国法律体系是一个统一的体系；两制是指社会主义制度和资本主义制度，当代中国法律体系是由作为主体的社会主义法律体系和港澳台资本主义法律体系构成的混合体；四法域是指从法律传统上看，中国法律体系内部包含着四个不同法律传统的体系，其中香港法律体系更多受普通法系传统的影响，澳门法律体系更多受大陆法系传统的影响，台湾法律体系尽管也受到了大陆法系传统的影响，但同时也保留着诸多中华法系的传统，而内地法律体系则属于社会主义法律体系。

以上对当代中国法律体系的简单描述只是法律体系实证分析的一个方面，对法律体系的实证分析更为重要的一方面是当代中国法律体系存在的现实问题。

首先，表现为最高司法机关发布的司法解释经常突破甚至违背法律的规定。与现代法治国家的最高司法机关制作判例法和发布司法解释的方式不同，中国最高人民法院发布司法解释的方式与立法机关制定法律的方式几乎没有本质的区别。最高人民法院的司法解释实际上主要采取的是立法机构的工作方式。在一些情况下，最高人民法院的司法解释已经详尽到足以取代立法机关所颁布的基本法律的地步，如最高人民法院于 1998 年颁布的《关于执行〈中华人民共和国刑事诉讼法〉若干问题的解释》。这部长达 367 条的司法解释，对于法院参与刑事诉讼的有关程序作了较为具体的解释，实际上取代了《刑事诉讼法》中涉及法院诉讼活动大约 80 条的法律规定。这种司法权力的运作方式其实违背了司法权的性质，也不符合司法权的特征，更是难以发挥司法权应有的社会功能。① 而以此种方式作出司法解释的并不限于最高人民法院，最高人民检察院、公安部、司法部、全国人大的法制委员会也有权以同样的方式发布司法或法律解释。如此众多的机构都是以制定抽象性、一般性的规定的方式制定司法解释，"完善"法律体系，而它们所规范的又大多是涉及本部门的权力、义务和法律责任的分配问题，这势必导致司法解释的内容受到本部门利益的直接影响，进而导致相互的解释之间的重叠交叉甚至"相互打架"，② 这对建立以和谐为特色的社会主义法律体系以及社会主义市场经济体制的完善显然是弊大于利。

其次，尽管 2000 年《立法法》对法律制定的规范性、法律适用、法律备案等有关法律体系的关键性问题作出了详细规定，但是宪法与部门法之间、部门法与部门法之间、甚至同一部法律之间的不和谐还经常或依然存在。第一，宪法与部门法之间的不和谐比较

---

① 陈瑞华：《问题与主义之间——刑事诉讼基本问题研究》，中国人民大学出版社 2003 年版，第 1～49 页。

② 这在司法实践中并不鲜见，2003 年最高人民法院发布的关于奸淫幼女犯罪的司法解释就被一些法学者指责说：违反了刑事诉讼法关于举证责任的规定，改变了法律关于检察院与法院之间的权力配置，不仅违背了《刑事诉讼法》，而且还有违背《宪法》的嫌疑。可参见苏力："司法解释、最高法院和公共政策——从最高法院有关'奸淫幼女'的司法解释切入"，载《法学》2003年第 8 期，收录于《道路通向城市——转型中国的法治》，法律出版社 2004 年版。

复杂。比如 2004 年修改宪法时明确说："国家尊重和保障人权"，但是现行有效法律中比如《刑事诉讼法》还是有着很强烈的国家主义色彩。第二，部门法与部门法之间也存在同样的问题。比如作为行政法的《国家赔偿法》第 17 条与现行刑法、刑事诉讼法的有关规定很不协调。第三，同一部法律中存在冲突。我们可以《立法法》为例，《立法法》在规定规章之间的效力如下：规章之间具有同等效力；省级政府规章效力高于本省所属市政府的规章。这两条规定从逻辑上看是互为矛盾关系的命题，不可能同真。但是《立法法》就作出了这样的规定。

当代中国法律体系所存在的问题并不限于此，由于篇幅问题，我们打算另文论述。法律理论研究必须对这些问题进行描述分析，作出尽可能精确的解释。只有如此，有关法律体系的其他理论问题的研究才可能具有针对性和说服力。

三、中国特色法律体系之应然分析

邓正来先生曾经指出："1978 年至 2004 年，中国法学在取得很大成就的同时也暴露出了它的问题，而它的根本问题就是未能为评价、批判和指引中国法制发展提供作为理论判准和方向的'中国法律理想图景'。"①邓正来先生所批评的情况，在法律体系的理论研究中得到了具体的验证，法学界对如何形成有中国特色社会主义的法律体系的讨论如火如荼，可是对中国特色社会主义法律体系的"理想图景"缺少有分量和深度的分析，中国特色社会主义法律体系的"理想图景"是什么，并不是非常清楚。我们认为中国特色社会法律体系应当是以"和谐"为特色的法律体系。

这首先是因为建立和形成中国特色社会主义法律体系、建设社

① 邓正来："中国法学何处去——建构'中国法律理想图景'时代论纲"，载《政法论坛》2005 年第 1 期。

会主义法治国家必须注重和利用中国的本土资源，注重中国法律文化的传统和实际，"这是法律制度在变迁的同时获得人们接受和认可、进而能有效运作的一条便利的途径，是获得合法性——人们下意识的认同——的一条有效途径"。① 和谐思想正是建立有中国特色社会主义法律体系可资借鉴和利用的本土资源。中国古代的先哲们提出过很多关于和谐善治的名言，如孔子曾提出"和而不同"的命题，② 认为和谐是一种有差异的统一，而不是简单的同一。在孔子看来，"和"指的是由许多性质不同或对立的事物组成的统一体，这些相互对立的因素同时又相互补充相互协调，发挥着整体功能；而"同"则是指相同事务的简单相加，没有不同的事物或因素。因此，和谐的本质在于统一体内多种因素的差异与协调；孔子的学生有子则提出"礼之用，和为贵"的命题，③ 认为和谐是天底下最值得珍贵的价值；荀子曾提出"和则一，一则多力"的主张，④ 认为在一个体系内部，不同要素相互协调容易取得一致，而取得一致力量就会增多，这一体系就会强盛；孟子也曾提出"天时不如地利，地利不如人和"；管子也提出过"畜之以道，则民和；养之以德，则民合；和合故能谐"的主张。⑤

强调和突出"和谐"在构建中国特色社会主义法律体系中的地位和作用，当然并不仅仅是因为历史典籍中有很多关于"和谐"思想的记载，还因为这些历史典籍中的"和谐"在中国几千年的古代社会中并不仅仅是一种思想，而是已经实实在在地体现在统治者的治国实践中。通过详细的历史考察，我们就会发现古代社会的

---

① 苏力：《法治及其本土资源》（修订版），中国政法大学出版社 2004年版，第 16 页。

② 《论语·子路》："子曰：君子和而不同，小人同而不和。"

③ 《论语·学而》："有子曰：礼之用，和为贵。先王之道，斯为美，小大由之。有所不行，知和而和，不以礼节之，亦不可行也。"

④ 《荀子·王制》。

⑤ 《管子·兵法》。

统治者在通过法律的手段治理国家的过程中，"和而不同"的思想始终贯串其中，他们都非常注重各种形式、不同内容的法律的功能的互补和发挥，而不是一味地依靠律典。① 例如，唐代处于中国古代法律制度的成熟时期，其法律形式和律典编纂体例都比较规范，唐代的法律形式包括律、令、格、式四种。《唐六典》卷六云："凡律以正刑定罪，令以设范立制，格以禁违正邪，式以轨物程事。"② 即律、令、格、式四者之中，律是定罪科刑的大法，只有违法犯罪，方一断以律；令规定等级名分和国家各项规章制度；式是有关国家机构的办事细则和公文程式；格的渊源是皇帝因人因事之需临时颁布的"制、敕"。"律令格式，天下通规"，③ 它们在唐代法律体系中是既分工又统一、相互协调的和谐关系：令、式是从正面规定的各种规章制度，式是为贯彻律、令而制定的细则性法规，格实际上是对律、令、式等法律进行修正补充的措施。律用以惩罚犯罪，与令、格、式协调应用，共同筑构起国家的法律制度。正是因为唐朝统治者在法律方面注重不同形式、不同内容的法律的和谐统一，才造就了中华历史上的伟大盛世和具有世界性影响的中华法系。

在当代中国人的观念和日常生活中所体现的和谐思想是构建以"和谐"为特色的中国法律体系的根本原因。④ 已有学者指出："传统也并不是形成文字的历史文献，甚至也不是当代学者的重新阐述，而是活生生地流动着的、在亿万中国人的生活中实际影响他们的行为的一些观念；或者从行为主义角度来说，是他们的行为中

---

① 杨一凡："中华法系研究中的一个重大误区——'诸法合体，民刑不分'说质疑"，载《中国社会科学》2002 年第 6 期。

② 《大唐六典》卷六《刑部》，三秦出版社 1991 年影印本，第 139 页。

③ 《旧唐书》卷五〇《刑法》。

④ 最近，在全国闹得沸沸扬扬的历史上"最牛的钉子户"事件，最终在 2007 年 4 月 2 日以和解的方式收场，就是一个例子。

体现出来的模式。"① 这种东西，无论中国当代法律制度在其他方面如何西化，都仍然会在中国社会起很大作用。对现实和当下的关怀和对中国人民创造力的尊重，是笔者主张以"和谐"为特色建立和完善中国特色社会主义法律体系的最为重要的原因。

从应然角度分析以和谐为特色的法律体系应当具备以下三个要素：形式要素、内容要素和价值要素。

（一）形式要素

形式是为内容服务的，法律的形式问题历来为中外法学家所重视。古典自然法学家在论述良法问题的时候就涉及了法律形式方面的要求，比如卢梭认为法律应当具备普遍性，② 霍布斯认为法律应当简洁、明确；③ 新自然法学派的代表人物朗·富勒提出法律应当具备以下八个特征——一般性、公开、不溯及既往、确定、不自相矛盾、可行、稳定和实际落实，④ 其中有很多也是关于法律形式方面的要求。法律形式科学合理能有效地体现法律的正确价值取向，实现法律的内容。因此，和谐法律体系首先应该是形式上和谐的法律体系，这是和谐法律体系最基础的构成要素。

和谐法律体系在形式方面的第一个要求是逻辑性。这主要包括两个方面：一、按法律的不同效力逻辑来构织。构成法律体系的多个法律的法律效力并不完全相同，比如全国人大制定的法律和国务院制定的法规，其法律效力显然不同，前者的效力高于后者的效

---

① 苏力：《法治及其本土资源》（修订版），中国政法大学出版社 2004 年版，第 15 页。

② ［法］卢梭：《论人类不平等的起源和基础》，李常山译，商务印书馆 1996 年版，第 51 页。

③ ［英］霍布斯：《利维坦》，黎思复、黎廷弼译，商务印书馆 1963 年版，第 106 页。

④ Lon Fuller, *The Morality of Law*, rev. ed., Yale University Press, 1969, p. 106.

力，和谐的法律体系必然是按照法律的效力层次高低——效力层次低的法律依从效力层次高的法律而构织的法律体系，因此中国特色法律体系首先应该贯串的逻辑原则是效力逻辑原则。二、按法律的不同功能逻辑来构织。调整不同对象的法律之间并不存在效力等级关系。比如构成我国现行法律体系重要部分的《中华人民共和国民法通则》、《中华人民共和国刑法》和《中华人民共和国行政诉讼法》，这三部法律都是由全国人民代表大会制定通过的，它们在效力等级上完全相同，彼此之间不存在依从关系。要正确处理它们之间的关系依靠法律体系的效力逻辑原则显然鞭长莫及。所以，中国特色法律体系的构织还需要借助于功能逻辑原则。调整不同对象的法律之功能的差异，从表面看似乎是法律体系的分裂和冲突的因素，事实却与此恰恰相反，因为法律的整体功能往往取决于部分功能的整合，即不同功能的法律之间并非不存在关联，相反，它们的不同功能正是法律发挥整体功能的前提，唐朝的律令格式的法律实践就是一个实例。

　　和谐法律体系在形式方面的另外一个要求是整体性。在现代社会法律主要是通过语言文字等形式符号而对应于实在的社会关系的。法律要能通过形式符号而组织、缔造社会秩序，就必须强调形式符号之间的关联性和整体性。《中华人民共和国立法法》第54条规定："法律根据内容需要可以分编、章、节、条、款、项、目。编、章、节、条的序号用中文数字依次表述，款不编序号，项的序号用中文数字加括号依次表述，目的序号用阿拉伯数字依次表述。"由此可见在当代中国法律是通过字、词、句而进至条、目、节、章，最后形成为规范性法律文件乃至法典，进而形成形式意义上的法律体系。中国特色法律体系在形式上的整体性要求构成法律体系的各种符号构造之间的和谐、一致。同时要求在构成法律体系之基本单元的部门法之间也要形成"符号的协作关系"。部门法之间的矛盾冲突，在很大程度上其实就是法律符号之间不能产生和谐与协作关系所致。与内容相比较，形式似乎是次要的，所以，在有些人眼里也许法律形式的整体性也就无关紧要，但只要考虑到法律的形式符号总是要作用于社会的交往关系这一点，就会明白：法律形式之间的不和谐，往往意味着法律秩序之混乱不堪。"世间不存在法律形式上是混乱的、无法形成整体性的，而其所调整的社会关系竟能有条不紊的情形。"①

和谐法律体系在形式方面的第三个要求是统一性。面对"一国四法域"的现实情形，我们在构建以和谐为特色的中国特色法律体系的过程中，必须特别强调法律体系的统一性。"针对我国法律在更大程度上适合制定法传统这一实际情况，我国法律体系的承认规则应当以国家的宪法作为实在法范围内的最高效力来源的法律。"② 也就是说，在维护和谐法律体系统一性的过程中，我们应该以宪法规范作为最高原则。

英国著名的分析哲学家维特根斯坦曾经说过："我们有时要求解释并不是为了它们的内容，而是为了它们的形式。"③ 德国著名法律社会学家马克斯·韦伯也认为是形式理性的法律对资本主义市场经济的形成和发展起了先决性的作用。④ 法律体系的形式要素体现了法律体系"美"的特征，在当下日益符号化的社会中，特别强调法律体系的形式要素显然有着极为特别的意义。

（二）内容要素

正如马克思所说的一样："社会不是以法律为基础。那是法学家

---

① 谢晖："论法律体系——一个文化的视角"，载《政法论丛》2004 年第 3 期。

② 李龙主编：《良法论》，武汉大学出版社 2005 年版，第 270 页。在该书中，作者介绍了凯尔森、哈特等人对法律体系统一性基础的观点。

③ ［英］维特根斯坦著：《哲学研究》，汤潮、范光棣译，北京商务印书馆 1992 年版，第 217 页。

④ 转引自苏力：《法治及其本土资源》（修订版），中国政法大学出版社 2004 年版，第 83 页。

的幻想。相反的，法律应该以社会为基础。法律应该是社会共同的、由一定的物质生产方式所产生的利益和需要的表现，而不是单个的个人恣意横行。"① 因此，作为现代社会调整社会关系和规范人们行为的主要手段，法律必须符合事物自身的性质和事物发展的规律，适应不同国家不同时期的条件和可能，而不能虚构和脱离实际。以众多具体法律规范为基础的中国特色的社会主义法律体系在内容上必须反映并且符合在中国存在的客观事物的真实状态以及现实条件，这就是和谐法律体系之内容要素。根据当代中国的实际情况，和谐法律体系的内容要素应包括以下三个方面：适应客观条件、符合事物性质和反映发展规律。

以和谐为特色的中国社会主义法律体系在内容上首先应该适应中国的现实客观条件。"具体的、适合一个国家的法治并不是套抽象的无背景的原则和规则，而涉及一个知识体系。一个活生生的有效运作的法律制度需要大量的不断变化的具体知识。"② 作为法治国家之基本要素之一的法律体系也涉及一个知识体系，并且需要大量的不断变化的具体知识。因此，以和谐为特色的中国法律体系就需要反映并能动地回应当下中国的生产方式、人口条件、地理环境等社会物质条件和当代中国的民族精神、风俗习惯、社会心理等非物质条件。中国现在正处于一个空前的变革时代和社会发展的关键阶段。改革开放以来，大规模的工商业和由此带来的迅速的经济增长，科技发展带来的信息剧增和信息费用的降低，随着人员流动带来的社会陌生化和匿名化，民族国际的想象共同体以及以民族国家为主体构成的国际秩序，文化的日益普及和传媒的日益发达、政党体制和从上到下并且随处可见的官僚式的科层制等，这一切正在从根本上改变了秦汉以来中国传统社会的结构和社会治理方式。以和谐为特色的社会主义法律体系首先必须扎根于我们这个时空，法律

---

① 《马克思恩格斯全集》（第 6 卷），人民出版社 1961 年版，第 291~292 页。转引自赵肖筠主编：《法理学》，法律出版社 2006 年版，第 317 页。

② 苏力：《法治及其本土资源》（修订版），中国政法大学出版社 2004 年版，第 18 页。

体系中所给出的解决问题的方案、回应的办法都必须是这一时空的
资源可以支撑的。2007 年 3 月 16 日通过的《中华人民共和国物权
法》是规范财产关系的民事基本法律，是民法的重要组成部分，
是在中国特色社会主义法律体系中起支架作用、不可或缺的重要法
律。制定物权法是十届人大任期内基本形成中国特色社会主义法律
体系的重要步骤。十届人大常委会在修改物权法草案过程中，始终
强调物权法的中国特色，强调一切从实际出发，充分反映中国特色
社会主义初级阶段的基本特征，为中国特色法律体系的形成和完善
树立了一个光辉典范。比如，在制定物权法过程中，有一些民法学
者建议为了贯彻平等保护的原则，应当放开农村土地承包经营权、
宅基地使用权的转让和抵押。但是，由于在当下中国农村社会保障
体系尚未全面建立，土地承包权和宅基地使用权是农民安身立命之
本，因此最终审议通过的物权法没有采纳这一建议，而是规定：
"土地承包经营权人依照农村土地承包法的规定，有权将土地承包
经营权采取转包、互换、转让等方式流转。""宅基地的使用权的
取得、行使和转让，适用土地管理法等法律和国家有关规定。"①
既维护了现行法律和现阶段国家有关农村土地政策，反映了现阶段
中国农村的现实，并且为今后修改有关法律或调整有关政策留下了
空间，适应了当代中国的现实条件。在今后通过制定法律完善中国
特色社会主义法律体系的过程中我们都应该以物权法的制定过程为
样板。只有如此，中国特色社会主义法律体系才可能是真正和谐的
法律体系。总而言之，以和谐为特色的中国法律体系要促进社会的
福利，首先，就必须适应当前中国的客观现实条件，在充分关怀当
下的前提下去规定未来。

其次，和谐法律体系在内容上应该符合事物自身的性质。法律

---

① 《中华人民共和国物权法》第 128、153 条。物权法没有放开土地承
包经营权和宅基地使用权的转让和抵押的原因，可参见全国人民代表大会常
务委员会副委员长王兆国 2007 年 3 月 8 日在第十届全国人民代表大会第五次
会议上所做的"关于《中华人民共和国物权法（草案）》的说明"。

体系的内容主要体现在法律规则和法律原则这两种法律规范的内容中。法律规则是构成法律体系基本的主要成分。中国特色法律体系在内容上应该符合事物自身的性质，主要就是说构成中国特色法律体系的各种法律规则应该符合事物自身的性质。法律规则是指"明确具体规定法律上的权利、义务、责任的准则、标准，或是赋予某种事实状态以法律意义的指示、规定"。[①] 法律规则的内容最直接和外在地为各种社会关系的性质和状态所决定。以和谐为特色的中国法律体系要维护和促进当代中国社会中的各种社会关系的存在与发展，就必须使构成其自身的各种法律规则符合各种现实社会关系的性质和状况，符合各种社会关系的本来面貌。孟德斯鸠曾经指出："从广义上来讲，法是由事物的性质产生出来的必然关系，一切事物都有其法。不同的事物的性质必然产生不同的关系及其相应的法。"马克思也曾说过："每一种生产形式生产它特有的法权关系、统治形式。"[②] 因此，法律制定者的任务就是探讨不同事物的性质如何产生不同的关系及其相应的法，揭示存在于法律和各种事物所可能有的关系之间的联系和对应性。

进入 20 世纪 90 年代以来，我国社会主义的市场经济体制逐步确立，随着市场经济的发展，以个人为代表的私人领域和以国家为代表的公共领域两个不同的社会领域已显现雏形，介乎其中的以社会为代表的第三领域也正在形成。[③] 其中前者一般形成私人与私人

---

① 舒国滢主编：《法理学》，中国人民大学出版社 2005 年版，第 71·~72 页。

② 《马克思恩格斯全集》，人民出版社 1995 年版，第 6 页。

③ 关于私人领域与公共领域的分析，可参见俞可平："马克思的市民社会理论及其历史地位"，载《中国社会科学》1993 年第 4 期；王继军："论公法与私法的划分与区别"，载《山西大学学报》（哲学社会科学版），2006 年第 4 期；谢晖："论法律体系——一个文化的视角"，载《政法论丛》2004 年第 3 期。关于第三领域的发展可参见哈贝马斯著：《公共领域的结构与转型》，曹卫东译，雪林出版社 1999 年版，第 2 页。

之间的平权交往关系，每一个私人都是自治的，平权关系就是在私人自治基础上达成的自治交往关系。在这种关系达成之前，任何人不能成为其他人的命令者；在这种关系达成之后，关系的双方之间既互为命令者，又互为服从者。以国家为代表的公共领域，在本质上是一个通过科层关系来维护社会交往秩序的关系体系。因此，在这一领域分为两种关系模式：上下级之间构成严明的权力界限和责任范围；在公共管理体系和管理相对人之间，则一般形成管理关系。这两种模式都具有不平权的特征。而第三领域，相对于自治的私人领域而言，它明显具有公共领域的属性；但相对于国家所代表的公共领域而言，它又明确地具有私人属性。在第三领域中，人们交往的形式不是私人之间的契约平权关系，因为人们一旦自由地进入其中，他与组织之间就不仅仅是一种契约关系，而且组织还要对其行使单向度的管辖，从而出现某种非平权的管理关系。但尽管如此，在第三领域内，组织和自由进入其中的私人之间形成一种互动式、回应性的关系。在当代中国日益出现的单位人与单位之间的关系就是最为典型的第三领域。这三种领域中的社会关系各有其特征，以和谐为特色的中国法律体系从整体上应该针对这三个领域的具体特征和自身性质作出回应，这就是中国特色法律体系在内容方面的第二个要求。

和谐法律体系还应当反映事物的发展规律，这是和谐法律体系在内容方面的第三个要求。西塞罗指出，"真正的法律"乃是"正确规则"的主观表达和客观载体。① 马克思也曾提出，法律应当是"事物的法的本质普遍和真正的表达者。因此，事物的法的本质不应该去迁就法律，恰恰相反，法律倒应该去适应事物的法的本质"。② 而这里事物的本质就是指法所调整的各种客观的社会关系

① ［古罗马］西塞罗：《论共和国/论法律》，王焕生译，中国政法大学出版社 1997 年版，第 120 页。
② 《马克思恩格斯全集》（第 1 卷），人民出版社 1956 年版，第 139 页。

的必然性和规律性。作为中国法律规范的最高表现形式——中国特色的社会主义法律体系——必须以客观事实为基础，以事物的本质为前提，以客观发展规律为依据。具体而言，以和谐为特色的中国当代法律体系主要是应符合社会主义市场经济的发展规律，为社会主义市场经济的发展提供法律保障和制度支持。社会主义市场经济是以市场为资源配置主体的经济体制，优胜劣汰是其基本规律。然而市场经济也有其自身的弱点比如盲目性、投机性、滞后性，这也是市场经济的"规律"，如果国家和政府不对其进行有效的干预势必会造成大范围的生产过剩和资源浪费。另外，我国的市场经济是社会主义市场经济，必然要体现社会主义的本质要求。在建立和完善中国特色社会主义法律体系的过程中我们必须记住马克思的这句话："法律只是在自由的无意识的自然规律变成有意识的国家法律才起真正法律的作用。"①

和谐法律体系在内容方面的要求可以概括为中国特色法律体系的"真"，在现实生活中这三个方面是密切联系难以分开的，和谐法律体系从整体上应该共同满足这三个方面的要求。本小节对和谐法律体系之内容要素从三个方面展开的论述其实带有"理想类型"的色彩，② 是为了对研究对象进行分类分析的一种主观建构，在分析过程中笔者力求凸现不同方面的主要特征，以便引起人们对某一方面的特别关注。但是事实上无论哪个方面都与其他方面有着密不可分的联系，并包含着其他方面的因素，实际上任何一个方面都不可能在法律体系中以纯粹形态出现。

（三）价值要素

从逻辑上来看，形式科学、内容完备只是中国特色法律体系的

① 《马克思恩格斯全集》（第1卷），人民出版社1956年版，第72页。
② "理想类型"方法是马克斯·韦伯所创立的社会科学方法。有关材料可参见王晨光："韦伯的法律社会学思想"，载《中外法学》1992年第3期。

必要条件，而不是充分条件。如果中国特色社会主义法律体系不具备 "善" 的品质，不以体现社会正义和促进社会的全面进步为归宿，不以人民的权利和利益为其终极关怀，所谓的中国特色社会主义法律体系就会因缺少精神支撑和灵魂导向难以达到和谐状态。曾有学者指出："良法与善德的有机结合是历史的结论，是依法治国方略的应有之义，否定或淡化良法单单推崇善德不足以惩戒和杜绝违法犯罪，漠视或束缚善德仅仅凭借良法不足以防止心灵的沙漠化和推进灵魂深处的革命。"① 所以，法律体系之构建必须体现和反映人类的善良道德。就当下中国而言，构建有中国特色的和谐法律体系必须以体现社会正义、促进社会全面发展和实现人民利益为其价值归宿，这是和谐法律体系之价值要素。

正义意味着公平、公正、合理。其实质是要求在全社会以公平方式分配社会的权利和义务，合理地分配社会的利益。中国特色社会主义的法律体系应当以正义为其核心和首要的价值。新自由主义法学的代表人物罗尔斯曾指出："正义是社会制度的首要价值，正像真理是思想体系的首要价值一样。一种理论，无论多么精致和简洁，只要它不真实，就必须加以拒绝或修正；同样，法律和制度，不管它们如何有效率和有条理，只要它们不正义，就必须加以改造和废除。"② 不具有正义性的法律不仅仅是不公正的法，而是完全失去了法的本性和效力，根本上就不能称其为法。改革开放 20 多年来，中国正在逐渐形成如下十个阶层：国家与社会管理阶层，经理人员阶层，私营企业主阶层，专业技术人员阶层，办事人员阶层，个体工商户阶层，商业服务业员工阶层，产业工人阶层，农业

---

① 赵肖筠、马晓敏："析良法与善德"，载《山西大学学报》（哲学社会科学版）2002 年第 3 期。

② ［美］罗尔斯著：《正义论》，何怀宏等译，中国社会科学出版社1988 年版，第 1 页以下。

劳动者阶层，城乡无业、失业、半失业者阶层。① 以和谐为特色的中国法律体系必须建立阶层利益的整合机制，以保证改革开放的成果在这些不同的阶层之间得到公平的分配。

以和谐为特色的中国法律体系应当以促进社会全面发展为其根本任务，这是中国特色法律体系在价值要素方面的另外一个内容。"能否促进物质文明、政治文明和精神文明的发展和社会的全面进步，是评价法或制度的好与不好的重要标准。"② 进入 21 世纪，我国的改革开放和社会主义现代化建设已进入关键时期，经济体制深刻变革，社会结构深刻变动，利益格局深刻调整，思想观念深刻变化。从改革的广度上，已经涉及经济、政治、文化等各个领域，在深度上，已涉及各阶层各方面人的具体利益；在经济发展方面，已由单纯追求 GDP 上升到追求人文 GDP、环保 GDP，尽力追求人口、资源和环境的协调发展。而党的十六届四中全会明确提出构建社会主义和谐社会，更加充分地说明中国特色社会主义事业的总体布局要由社会主义经济建设、政治建设、文化建设三位一体发展为社会主义经济建设、政治建设、文化建设、社会建设四位一体。③ 所以，作为社会发展保障机制之一的中国法律体系也就应该以此为目标促进中国社会的全面发展。

和谐法律体系在价值要素方面的最后一个要求是应当以实现人民利益为其终极关怀，以上关于中国特色法律体系要素的讨论的落脚点都在于此。这是落实以人为本、全面、协调、可持续的发展观的要求，也是法律自身的内在要求。亚里士多德曾指出："法律是以合乎德性的以及其他类似的方式表达了全体的共同的利益，而不

---

① 陆学艺主编：《当代中国社会阶层结构研究报告》，社会科学文献出版社 2002 年版，第 9 页。

② 李步云、赵迅："什么是良法"，载《法学研究》2005 年第 6 期。

③ 赵肖筠主编：《法理学》，法律出版社 2006 年版，第 12 页。

只是统治者的利益。"① 阿奎那也曾指出："法律是直接为公益而设，法律必须以整个社会的福利为其真正的目标。"② 美国著名大法官卡多佐也说过："法律的最终目的是社会福利，任何法律都要在社会生活面前表明其存在的理由。"③ "社会有序或有规则之所以重要，并不是为了社会本身，而是为了个体在社会中的生活。"④ 中国特色的社会主义法律体系如果不反映中国普通民众的喜怒哀乐，不从他们的日常生活出发考察他们的需求，回应他们的呼声，而只是从法治的原则出发，那么由此而产生的法律体系就绝不能算是一个和谐完美的法律体系，而只可能是一套刻板的、毫无生气并且难以执行和实施的体系。在当代中国，以和谐为特色的法律体系应该关注的是孙志刚事件、刘涌案，⑤ 应该回应的是"山杠爷的悲剧"，应该满足的是"秋菊的说法"，⑥ 而不是去回应和关注马伯利诉麦迪逊事件或辛普森案。

　　质言之，以和谐为特色的社会主义法律体系应该以对中华民族、中国社会民众的有用来证明其自身价值。

---

　　① ［古希腊］亚里士多德著：《政治学》，吴寿彭译，商务印书馆 1965 年版，第 138 页。

　　② 《阿奎那政治著作选》，马清槐译，商务印书馆 1963 年版，第 106 页。

　　③ ［美］本杰明·卡多佐著：《司法过程的性质》，苏力译，商务印书馆 1998 年版，第 39 页。

　　④ 苏力：《道路通向城市》，法律出版社 2004 年版，第 4 页。

　　⑤ 关于这两个案件的分析可参见苏力："面对中国的法学"，载《法制与社会发展》2004 年第 3 期；或《道路通向城市》，法律出版社 2004 年版，第 289 页以下。

　　⑥ 关于这两部电影中所隐含的法学理论问题，可参见苏力：《法治及其本土资源》之"秋菊的困惑和山杠爷的悲剧"，中国政法大学出版社 2004 年版，第 24～38 页。

四、构建和谐法律体系之路径分析

就法律体系的理论研究而言仅仅勾勒出法律体系的理想图景是远远不够的，我们应该更加关心和关注的是这一理想如何实现的问题。正如苏力先生在《现代化视野中的中国法治》一文指出的一样："仅仅提出一套法治的原则、赞美法治可欲性是不够的，那是法学'牧师'的工作，而不是法律人的工作。""鉴于我们的目的是要过河，重要的是要解决船和桥的问题……"① 所以在解决了"过河"这一目标问题的情况下我们还需要对解决船和桥的问题、对中国特色社会主义法律体系的实现路径和模式作一分析。

（一）和谐法律体系之三元基础

以"和谐"为特色的当代中国法律体系应当在公法、私法和社会法的基础上逐步确立。

公元前 2 世纪，罗马法学家乌尔比安首次提出："法律学习分为两部分，即公法和私法。公法涉及罗马帝国的政体，私法则涉及个人利益。"② 这种最基本、也最为重要的法律分类在经历过罗马法中的有名无实和中世纪的默默无闻之后，最终因商品经济的兴起和民主政治运动而在近代法律中得到普遍确立，③ 从而不同程度地支配或影响着各国法律体系的构建与法学研究思维模式的形成，成为西方人理解法律的一把钥匙和建构法律体系的基础。然而公法和

---

① 苏力：《道路通向城市》，法律出版社 2004 年版，第 6 页。
② ［古罗马］查士丁尼：《法学总论——法学阶梯》，张企泰译，商务印书馆 1989 年版，第 6～7 页。
③ 关于公法与私法划分的历史变迁，可参见袁曙宏、宋功德：《统一公法学原论——公法学总论的一种模式》（下卷）第三编"公法与私法的划分"，第 3 页。

私法的划分是否适用我国，在法学理论界却一直存在着严重分歧。① 马克思在《哥达纲领批判》中曾指出："权利永远不能超出社会的经济结构以及由经济结构所制约的社会的文化发展。"② 因此，公法与私法的划分是否适用于我国，归根结底是由我国的生产力水平和生产关系的状况所决定的。③

建国初期几十年由于我们在经济生活领域全面推行公有制和计划经济，否认公法与私法的划分，这一时期的法律主要表现为以绝对国家主义或集体主义为观念基础的公法。但是，进入 20 世纪 90 年代以来，我国社会主义的市场经济体制逐步确立，随着市场经济的发展，以个人为代表的私人领域和以国家为代表的公共领域两个不同的社会领域已显现雏形，这在客观上就要求国家权力和市民权利的分离，由此必然要求区分公法与私法，按照公法的原理、原则和精神去规范控制公权力；按照私法的原理、原则和精神去保障私权利。

同时，我国正处于并将长期处于社会主义初级阶段，在以公有制为主体、多种所有制共同发展，按劳分配为主体、多种分配方式并存的分配制度的社会主义基本经济体制下，所有制形式和分配形式的多样化，说明市场经济的表现形式非常复杂，多重利益关系的矛盾和冲突必然要求法律体系作出反映和确认，这也要求，以和谐为特色的中国法律体系首先应当承认公、私法的划分，并在此基础上逐步确立。在以和谐为特色的法律体系中，公法应当以保护国家利益为基本价值取向，限制国家权力对私人利益的过多干预；而私法则应以意思自治为基本的价值取向，私人利益的协调由私法解

---

① 2005 年 8 月 12 日北京大学法学院巩献田教授关于物权法6（草案）的公开信在法学界和社会上引起了强烈反响就是一个典型的例证。

② 《马克思恩格斯选集》（第 3 卷），人民出版社 1972 年版，第 12 页。

③ 山西大学法学院王继军教授从马克思主义的角度对公法和私法划分的理论是否适合于我国作出了细致和深刻的分析。参见王继军："论公法私法的划分与区别"，载《山西大学学报》2006 年第 3 期。

决，实行意思自治的自由竞争。公法和私法应当界限分明、配置有度，从而实现国家利益和私人以及集体利益的统一、和谐发展。另外，由于我国社会主义的市场经济是在过去计划经济的基础上建立起来的，在实践中，公权力的强大、滥用仍然顽固地残存其中，市场参加者的利益得不到有效保障，私权利被侵犯的现象仍很突出，从而影响到整个市场秩序的安全，阻碍着市场经济的正常发展。所以，在以公法，私法为基础构建和完善我国社会主义法律体系的过程中，不能盲目地照搬照抄德国等大陆法系国家关于公法、私法划分的理论和实践，而要从我国的实际出发，突出权力与权利的平衡、私法的优位以及两者的互动。

在当代中国，第三领域的逐渐出现也是一个现实。今天我们已经明显感到我们日益依赖于我们生活的单位而成为"单位人"，其中许多单位其实就是同仁之间的自治组织，这种自治组织介乎政治社会和市民社会之间。作为第三领域的社会组织都是以私人自觉地进入其中为前提，只有在自由地进入以后，公共组织才对其具有约束力，可以说这是一种真正的社会契约关系。在这一领域中，人们交往的形式既不是私人之间的契约平权关系，也不是单纯的、单向度的管理与被管理关系，而是一种互动式、回应性的关系。以这种关系为基础而建立的法律既非传统意义上的公法也不是传统意义上的私法，而是社会法，这也应是以和谐为特色的中国法律体系之基础之一。

总而言之，"以和谐为特色的中国法律体系以自治性的私法、强制性的公法和回应性的社会法为其基础"，① 并且形成三元法律力量的互动关系，以真正回应现代社会及其关系的整体性要求。

---

① 谢晖：《价值重建与规范选择》，山东人民出版社 1998 年版，第 274 页以下。

（二）和谐法律体系之双重模式

和谐法律体系的确立应该是立法和司法同时并用的双重模式。但是这两条进路并不是平行的，而是以立法为主导，以司法为辅助。

首先是以立法为主导。从人类法律制度上考察，第一种确立法律体系的模式是立法中心主义的，其哲学基础是笛卡尔创立的理性主义哲学，其主要特点是特别重视法典的编纂。中国特色法律体系的建立必须以立法为中心，这一点需要从 20 世纪的中国历史来说明。20 世纪的中国历史可以说是一个现代化的历史，但是中国的现代化的实现途径并不同于西方国家现代化的进程，它不是通过自发模式来实现的，而主要是通过"变法模式"来逐步实现的，属于强制性变迁，即通过法律规定来强制实现社会的变革，直至 20 世纪末，20 多年来的中国改革开放也还是这一进路的延续和展开。① 根据制度经济学的理论和实践，未来中国要实现现代化，还需要比西方发达国家有更大程度的政府干预和控制，更加依赖于"变法模式"这一路径资源，② 在法律方面要求国家立法机关继续通过制定大量的成文法律来加速改造中国和推进现代化。因此，以和谐为特色的中国法律体系要适应现代化发展的要求，必须以立法为中心和主导，重视制定法在社会中的作用。

在通过立法来建立和完善中国特色社会主义法律体系过程中，有两个技术性问题需要特别注意：一是要改变传统立法技术方略，立法机关所制定的法律应该以全面细致为原则，而以原则概括为例

---

① 关于现代化进程的两种模式可参见林毅夫："关于制度变迁的经济学理论：诱致性变迁与强制性变迁"，载刘守英等译：《财产权利与制度变迁——产权学派与新制度学派译文集》，上海三联书店 1991 年版。

② ［美］T. 帕森斯著：《现代社会的结构与过程》，梁向阳译，光明日报出版社 1988 年版，第 95、131 页；［美］萨缪尔·亨廷顿著：《变革社会中的政治秩序》，李盛平、杨玉生等译，华夏出版社 1988 年版，第 139 页。

外。这首先是由法律的基本属性决定的，因为法律是一种普遍的具有国家强制力作后盾的社会行为规范，具有确定性、规范性和可诉性等特征。"法律如果粗了，就容易变成一种政治、社会宣言，变成一种不可操作的所谓行为规范。"① 其次，这是建设社会主义法治国家的内在要求。现代法治国家要求，法律应当具有规范性，以行为模式和法律后果的方式，明确告诉法律关系主体应当做什么、不应当做什么和应当怎样做；这种规范一般应当是确定的，不能模棱两可，以便法官在处理案件时做到"以法律为根据"、"类似的情况类似处理"，一个没有确定预期的社会绝不是一个法治的社会。最后，这是建立社会主义市场经济的内在要求。"现代市场经济要求的不只是更多的法律和制度，而且需要更多的具有'形式理性'的法律制度以及社会文化。"② 这里"形式理性"的法律，就是韦伯所论述的只重视原则和形式，不专注于个别案件直接的实质结果，从而可以从形式上推出结果、预测结果的法律制度。韦伯曾指出："一般的法的理性化和系统化以及……个别案件中法律程序运作的日益增长的可算度性，构成了资本主义事业存在的最重要的条件之一。如果没有这样的法律保障，资本主义事业是不可能进行的。"③ 同样的道理，如果法律规定不够细致，原则性规定过多，社会主义的事业——社会主义市场经济体系的确立和有效运行也是不可能的。

二是要特别重视法典的编纂。中国传统上是一个典型的成文法

---

① 李林："全球化时代的中国立法发展"（中），载《政法论丛》2002年第6期。

② 苏力："市场经济需要什么样的法律——关于法律文化的一点思考"，载《北京大学学报》（社科版）1993年第4期；或《法制及其本土资源》（修订版），中国政法大学出版社2004年版，第84页。

③ Max Weber, *Economy and Society : An Outline of Interpretative Sociology*, ed., by Guenther Roth Claus Wittich, University of California Press, 1978, p. 853.

国家，中国人有着源远流长的"法典情结"或"唐律情结"。① 自春秋战国时代各诸侯国先后颁布成文法以来，差不多各个王朝都要颁定自己的律典。在制定法律过程中，之所以注重法典编纂，是因为：一、法典在整肃立法、维护或完善法律体系一方面有着重要作用；二、法典比习惯法、判例法明确、准确、直观、质朴，因而更便于人们了解、理解和运用；三、法典通常是由立法主体经过一定程序编纂而成的，是一种创设法，相比而言，更有利于实现对社会的能动性改造。② 庞德在《法律史解释》中阐述了法典和法典编纂的条件所需具备的条件。他说："有两类国家已采用法典形式。一类是拥有发达的法律体系的国家。这类国家中的法律传统成分竭尽了法律发展的可能性，因而需要一个新的基础，以促进新的法律发展。另一类是面临法律整体发展而立即需要一个基础的国家。我们可以看到，这些国家中存在着导致法典编纂的四个条件：1. 现存法律材料的法律发展的可能性暂时不存在；或者因该国家过去没有法律而缺少现成的法律材料；2. 现存法律通常不便运用，通篇古语，而又无确定性；3. 法律的发展重点已移向立法，而且一个高效率的立法机构已发展起来；4. 在政治社会的各个地区发展了或接受了各自不同的地方法律后，通常需要一个统一的法律。"③ 可见，法典的产生和法典编纂的进行，不是一件容易的事情，如果不存在他所说的可以导致法典编纂的条件，便无以产生法典和开展法典编纂。

其次是以司法为辅助。在当今世界除了以立法为中心的法律体系确立模式以外，还有与之比肩而立的一种模式，即英美法系以司法为中心的模式，这种法律体系的主要特征是以判例法为最重要的

---

① 苏亦工："得形忘意：从唐律情结到民法典情结"，载《中国社会科学》2005 年第 1 期。

② 周旺生："法典在制度文明中的位置"，载《法学论坛》2002 年第 4 期。

③ 罗斯科·庞德：《法律史解释》（中译本），华夏出版社 1989 年版，第 13 页。

法律形式，其背后的哲学基础是以休谟等人所代表的经验主义哲学。① 如今人们习惯将立法和司法作严格的区分，但实际上这种区分无论在逻辑上还是在实践上都不是很清楚，只是一种约定俗成。如果不把法律的制定仅仅看做是某个贴了立法机关之标签的机构按照所谓的立法程序制作的法律条文，而将制定法律视为社会实际生活规定或确认规则，那么司法其实也就是广义的法律制定的构成部分。

　　以和谐为特色的中国法律体系的确立和完善，在充分发挥立法的功能的同时，也必须重视司法的功能和作用，以司法来辅助立法。首先，因为通过全国人大的立法活动来完善法律体系有一些不可克服的缺点：第一，立法活动只能就一般的、普遍的法律问题作出规定，再详细的立法也不可能包揽社会生活中的全部；第二，全国人大及其常委会的决策程序非常复杂，用它来完善法律体系，在涉及整体性的法律问题时是不可或缺的，但在涉及具体的法律问题时却是一种资源的浪费。因为通过立法程序而对法律所做的任何一种废、改、立的活动，与通过司法对法律的完善相比较，都是成本相当高昂的活动。简言之，启动立法程序来完善法律之细枝末节，不符合经济学上的效益最大化的原则，很可能是投入了巨大成本却没有相应的收益，甚至是负收益。②

　　其次，中国是一个各地政治、经济文化发展不平衡的大国，并且今天的中国正处于一个空前变革时期。面对这样的客观现实和时代背景，要保证法律体系的统一性、普遍性、一定的前瞻性，同时

---

　　① 关于以司法为中心的法律体系确立模式与经验主义哲学的关系的分析，可参见谢晖："判例法与经验主义哲学"，载《中国法学》2000 年第 3 期。

　　② 这里其实提出了通过立法来完善法律体系的又一个重要的技术问题，即在立法过程中注意经济学原理的利用，追求"立法的效用最大化"，注意"市场与法律的替代"。限于篇幅问题，对这个问题笔者没有在前面展开论述，这里只点到为止，有关分析可参见苏力："市场经济对立法的启示"，载《中国法学》1996 年第 4 期，该文收录于《法治及其本土资源》一书中。

又不失灵活性、丰富性、现实性，司法具有立法无法替代的优点。在司法活动中，司法人员每天都直接面对大量、多变的现实，直接面对活生生的人和事，因此更容易发现立法的不当之处、空隙和盲点；在法律没有规定的地方，会根据习惯的做法以及有关的政策性规定或原则和多年的司法实践的经验作出实理性的判断，补充法律空白；在法律不明确的地方，以实践的智慧加以补充，使制定法律更加丰富和细致；在制定法律有冲突的时候，选择结构会更好或更言之有理的法律；在法律的语言具有弹性、涵盖性的情况下，追求一种更为合理的法律解释。通过这种司法实践，制定法获得了生动性、再生力和可塑性，整个法律体系因而保持了与整个社会以及具体的社会生活的贴近、相关和大致同步。

在当代中国通过司法来完善法律体系的过程中，最为重要的一个问题是如何完善和通过什么样的方式完善。在现代法治国家，司法对法律体系的完善，其具体方式是对法律的解释，并且法院在作出司法解释时要受到一系列限制。其中最为重要的限制是法院的司法解释只能通过受理个案上诉的方式，在具体裁判过程中加以实施。法院不能像立法机构那样制定一系列抽象的成文法律，而只能在受理上诉案件过程中，通过对具体个案的审判和裁决，并结合宪法或法律的某一条文，发展出新的法律规则。就当下中国而言，要建立和完善中国特色的法律体系，最为紧迫的莫过于按照现代法治国家的实践改变司法解释的方式。2006 年 8 月 27 日，全国人大常委会通过《各级人民代表大会常务委员会监督法》，对我国司法解释过程中存在的体制问题有所关注，这无疑对以和谐为特色的中国法律体系的建立和完善有着极大的推动作用，希望立法机关能对我国司法解释的问题有着更深刻的关注，在司法解释的方式方面也能够有所动作，以便充分发挥司法在完善中国特色法律体系过程中的应有作用。

（三）和谐法律体系之协调机制

21 世纪是一个全球联系空前加强的世纪，改革开放后的中国与世界的联系也将更加紧密。而从法律体系方面来看，随着中国加入世界贸易组织（WTO），对国际法与国内法的关系问题，特别是国际法在我国的适用问题在建立和完善中国特色法律体系的过程中不能不予以高度重视。因为国际法在我国国内如何适用尽管是我国国内法律规定的事项，但适用的结果却直接影响我国在国际社会的地位。"作为一个实际问题看，国际法和国内法的关系问题，归根到底，是国家如何在国内执行国际法的问题，也就是国家履行依国际法承担的义务的问题。"① 所以，以和谐为特色的中国法律体系必须协调好与国际法的关系，建立与国际法的协调适应机制，以正确履行我国依据国际法所承担的义务，维护国家主权，提高国际形象和地位。

一般认为："国际法是国际关系中形成的、用以调整国际法主体之间的权利义务关系并以条约、国际习惯和基本原则为表现形式，能够拘束国际法主体的有拘束力的行为规范的总体。"既包括国际公法也包括国际私法。其中前者主要是规范、支配国际法主体之间的关系，后者主要是处理跨越国界的个人、公司和其他私人主体的行为。国际法和国内法是法律的两个不同的、独立的体系，其产生和发展的社会基础、调整对象、效力基础、法律渊源、实施措施等均有不同，但二者也不是彼此孤立的，它们之间有着相互渗透、互相补充的密切联系。国家是国际法与国内法发生联系的最重要的动力，二者都以国家的存在及其意志活动为前提，国家既是国内法的制定者，又是参与制定国际法的主体。国家的对外政策和其对内政策虽分属两个不同的领域，却彼此密切相关。

关于国际法在中国的适用实践情况我们可以作如下概括：尊重

---

① 周鲠生主编：《国际法》，商务印书馆 1976 年版，第 20 页。

国际法，忠实履行国际法义务是我国的基本立场。但是，在具体适用条约和国际习惯方面，我国宪法在立法层次及效力方面没有相应的规定，具体部门法在此方面的规定也比较零散，并且很不一致。更为重要的是，宪法和具体的部门法对如何协调国际法与国内法的冲突没有明确和一致的规定，这已经给司法实践中适用国际法带来了困难，严重影响了中国的对外贸易和对外交往。因此，中国特色社会主义法律体系要在世界全球化的背景下保持其生命力，就必须根据法律实践过程中积累起来的经验建立起有效的协调机制，妥善处理并协调与国际法的关系。

至于如何在形成和完善中国特色法律体系过程中建立二者的协调机制，我们认为，首先，应该从宪法层面明确国际法在我国的效力等级。对我国生效的国际法在效力等级上可分为：第一，凡全国人大常委会批准的，均具有与法律同等的效力——低于宪法和全国人民代表大会制定的法律；第二，凡由国务院缔结而不需要全国人大常委会决定批准的，均具有行政法规的效力——低于宪法、全国人大制定的法律和全国人大常委会制定的法律。其次，应该明确国际法与国内法发生冲突后的处理原则。如果国际法按其效力等级与国内法发生抵触，根据外国的实践和我国实际，在形成中国特色法律体系过程中，可以采取以下原则：（1）同等法律效力原则，即将国际法与我国普通法视为具有同等效力；（2）国际法优先原则，即当有关的国内法或国际法明文规定优先适用国际法规则时，国际法规则优先适用；（3）后法优于前法原则，即当国内法或国际法没有规定何者优先时，适用生效时间在后的法律；（4）特别法优于一般法原则，即当国内法或国际法没有规定何者优先时，法院将国际法视为特别法，从而推定特别法优于一般法而予以适用。

总之，在当今世界经济一体化的趋势下，在完善中国特色法律体系过程中，必须本着从本国国情和实际的原则出发，一方面吸收借鉴别国经验，另一方面需要依赖国际法学者进一步深入研究和立法、司法、行政机关实践的继续发展，对如何处理国际条约与国内法的关系作出回应，使这一问题最终得以圆满解决。

　　从构建社会主义和谐社会的法律保障方面来看，在形成和完善中国特色社会主义法律体系方面我们还有很多工作要做，我们不但要继续完善经济领域的法律体系，还要着力加强社会领域法律体系的制定和完善；不但应该增加法律的数量，还应该重点提高立法质量。要形成中国特色社会主义法律体系还有很长的路要走，而要完成这一任务，必须有着深厚的理论支撑和正确的理论向导。

第四章 重视法治建设与法律移植的关系

法律移植作为法治现代化的主要手段之一，是当今社会主义法治建设重要途径。法律移植以其便利性和经济性，被广为采用。它对于平衡不同国家之间的社会与法律发展，加快法治现代化步伐以及构建国际化的市场经济法律关系具有重要作用。从历史上看，我国法治的近代化基本上是依靠法律移植来完成的，历史上既有成功的经验值得借鉴，也有失败的教训值得吸取。从社会发展的要求看，法治的国际化趋势已成为时代的潮流，我国的法治发展要与世界接轨，就需要开阔视野，吸纳西方国家先进的法治经验，以求适应时代发展的要求。因此，法律移植作为法治现代化与吸收先进文化的一种有力手段，对我国现阶段的法治建设具有重要意义。

一、法律移植的内涵解析

何谓"法律移植"？学界见仁见智。英国学者阿兰·沃森认为："法律移植，即一条法规，或一种法律制度自一国家向另一国家或自一族向另一族的迁移。"① 这种提法得到了大多数学者的赞同。美国学者埃尔曼就认为："法律移植是将某些制度和规范从一种文化移至另一种文化。"②法国学者勒·达维德认为"法律移植是引进外国的某项法律，是指一国'自愿接受'或'接受'外国法律的现象"。③ 法国学者勒内·罗迪埃尔认为："法律移植就是把外国法律纳入自己的法律体系。"④ 国内学者也多有赞同这一观点的。如"法律移植是一国法律向另一国的迁移活动。它包括一国的法律输出、传播与另一国的法律引进、吸收两方面"。⑤沈宗灵先生也认为："法律移植相当于国内所讲的对其他国家或地区法律的借鉴或吸收等。" 是指"特定国家（或地区）的某种法律规则和制度移植到其他国家（或地区）"。⑥ 上述学者的观点尽管存在种种差异，但总体说来，他们都是将法律移植看做一种行为。但有些学者认为，法律移植不仅包括行为，同时还应包括行为的效果。如有学者认为："所谓法律移植，就是一国（或一地区）接受外国（或另一地区）的法律并使之发挥作用的过程。"⑦

---

① ［英］阿兰·沃森："法律移植论"，贺卫方译，载《比较法研究》1989 年第 1 期。

② ［美］埃尔曼：《比较法律文化》，贺卫方等译，三联书店 1990 年版，第 30 页。

③ ［法］勒·达维德：《当代主要法律体系》，上海译文出版社 1984 年版，第 12 页。

④ ［法］勒内·罗迪埃尔：《比较法概念》，陈春龙译，法律出版社 1987 年版，第 39 页。

⑤ 周少元："关于法律移植的几点思考"，载《法学学刊》1997 年第 1 期。

⑥ 沈宗灵："论法律移植与比较法学"，载《外国法译评》1995 年第 1 期。

⑦ 吴玉章："对法律移植问题的初步思考"，载《比较法研究》1991 年第 2 期。

笔者认为，移植与发挥作用诚然关系密切，移植的目的就是希望移植来的法律发挥好作用。然而，移植仅是行为的本身，发挥作用是行为的效果。后者只有在进行了移植行为之后，才有可能进行观察，不应将二者混为一谈。所以还是将后者作为法律移植成功的标准为宜。笔者认为，法律移植是指一个国家或地区根据自身机体状况有意识地将其他国家或地区先进的法律（理论、体系、制度等）吸纳到自己的法律体系之中使之成为有机的组成部分，并予以贯彻实施的活动。

孟德斯鸠早在 1748 年曾就一个国家的法律制度能否适用于另一个国家的问题提出过自己的看法，他认为：“为一国人民而制定的法律，应该是非常适合于该国人民的；所以如果一个国家的法律竟能适合于另外一个国家的话，那只是非常凑巧的事。”① 历史法学派代表人物萨维尼在谈论法的民族精神时，也排除了法律移植的可能性。他认为，法律绝不是那种应当由立法者以专断刻意的方式制定的东西，它是“那些内在的、默默地起作用的力量”的产物。它深深植根于一个民族的历史文化传统之中，而且其真正的来源乃是普遍的信念、习惯和“民族的共同意识”，就像是一个民族的语言、建筑和风俗一样，法律也首先是一个民族的特性，亦即“民族精神”所决定的。他指出，在每个民族中，都逐渐形成了一些传统和习惯，而通过不断地运用这些传统和习惯，使它们逐渐地变成了法律规则，只有对这些传统和习惯进行了认真研究，我们才能发现法律的真正内容。②

“二战”后到 20 世纪 60 年代初，许多殖民地国家纷纷独立，面对这些独立后的国家采取何种法律制度的问题，以美国一批法学

---

① ［法］孟德斯鸠：《论法的精神》（上册），张雁深译，商务出版社 1982 年版，第 6 页。

② ［美］E. 博登海默：《法理学——法律哲学与法律方法》，邓正来译，中国政法大学出版社 1999 年版，第 88 页。

家为主开展了一场"法律与社会、法律与发展及法律与文化"运动（SLADE 运动），① 对这些新兴国家的法律改革和社会经济发展予以关注，展开了一场有关法律移植的论战，并形成两种截然相反的观点和流派。一种观点主张法律可以移植，主要代表有梅里曼、克拉克和弗里德曼，他们通过量化分析，认为西方国家的法律是"现代化"的，而广大第三世界国家的法律是"非现代化"的，并从法律的作用在于改变社会从而推动社会前进的功能理论出发，认为应将"现代化"的文明的法律输入非现代化的国家，内容包括"从西方输入完整的民法典、刑法典和详尽的制定法律的计划，以及在第三世界进行法律教育改革，使它更像美国和欧洲的模式"。②在 SLADE 运动刚刚兴起时，这种观点得到许多学者的赞同和肯定，但随着对"越战"的普遍不满和对外交霸权的怀疑，许多学者对此也产生了疑惑，他们从实证效果入手，认为实践中法律移植的无效和低效根源于理论上的错误。美国学者赛德曼夫妇也正是基于这个推论提出了法律具有不能移植的观点。另外，这种观点还受到主权排外情绪的影响。以上两种观点，在当代中国法学界都有其相应的学者支持。

　　20 世纪 70 年代，在英国，法学家卡恩 - 弗罗因德与阿兰·沃森之间也展开论战。他们的争论不在于法律是否可能被移植，而在

---

　　① "法律与发展研究"（英文为 Studies in Law and Development 简称 SLADE，或 The Studies of Law and Development，或 Law and Development Studies），又称"法律与发展运动"（英文为 The Law and Development Movement）或者直接称之为"法律与发展"（英文为 Law and Development）。这是在第二次世界大战之后崭新的国际形势之下，由于广大第三世界民族国家的广泛独立，发展问题已成为其中心主题，而以美国为首的西方发达国家为了保持和加强对这些国家的控制和影响，以适应其冷战政策和遏制共产主义的强大浪潮，全面实施发展援助政策、鼓励发展研究的推动下而产生的一种学术与实践活动。

　　② ［美］杜鲁贝克："论当代美国的法律与发展运动"，载《比较法研究》1990 年第 2 期。

于对法律移植可能性程度有着不同的估价。阿兰·沃森主张，法律移植简便易行，是历史上常见的；同时也不需要了解移植来源地和各种条件以及法律实行的情况，因为"法律规则通常不是专门为特定社会设计的"。这就意味着法律仿佛是超越社会，独立自在的本体。相比之下，弗罗因德是从孟德斯鸠关于"法的精神"，即法律的发展与各种自然、社会条件都有关系出发立论的。但他认为，自孟德斯鸠以后的200多年来，由于工业化、城市化、交通发达、人口移动剧增等因素的影响，地理、经济、社会和文化这些环境因素对法律移植的阻力已下降，而"纯粹政治"因素对移植的阻力却大大增加，例如民事侵权责任方面的变化就体现了环境因素影响的逐步消失。

　　上述这些争论和主张各有其根据，这些从法律制度角度和历史论证上得出的结论也的确各有事实根据和科学性，但它们是否在当代具有可行性或在多大程度上具有可行性则值得认真研究。对法律移植争议的不断演进实际上也反映了长期以来对法律的性质和法律的形成所存在的争议。强调法律不可移植的理论基础实际上是强调法律的特殊性，而与之相对照，认为法律可移植的理论基础则主张法律具有普遍性，其典型的表现形式就是西方法理学中主张存在一种高于人定法的自然法的观念，这种观念一直在影响着西方的法制进程，它认为法律在人类社会中具有某种共通性。正是这种法律的普遍性和特殊性之间的分歧导致法律是否可以移植的争议，而实际的情形则是法律的共同性与特殊性是并存的，而且随着时代的变迁，二者的界限也可能发生一定的变化。① 其关键在于从什么范围来看待法律。法律是人类社会的产物，如果在民族国家的范围中看待法律时，法律显然具有各自国度的特殊环境所赋予的阶级、文化、历史和经济特殊性；若将自己囿于一种封闭的国度之中的时

---

　　① 王晨光："不同国家法律间的互相借鉴与吸收——比较法研究中的一项重要课题"，载《中国法学》1992年第4期。

候，这种特殊性就尤为凸显。可是变换一个角度来看，从某一特定的历史阶段来观察时，各个不同国度的法律则带有许多共同性。当然，我们也不能忽视其中所存在的特殊性，否则共同性将无所依托。

但是理论的论证无法代替实践中的发展，就法律移植的实践来看，一国移植别国的法律则是常有的事。在某种意义上，我们可以讲法律移植与广义上的立法活动相等同，因为法律移植的结果就是促成了一国法律的变革。在全球化时代的今天，孤立地进行法制建设是不可思议的。因此，法律移植的问题潜在地隐含着我们要放宽历史的视野，发展对我们有益的因素。

我国学术界从 20 世纪 80 年代末开始探讨法律移植问题。1989年第 3—4 期的《比较法研究》曾为此发了"编后小记"，向我国学术界提出开展法律移植讨论的倡议。自此之后，学术界陆续发表了一批译文和论文，就法律移植问题在更加广泛、深入的领域内进行探讨研究。2000 年 4 月，全国外国法制史研究会在湘潭大学召开了"全国外国法制史研究会十三届年会暨外来法与本土法学术研讨会"。会后，由何勤华先生主编了《法的移植与法的本土化》一书，书中系统地总结了世界各国法律移植的历程与现状，并且为我国今后的法律移植之路指明了方向，从而标志着我国对法律移植问题的研讨达到了一个新的规模。2004 年 1 月，由北京大学法学院与《中国社会科学》举办了"法律的移植与中国法制"研讨会。2005 年 5 月在吉林大学举办的以"面向全球化的中国法学"为主题的"全国法学理论博士生论坛"第四单元就"全球化与法律移植"展开了讨论。近年来，随着胡锦涛主席"和谐世界"思想的提出，围绕着什么是和谐世界以及如何构建和谐世界，学界对于法律移植的作用的研究将会更加高度重视。

中国作为社会主义国家和发展中国家，具有不同于其他西方和第三世界国家独特的社会和经济环境。建立市场经济法制，我们缺乏经验，而我国目前的经济活动从本质上讲又迫切需要一个良好的法制环境，甚至是通过法律来引导未来改革，而市场经济作为一种成熟的完善的体制，是由近代资本主义完成的，他们在这一过程中积累了许多成功的经验值得我们借鉴。这样，移植外国法律，对我国来说是有重大意义的。

二、法律移植的可行性与必要性分析

（一）法律移植之路在法治建设过程中的可行性分析

首先，从历史实例分析法律移植的可行性。傅斯年先生说过，"史学就是史料学"。从历史学这一视角来认识法律移植，无疑它是一国或地区法律制度、理论等向另一国或地区的迁移，是法律发展的一种普遍的历史现象。这种历史现象可以是同时代的横向移植，也可以是不同历史时代的纵向移植。

纵观古今，法律的移植是一不争的事实，而正是这种法律的移植，促进了法制的发展，也促进了人类时代的变迁。遥望古代，公元前 18 世纪的《汉谟拉比法典》的向外传播，虽不敢妄言为最早的法律移植，至少可称其为早先的移植。国外有学者认为该法典是古代世界商法之源，因为巴比伦法中关于商业之法规极为发达，是最适于商业需要的极精美完善的法律，故有学者认为巴比伦商法曾由巴比伦商人输入腓尼基及地中海诸国，其后地中海的法制中，有一部分即以巴比伦法为楷模。① 近者，印度就移植了伊斯兰法文化。公元 7 世纪后，印度屡遭信奉伊斯兰教民族的入侵。这些穆斯林在入侵印度以后，都强行要求原来不信奉伊斯兰教的印度人改信伊斯兰教，于是伊斯兰法文化渐渐地在那里生了根。至于中国古代，唐王朝律制更是为周邦竞相效仿。其中，日本就完全移植了唐

---

① ［英］孟罗斯密：《欧陆法律发达史》，姚梅镇译，台湾商务印书馆1979 年版，第 179 页。

朝的法律制度。如日本文武天皇于公元 701 年制定历史上划时代的法典——《大宝律令》，它的十二篇篇目和次序不仅与《唐律》一模一样，而且内容甚至连文句也都同于唐律。

翘首近代，史实如花，代表为美国。美国自身没有独立的法律文明史，作为殖民的结果，美国与英国之间具有一种特殊的法律渊源关系，美国法正是攀生在英国法的基础上逐步建立和完善起来的。尽管美国移植英国法律经历过一段受阻时期，但若想抛弃英国法显属不可能。伴随英国威胁的解除，人们怀旧情结的复活，英国法学家布莱克斯通《英国法释义》、美国法学家肯特《美国法释义》的发行及斯托里有关宪法和私法的著述促进了英国普通法的美国化。至此，美国法成功移植了英国法。

近观现代，法律移植高潮再起。伴着科技进步推动下的世界经济全球化，法律日益走向一体化，这是法律移植呈现出的崭新特征。最为典型的便是世界贸易组织。世贸组织作为正式的国际经济组织、联合国的一个专门机构，具有国际法人资格。在管辖范围上，它比关贸总协定更为广泛，涉及环境保护和资源的合理利用；在权利与义务的平衡性上，世贸组织要求所有成员必须参加乌拉圭回合达成的所有协议；在争端解决机制上，它实行一套更为有效而完善的机制。因此，世贸组织在国际经济中发挥着重大作用。这一典型的经济组织体现了法律移植的新发展。

法律移植作为一种普遍的历史现象展现于世界史卷，同时也在中国近代史上得以印证。应当说，中国近代以来的一百年就是移植外国法的一百年。自清末民初，除了在一个不太长的时代，中国一直面临着西方法的移植问题。无论是清末法律改革、民国法制变革，还是社会主义法制革新，每一步都印有法律移植的痕迹。可见，外来法已成为中国法律发展不可或缺的重要因素。沿着历史轨迹的一步又一步，我们不禁领悟罗斯科·庞德所语："一种法律制度的历史在很大程度上乃是向他国法律制度借用材料以及将法律之外的材料加以同化的历史。"①

其次，从理论角度分析法律移植的可行性。正如前文所谈，法律移植自古有之，然而有些法律移植没有取得预期的效果，而有些法律移植却达到了预想的目的。为什么会出现两种不同的结果呢？笔者认为，法律作为一种制度被移植，不仅仅是法律条文的简单移植，更重要的是看法律条文得以实施的环境。也就是说，如果法律移出国与移入国的环境相同或相似的话，那么这样的法律移植成功的可能性就会大一些。相反，如果两国的环境不同或相差甚远，则法律移植的可行性和成功的可能性就会小得多。当然，这里所说的环境，含义是极其广泛的，不仅仅包括诸如气候、土地的肥沃程度、国家的大小及地理位置等方面的自然环境，更重要的是指诸如经济、政治、文化、风俗、习惯等方面的社会环境。

第一，经济因素是实现法律移植预期目的的根本因素。经济体制相同，往往是不同国家能够大量移植外国法律特别是经济方面法律制度的基础。比如，我国从 1949 年建国至 1992 年开始实行市场经济体制这四十多年期间，实行的是社会主义计划经济体制，自 50 年代开始，我国大量移植了前苏联的法律，如果从预期目标的实现看，尽管在社会主义建设中出现了许多失误，但前苏联模式为社会主义建设作出的巨大贡献也是不可否认的。而现阶段，我们正在建立和完善社会主义市场经济体制，这恰恰是我们能够移植世界市场经济发达国家的法律特别是有关市场经济的立法经验和法律制度的经济基础。市场经济是一种有规则、有秩序的经济模式。尽管其在不同的社会制度下会有一些不同的特点，但是它运行的基本规律，如价值规律、供求规律、优胜劣汰的规律是相同的，资源配置的效率原则也是相同的，这就决定了一个国家在建构自己的市场经济法律体系过程中吸收、借鉴市场经济发达国家的立法经验是可能

---

① ［英］阿兰·沃森："法律移植论"，贺卫方译，载《比较法研究》1989 年第 1 期。

和可行的。事实上，我们国家在构建社会主义市场经济法律体系过程中大量吸收、借鉴了西方发达资本主义国家的先进经验和做法。之所以这样做，一方面，因为建立市场经济法制，我国缺乏经验；另一方面，因为"市场经济首先是从西方经济发展起来的。在古代，古希腊和罗马的商品经济是世界上最发达的……在中世纪，又是西方首先发生了'商业革命'，产生了城市，孕育了市场经济；在近代，又是西方首先发展了市场经济，建立了市民社会；在发展市场经济方面，西方既有悠久的历史传统，又有丰富的实际经验"。[①]因此，构建我国市场经济法律体系，西方发达国家的经验是必须正视的。

第二，政治因素是推动法律移植进程的动因。英国比较法学家弗罗因德于1973年在《比较法的运用与误用》一文中写到，自孟德斯鸠以后的一百多年来，由于工业化、城市化、交通发达、人口移动剧增等原因，地理、社会、经济和文化这些环境因素对移植的阻力已下降，而"纯粹政治"因素对移植的阻力却大大增加。[②] 他在该文强调了政治因素在法律移植当中的重要性。在近现代社会，政治因素的确对法律移植的影响很大。考虑到政治因素，我们就会理解美国能够率先发表《独立宣言》，提出"天赋人权"的主张，并从古代自然法的自然理性观念中移植出"生命权、自由权、追求幸福权"的人权观，是和美国人受欧洲特别是英国殖民而求自由革命最激进有关；由此就会理解明治维新期间日本政府宪政制度移植德国模式和日本想将天皇制予以保留有关；我们就会理解已沦为半封建半殖民地的旧中国自清末起的法制改革与西化也是由于政治因素而不得不被迫地移植西方法制有关。因此，我们在移植外国法律时，一定要考虑优先选择我国在民主政治建设中所需的政治因

---

① 郝铁川："中国法制现代化与移植西方法律"，载《法学》1993年第9期。

② 沈宗灵：《法理学》，北京大学出版社2000年版，第152页。

素。当今世界绝大多数国家实行的是民主政治，这为移植诸如选举制度、公民权利保障制度、权力监督制度和公务员制度等具体的民主政治制度提供了巨大空间。找到二者的共同点，并结合我国的国情，移植具体的资本主义民主政治和法律制度还是可能和可行的。

第三，文化因素是促成法律移植成功的保障。法律移植成功与否，其可能性和可行性有多大，不仅与经济、政治等制度有关，也与制度背后的文化、观念有关。梁启超曾说过，在西方打开中国的大门后，人们先是感到器物不如人，之后又感到这种不如别人不仅仅是器物上的，而且是制度上的，最后大家感到与西洋最根本的差异是文化上的。① 梁漱溟也谈过中西文化的差异，他说："假使西方文化不同我们接触，中国是完全闭关与外间不通风的，就是再走三百年、五百年、一千年也断不会有这些轮船、火车、飞行艇、科学方法和'德漠克拉西'精神产生出来。……中国人不是同西方人走一条路线。因为走得慢，比人家慢了几十里路。若是同一路线而少走些路，那么，慢慢地走终究有一天赶得上；若是各自走到别的路线上去，别一方向上去，那么，无论走多久，也不会走到那西方人所达到的地点上去的。"② 两位梁氏所言均指出了中西文化存在很大差异。如果中西双方各走各的路，互不往来，倒也相干无事，也无须评判谁家文化优劣，更无须去谈学习与借鉴的问题了。可是，我们不可能孤立在世界之外独自生活。1792 年英国派马嘎尔使团到中国访问，与中国进行贸易谈判——讨论有关"自由贸易、协定关税"问题，乾隆拒绝这八个字，理由是："大朝物产丰盈，无所不有，原不藉外夷货物以通有无。"48 年后，英国等西方列强用大炮打开了中国大门，从此有了令中国屈辱不已的鸦片战争。英方理由之一就是："中国听不懂自由贸易的语言，只听得懂

---

① 梁启超：《饮冰室文集》（39 卷），中华书局 1989 年版，第 39 页。
② 梁漱溟：《东西文化及其哲学》，商务印书馆 1999 年版，第 72 页。

炮舰的语言。"① 面对西方列强的侵略和压迫，中国刚开始无所适从，但是后来，"我们分明看见了西洋文明的诱人图景，就不能不使文化的发展改变或偏离路径。"② 在法律移植问题上，也是如此，从最初的盲目排外，经学习、引进西方的物质技术的过渡，到最后被迫移植西方法律文化，进行法制改革，都是无可奈何的艰难痛苦的选择。在一个文化积淀甚深的国家，要突破人们固有的传统观念，接受一种价值观完全不同的法文化，的确是异常艰难的。可以说从"师夷长技"到最终把政治法律制度也作为一种可师的"长技"移植过来，中国人是经过了思想观念上的一次次斗争与冲突才得以完成的。但是我们也不能不承认，文化上的冲突不是不可以解决的，文化不是不可以因为冲突而改变的。所以张晋藩先生的评价极有道理："晚清修律的主要成果不是十年之功，而是几十年输入西方法文化的积累。"③

（二）法律移植之路在法治建设过程中的必要性分析

首先，法律移植是经济全球化的必然趋势。经济的全球化，必然会引起法律的全球化，出现更多的法律移植现象。目前，"经济全球化"已经成为席卷世界各国的一场经济大潮猛烈地冲击着现有世界经济体系。所谓"全球在这种过程中，原有局限于各个不同国家疆域内的诸多活动、制度正在冲破国界的局限，而成为全球

---

① 《南方周末》2001 年 11 月 29 日第 9 版。

② 尹伊君："文明进程中的法治现代化"，载《法学研究》1999 年第 6 期。

③ 张晋藩：《中国法律的传统与近代转型》，法律出版社 1997 年版，第 473 页。

性的"。① 有人把这种过程称为"非国家化"的进程。② 经济全球化的最高目标是"经济一体化",即在全球化的过程中,各国经济已不仅仅是一般地相互联系和交往,而是相互交织、相互融合,以至最终形成全球经济统一体。③ 经济全球化的表现是多方面的,其范围涉及从国际分工与世界经济体系的建立,到货物、服务、技术、资本、信息、人员的跨国流动、环境保护、打击国际犯罪、移民、劳动保护等许多领域。这些领域需要各国相互妥协,通力协作,遵守相同的规则。这样一来,经济全球化的出现就必然引起了法律全球化。因为"经济是基础,是法律和法制的基础。有什么样的经济关系就会有什么样的法律和法制"。④ 在世界经济全球化的"大势"下,全球范围的法律理念、法律价值观、执法标准与原则乃至法律和法制正在向趋同的方向迈进,特别是在民商法领域走得更快、更远。正像"在一个众人都只懂和说英文的环境中,一个说中文的人,如果要想同他人交流,就必须说英文"⑤ 一样,在如今的全球格局里,一国如果要和他国交往,就必须制定与这些国家大致相同的法律。另外,如同经济全球化的最高目标是经济一体化一样,法律全球化的最高目标是法律一体化。所谓法律一体化,是"指全球范围内法律规范的相互联结。各国之间的法律规范是互不隶属的,国际法与国内法也被一些人看做是两个不同的法

---

① Jost Desbruck, Globalization of Law, Politics, and Markets—Implications for Domestic Law—A European Perspective, 1 Indiana Jocund of Global Legal studies 9, 1993.

② Gordon Walker, The Concept or Globalization, 14 Company and Securities Law Journal 59, 1996.

③ 陈安主编:《国际经济法论丛》(第 3 卷),法律出版社 2000 年版,第 17 页。

④ 陈安主编:《国际经济法论丛》(第 3 卷),法律出版社 2000 年版,第 3 页。

⑤ 苏力:《法治及其本土资源》,中国政法大学出版社 1996 年版,第 82 页。

律体系。然而在现实生活中，我们已清楚看到这些法律规范正在连为一体，国际法与国内法之间的界限正变得模糊不清，而这种联结的实现就在于相关国家的法律对国外法律的吸收、借鉴或承认，以及国际法高于国内法的信念已得到普遍的确认"。①

其次，法律移植是社会和法律发展不平衡性的现实需要。社会发展和法律发展的不平衡性决定了法律移植的必然性和必要性。同一时期不同国家的发展是不平衡的，它们或处于不同的社会形态，或者处于同一社会形态的不同发展阶段。在这种情况下，比较落后的或者后发达国家为了赶上先进、发达国家，有必要移植先进、发达国家的某些法律，以保障和促进社会发展。就是处于相同发展阶段、水平的国家之间也可能由于在某些方面存在差距相互移植对方的某些法律。世界法律的发展史已经表明这是一些国家加速发展的必由之路。早在公元前17世纪巴比伦的《汉谟拉比法典》（它不晚于公元前17世纪）就从《埃什南纳法令》（该法的历史至少可以追溯到公元前18世纪）移植了一条关于牛触人的法律规定。②在古罗马国家的形成初期，土利乌斯在改革中就采纳过雅典城邦的立法经验。在中世纪，日本曾全面引进中国盛唐时期的法律制度。近代以来，各国之间的法律移植现象更是普遍，日本明治政府全面引进了德国法和法国法；土耳其凯末尔政府时期对欧洲法律特别是对瑞士民法、意大利刑法和德国诉讼法进行移植，在阿拉伯国家率先实现了法制现代化；我国在清朝末年也大量移植了西方特别是德国、日本等国的法律。"二战"后，广大殖民地国家纷纷独立，也大量移植了西方法律，使得这些国家快速走上了现代化的轨道。

再次，法律移植是法制现代化的必然要求。在生产力和科学技

① 陈安主编：《国际经济法论丛》（第4卷），法律出版社2001年版，第32—33页。

② ［英］阿·沃森："法律移植论"，贺卫方译，载《比较法研究》1989年第1期。

术迅猛发展的推动下，伴随着人类社会由传统社会向现代社会的演进，各国的法制也必然会走上一条现代化之路。所谓法制现代化，就是一个从人治社会向现代社会的转型过程，是人治型的价值——规范体系向法治型的价值——规范体系的变革过程。① 也有人认为："法的现代化是指从传统农业社会向现代工商社会的转变过程及其相关问题。"② 这两种定义实际上说的是同一个道理，只不过角度不同而已。从社会发展的角度看，社会的进步永无止境，它不断地向人类提出新的现代化目标和方向，从而使社会的现代化始终处于一个永不停止的，内容不断更新的动态的历史发展过程之中，现代化永远没有终点。现代化是所有国家在进行政治、经济、文化建设时都必然会面临的课题，它们如果不想被抛弃在社会进步的大潮之外，唯有投身于现代化的滚滚洪流之中。现代化是所有现代国家的必然选择。现代化是一个国家或民族适应社会进步趋势的总体性变迁，法制的现代化是现代化进程的重要内容之一。对于广大发展中国家而言，赶超发达国家，实现法制现代化是其社会发展的必然过程。在这个过程中，最紧迫的问题就是时间问题，即怎样才能在最短的时间内实现法制现代化，缩小与发达国家之间的差距，进而赶上甚至超过发达国家，而法律移植恰恰是条捷径。

三、中国法律移植的百年历程

1840 年的鸦片战争，不仅将近代西方的经济、政治、文化和军事等各项制度带了进来，同时也为引进西方先进的法律开辟了道路，中国从此进入了一个移植外国法的历史时期。从鸦片战争至20 世纪末大约 160 年时间内，就中国移植外国法而言，大概分为 6

① 张文显等：《法理学》，高等教育出版社 1999 年版，第 170 页。
② 范健等：《法理学法的历史、理论与运行》，南京大学出版社 1995 年版，第 50 页。

个阶段。

从 19 世纪 40 年代的第一次鸦片战争至 19 世纪 60 年代开始的洋务运动，是中国移植外国法的第一个阶段。该阶段中国虽然在军事上已经被西方列强的坚船利炮所打败，在经济上受到帝国主义的剥削和掠夺，在国家主权方面包括政治上受帝国主义的压迫和制约，在法律上受到领事裁判权的束缚，但在内部的政治体制和法律制度上，统治者依然我行我素，摆出一副千年帝国的架子，不愿意搞任何改革。

然而，受当时国际、国内形势的冲击，已经有人奋起，提出了许多学习西方先进国家法律制度的主张，这方面的杰出人物有林则徐、魏源等。林则徐被誉为中国睁眼看世界第一人，他最早提出了了解西方、向西方学习的政治主张，在其查禁鸦片和负责抵抗英军入侵期间，为了了解英国，知己知彼，组织翻译出版了大量外国报纸与书籍。魏源是中国近代启蒙思想家之一。在其著作《海国图志》中，魏源明确提出了"师以长技以制夷"的口号。并且为了实现这一口号，在政治法律制度方面，魏源盛赞并主张学习西方先进的民主政治和法律制度。林则徐与魏源称赞并主张学习西方先进政治与法律的思想与活动，虽然没有能从根本上改变最高统治者对内对外的法律政策，但为下一阶段的洋务运动以及相应的法律改革作出了贡献。

从洋务运动到 1898 年"戊戌变法"，是移植外国法的第二个阶段。该阶段，随着第二次鸦片战争和太平天国起义的打击，清政府不得不开始适度向西方学习，在经济制度、政治制度和法律运作方面进行改革，从而出现了学习、移植西方先进技术和接受西方先进制度的洋务运动。

洋务运动的内容主要局限于引入西方的先进军用民用工业技术层面，试图以此来达到"富国强兵"的目的。然而，"甲午战争"的惨败，使得这一目标彻底失败。在学习与借鉴西方政治和法律制度的活动层面，洋务派目的与动机也是为了维持大清王朝的统治地位。这一点从张之洞等所强调的"中学为体，西学为用"的口号中可以充分看出。这也意味着洋务派改革政治、法律制度的不彻底性。但是，洋务派的活动并不是没有意义的，尤其是他们选送留学生出国，设立同文馆、江南制造局，大量翻译外国法律著作和法典，以及与洋务运动相呼应的思想界的启蒙运动，都为"戊戌变法"和清末修律提供了许多经验和创造了一定的条件。

"戊戌变法"期间，中国掀起了移植西方法律的第三次高潮。"甲午战争"的惨败，在中国的士大夫中间进一步形成了一种亡国亡种的危机感。为了拯救中华民族，为了富国强兵，从早期维新派中分化出了以康有为、梁启超为首的激进的维新变法派。他们最早以私塾长兴学舍为根据地，宣传西学和自己的变法主张创立学会，开办报纸。此后，维新派以湖南时务学堂为基地，启发民智，宣传变法。在此前后，严复的《天演论》、黄遵宪的《日本国志》、谭嗣同的《仁学》相继问世，在全国引发了一场学习西方先进思想和制度、追求民族自强、建立平等自由的大同社会的活动。

"戊戌变法"期间引进西方政治和法律制度的活动，无论在规模和程度上都要远远超过以前两个阶段。虽然，由于慈禧太后等保守力量的反扑，"戊戌变法"失败了，但其却为下一阶段的仿行西法修订法律的实践积累了经验。

从1901年清政府宣布法律改革至1911年辛亥革命中国的修律活动，构成了中国移植外国法的第四个阶段。与前三个阶段相比，该阶段清王朝在移植西方法律方面有了实质性的进步，其表现，一是翻译西方法典和法学著作的数量为中国历史之最；二是仿造西方先进国家，在各个大的法域都制定了法典，并在制度或修订的法典及法典草案中全面引入了各项西方法的制度和原则，包括大量的概念术语，如公司、保险、破产、陪审员、律师、检察官、自由心证等；三是移植外国法的面也特别宽，不仅仅局限于英美国，而是涉及德国、俄国、日本、法国、意大利等众多国家；四是西方的法治传统开始浸入中国法学界，如政党、代议制、联邦制、总统制、三权分立、契约自由、审判公开等各种观念开始在中国法学界得到传播。

在该阶段中国移植外国法的过程中，为了启发民智，培养法律人才，中国政府还创办了一批法律学术团体如北京法学会等，创办了一批法律刊物如《法学会杂志》等，建立了一批法律教育机构如京师法律学堂等，从国外聘请了一批法学专家来华帮助中国政府立法，讲授法律，培养法律人才。所有这些，既是中国近代移植外国法的成果，又进一步推动了移植外国法运动的深入和发展。

中华民国时期（1912 年 1 月至 1949 年 10 月）是中国移植外国法的第五个阶段，该阶段具体又可以分为三个时期。

中华民国南京临时政府时期（1912 年 1 月至 1912 年 3 月）

辛亥革命胜利后，以《中华民国临时约法》为代表的具有资产阶级性质的法律应运而生。帝制的推翻并不意味着清末所修之律的完结，相反，由于法的继承性和当时特定的环境所致，孙中山先生解职前夕，采用司法总长伍廷芳建议，向参议院提出了有条件援用清末法律的咨文，使得清末法律得以直接施行。即便是在南京临时政府存在的短短三个月时间内，法制建设中的法律移植色彩依然浓重。《中华民国组织大纲》引进了西方的总统共和政体，规定了三权分立原则。《中华民国临时约法》依照资产阶级三权分立原则，规定了中华民国的政治制度；根据资产阶级民主自由原则，规定了人民的权利；根据资产阶级私有财产神圣不可侵犯原则，规定了人民有保有财产及营业之自由；根据资产阶级主权在民原则，规定了中华民国之主权属于国民全体。还确定了以司法独立、辩论、公开审判等为主要内容的资产阶级司法体制。南京临时政府的法制建设，通过移植资产阶级的法律文化在中国法制近代化的大道上又向前大大地迈了一步。

北洋政府时期（1912 年 3 月至 1927 年 4 月）

这一时期的法制建设，一方面，沿用清末重要法典、法律，并继续通过法律移植进行了新的立法，反映出法制建设的开放性。如制定了《公司条例》、《商人条例》、《证券交易法》等。另一方面，恢复部分封建刑罚，进一步维护封建婚姻关系和家庭制度，使北洋政府的法律呈复古性，其历史的进步意义较辛亥革命的法制建设大为逊色。北洋军阀时期法制的局部倒退与复古，按礼教派的观点，可能更符合中国国情。然而，这种倒退既不能改变法制进步的主流，也无法为封建帝制的复辟提供法律保障。由于北洋政府继承了清末法律，从总趋势上看，保障了中国法制近代化的连续性，其法律体系也较南京临时政府时期更为完备。

南京国民政府时期（1927 年 4 月至 1949 年 9 月）

这一时期中国移植外国法的步骤有了实质性的进步，并且在此基础上，完成了中国法律的近代化事业。

首先，国民政府依照德国、法国和日本等国的大陆法系模式，创建起了比较完备的六法体系。其次，在内容上，国民政府时期虽然保留了不少中国传统法律的规范，但顺应世界发展潮流，将之前数十年间移植外国法的经验成果也巩固了下来，使其生根发芽。如在宪政方面，进一步将三权分立基础上确立的五权制度、国民主权、保障公民的各项权利和自由、法律面前人人平等等内容规定下来。在民事法律方面，明确了婚姻家庭方面的男女平等原则，引入了世界各国通用的亲属分类标准和亲等计算方法，采纳了西方资产阶级的三大民法原则即私人所有权神圣、契约自由、过失责任；在刑事法律方面，吸收前一阶段立法中的进步因素和当时世界各国施行的一些先进经验，如西方资产阶级的三大刑法原则即罪刑法定主义、罪刑等价主义和刑罚人道主义；在司法制度方面，国民政府时期基本上将北洋政府时期吸收的西方先进法律制度都继承了下来。

中华人民共和国成立至 20 世纪末，是中国移植外国法的第六个阶段。该阶段具体又可以分为两个时期。

第一个时期从 1949 年 10 月至 20 世纪 60 年代初。该时期中国在移植外国法律方面，主要是以吸收前苏联法律为主。新中国成立以后，在法制建设方面实施了一系列新的战略决策，废除了国民党的《六法全书》，开始了大规模地向前苏联学习，移植前苏联法的活动。

第二个时期从 20 世纪 70 年代末至 90 年代末。1976 年 10 月，中国政府在粉碎"四人帮"之后，逐步开始重视对外开放，吸收西方发达国家的法和法学。1978 年年底，中国共产党十一届三中全会以后，这一步伐明显加快。邓小平的基本观点是："无论是革命还是建设，都要注意学习和借鉴外国经验"，①"社会主义要赢得与资本主义相比较的优势，就必须大胆吸收和借鉴人类社会创造的一切文明成果，吸收和借鉴当今世界各国包括资本主义发达国家的一切反映现代化社会生产规律的先进经营方式、管理方法"，② 逐步成为中国政府和人民的共识。在这种背景下，中国新一轮学习，吸收和移植西方发达国家的法和法学的活动得以更广泛地展开。

从鸦片战争至 20 世纪末的 160 年时间，尤其是 1901 年清末修律以来的 100 年时间，移植外国法是中国法制建设的主旋律或基本方面。近代中国对西方法的移植，始于对传统观念的突破和转变。从中国清末第一次制度变革，到辛亥革命后民主共和制的建立，从北洋军阀政府大量援用清末法律，到南京国民政府吸收欧洲大陆法立法技术确立六法体系，直至新中国前期对前苏联法的全面模仿，都表明外来法已成为中国法律发展中不可缺少的重要因素。反思这 100 年间中国移植外国法的历程及其经验教训，可以使我们更清楚地认识中国近现代法的内容与本质以及其所经历过的艰难与曲折，从而更自觉地投身当代中国法制的建设之中。回顾中国法制从封闭到开放，从拒变到改革的百年法律移植史，我们可以从中得到三点有益的启示：

第一，自我封闭，没有出路。任何一个先进的国家、民族或制度，若与世隔绝、不求变革，只能被历史所淘汰。中国由盛转衰，

---

① 《邓小平文选》（第三卷），人民出版社 1993 年版，第 2 页。
② 《邓小平文选》（第三卷），人民出版社 1993 年版，第 373 页。

法制由先进变成落后，固然有许多因素，但主要原因在于中国陷入了自我封闭的窒息状态。我们应该汲取这个历史教训，绝不能再封闭自己，要放眼世界，不断改革进步。在世界法制舞台上，再现中国法制辉煌。

第二，正视落后，才能奋起直上。在世界五千年历史中，任何一个国家的先进与落后都不是绝对的，落伍者后来居上，同样可以创造奇迹。这一规律已被古代罗马、中世纪日耳曼王国、近代德国和日本的历史所证明。但现实这种转变的关键是要正视落后，要有强烈的民族危机感。中国陷入半殖民地危机后，许多先进的中国人就是凭着忧国忧民的危机感和责任感，寻找振兴中华之路，使中国法制走出封建藩篱，步入近代化轨道。现阶段，我们仍应保持这种危机感和使命感，尽快健全社会主义法制。

第三，抓住机遇，大胆改革。从人类文明进步的历史轨迹中，我们看到，历史发展大潮不断地为各国提供发展的机遇。凡能抓住机遇，因势利导进行变革的国家，都能得到充分的发展。每个国家在自身发展中也可创造机遇发展自己。中国近代法制落后的教训表明，中国不仅失去了 18、19 世纪历史提供给每个世界成员的发展机遇，也没有及时为自己拓展前进之路，直到 20 世纪 70 年代才找到了正确的发展道路。因此，我们应珍惜这个良好开端，继续坚持改革开放，不断完善社会主义法制。

四、当代中国法律移植存在的偏失

（一）法律移植在准备工作中存在的偏失

欲求成功的法律移植，第一步，必是进行比较研究，这也是前人给我们的启示。总结以往中国的法学研究方向，会发现人们的注意力大多只集中在一些西方大国，如英国、美国、德国、法国的法律制度。而对其他国家，特别是一些小国的法律制度研究甚少，如澳大利亚、巴西、南非及中国周边的亚洲国家——朝鲜、韩国等国的法律制度。事实上，法律移植的性质决定了法学研究应有更广阔的领域与视野，特别是在当今经济全球化、法律趋同化的形势下，全球范围内的国家交往势必会越来越普遍、频繁，它不仅会发生在大国与大国之间，而且还会发生在小国之间。另外，欲科学地进行法律移植，欲研究西方法律制度，翻译介绍西方法学理论和西方法学文献不可或缺。当代中国法律制度以大陆法系法制为模式建立又不断受到英美法系法制的影响渗透，决定了必然要通过翻译来深入认识并进一步移植西方法律制度。然而近些年来，翻译的书不少，从翻译文献中引进的新概念也不少，但对此作相应的深入具体和系统研究的并不多。所以新概念满目，但却往往让读者不知其究竟。

（二）法律移植在运作过程中存在的偏失

法律移植进行过程中存在的问题主要表现在：第一，选择不当。例如，《撒利克法典》反映的是几乎停滞状态的日耳曼经济，因而法典中关于偷窃等被视为侵权行为的惩罚是规定具体数额的罚金。先进的罗马法对偷窃的惩罚是规定损害赔偿的倍数，反映的是发展中的发达的经济状态。因之美国采用后者做法，在反托拉斯法的司法保障中规定受害者可提起"私人损害三倍赔偿"的诉讼，包括受害者的受损额、全部诉讼费、律师费在内的三倍。它有力地制止了不正当竞争与垄断行为。其后的国外竞争法也都采用倍数或百分数法。匈牙利就属后者。然而，我国在经济迅猛发展之时，1993年9月2日通过的《反不正当竞争法》不移植先进法制，却独青睐于《撒利克法典》的具体数额规定之法，可谓是法律移植中选择不当之经典。第二，理论滞后。对于理论移植问题，当代中国重蹈近代之覆辙，忽视其重要性致使流弊丛生。以刑法为例，刑法制定不足20年即加以修改，醒目之处在于增加刑法三原则。众所周知，这三原则在西方近代刑法典中均列于法典之首。再如，刑事诉讼法同样是在制定不足 20 年时进行修改，植入了无罪推定原则。我国在此前受前苏联法学理论影响，贬斥无罪推定为资产阶级的产物，予以断然否定，结果"文革"十年浩劫，冤案惨剧连绵不绝。这都是拜法学理论移植滞后之所赐。另外，法律修改也较频繁，有损法律权威。从中我们不难看出法律移植之时理论移植之薄弱和滞后。第三，思想教条。一方面，我国新刑事诉讼法对庭审制度进行重大改革，移植了基本上是英美法律文化传统的独特产物的辩论制诉讼方式，将我国目前的纠问式诉讼改为对抗制诉讼。另一方面，现行合同法曾一度得不到立法决策机关的批准交付审议。其原因只是起草人在起草法律条文时，提出条文之所以如此规定的"立法理由"和"立法根据"，并同时广泛征引许多国家有关法律对此条文所涉及内容的详细规定，因此被立法决策部门判定为"太洋气"，缺乏明显"中国特色"而被搁置。事实上，庭审制度改革已超越技术层面，涉及社会政治意识形态、文化传统、价值观念，具有一定的复杂度。而合同法反映商品经济的共同属性，因而特殊性少、普遍性多、技术色彩浓。立法决策机关无视二者此点差别，仅从主观出发，以法律是否具有及多少数量属于外国产品来判定优劣，从而决定是否移植。同时，又以轻率之举将"中国特色"教条化。殊不知，"中国特色"这一命题极富内涵与生命活力，且"中国特色"非永恒现象，它必定会向更高阶段迈进。[①] 另外还有一种思想阻挠中国的法律移植，那就是"宜粗不宜细"。在此思想影响下，法律移植缺乏细致化、科学化，造成制定后的法律法规难以执行。例如 1997 年的《中华人民共和国反倾销和反补贴条例》只规定原则性框架，无具体实施细则。不仅难以执行，且无以应对各国对我国频繁的反倾销、反补贴诉讼案。第四，观念不畅。我国在立法决策层克服了近代中国的观念错误，总体上充分肯定了法律移植，能够以兼收并蓄的心态对待异质法，然而学界存在的全盘西

---

① 郝铁川：《法治随想录》，中国法制出版社 2002 年版，第 145 页。

化与故步自封的观念仍然影响着法律移植的健康发展。

（三）法律移植在法律执行中存在的偏失

法律的生命在于它的实施，故法律移植其价值在于植体在受体环境中真正发挥应有的作用。而在此方面，我国并未辅之以配套的实施环境。拿1986年制定的《破产法》来说，从法理上讲，它并不存在严重的问题，但放到我国的经济体制之中去，就出现了相当大的矛盾，以致步履维艰。《破产法》第41条规定构成犯罪的依法追究刑事责任，第35条列举出5种行为，然而刑法却无相应的罪名、刑种、法定刑与之相呼应，致使难以执行，实践中也无一例破产犯罪案件。① 这是制度层面上实施环境在作怪。新破产法设置了较以前立法更为完善的撤销权与无效行为制度。第31条规定，人民法院受理破产申请前一年内，债务人具有无偿转让财产、以明显不合理的价格进行交易、对没有财产担保的债务提供财产担保、对未到期的债务提前清偿的、放弃债权等行为的，管理人有权请求人民法院予以撤销。另外，第33条还规定，为逃避债务而隐匿、转移财产、虚构债务或者承认不真实的债务等涉及债务人财产的行为无效。这就在一定程度上对实践中出现的"虚假破产"、"恶意破产"等行为进行了规制，从而更好地保护了债权人利益，维护了市场经济秩序，也为整个社会商业信用体制的建立和完善提供了重要的制度保证。

另从执法角度讲，植入的法律没有公职人员执行就等于开了药方而没有人配药一样；即便有人配药，配得好与坏直接关涉药的疗效。比如，由法国学者为埃塞俄比亚起草的法典在获得采纳之后对埃塞俄比亚的社会生活影响甚微，就是因为没有受到多少教育的埃国法官没有能力理解这些法典。从某种意义上讲，我国并非没有法

---

① 韩长印："我国破产法若干问题研究"，载《法律科学》1996年第2期。

制，而是缺乏高素质的贯彻实施这些法制的从业人员。他们对移植法律的态度、看法、理解与运用，直接影响了移植法律的实际效果。比如，尽管我国法律已经确定了罪刑法定、无罪推定的原则，但是在司法实践中有些司法人员还是固守有罪推定，穿新鞋走老路，消极应付，积极抵触，使得刑事案件久拖不决，违法取证屡见不鲜，影响了司法公正。

综上，我国当代法律移植的过程中还存在种种不尽如人意的地方，这些不足严重地影响着我国法制现代化的顺利进行。针对以上偏失以及为了使移植来的法律能够发挥切实效应，我们应当理性地遵循一定的移植原则，理性地选择适宜的移植内容。

五、我国法律移植中应注意的问题

（一）确定法律移植的原则

第一，法律移植要与维护国家主权相统一原则。国家主权是独立自主地处理本国国内外事务，管理自己国家的权力。法律移植与国家主权相辅相成，密切相连。在经济全球化时代，当一个国家参加国际或地区性的公约和条约时，自然要接受其法律规则，而这本身就是一种移植，在这个过程中受体国的主权自是不可避免地受到挑战甚或是受到部分损害。例如我国参加了《联合国国际货物销售合同公约》，在规范货物销售行为等方面，我国必须接受公约的约束，这也就是移植了以欧洲发达国家的销售法律规范为主的条款，从而对我国的立法权与司法权构成了一定程度的限制。再如中国加入WTO，于经济、政治、法律行为等方方面面受其限制，这似乎更是构成了对国家主权的严重挑战。在这种情况下，主权弱化论、主权让渡论开始兴风作怪。笔者认为我国在任何情况下进行法律移植都必须坚决维护国家主权。首先，在全球化中进行法律移植，国家的作用并未淡化而是更加突出。例如2000年英国财政大臣布朗于欧盟财政部长会议后曾说："英国税法否决权是事关国家主权的大事。"① 其次，弱化主权，只能是拉大发达国家与发展中国家的贫富差距，使主权成为修辞学概念，使我国降低或丧失在WTO中对人权、知识产权等保护领域的谈判分量。1999 年阿尔及利亚总统布特弗利卡更是一语中的："我们对如何危及我们主权的行为极为敏感，因为主权是我们对一个不平等的世界的制度的最后防线。"②最后，主权的概念是历史的，也是发展的，它随着社会的发展而不断丰富发展。国家主权不只是权利，也包括应承担的义务。一国承担国际条约的义务，并不是主权的让渡或转移，而是基于权利义务对等原则，这不仅不会损害国家主权，而且是国家主权得以维护的必要条件之一。我国加入WTO，同意WTO组织及有关成员方监管某些法律及其运作状况，其本身就是行使主权的行为，况且这一行为还局限在一定领域，它并未动摇共产党领导体制和公有制财产基础这一主权基础。因此，我国的法律移植不存在主权让渡、主权弱化。总之，法律移植必须维护国家主权，只有如此，才能做到有效的法律移植，促进国家间合作，增强我国国力，进而更好地维护本国利益。

第二，法律移植要与中国客观实际相符合原则。遵循法律移植与中国的客观实际相符合原则，就是法律移植要实事求是，从我国的国情出发，从现实的需要出发，综合论证法律移植的必要性和可行性。只有坚持实事求是的立场，才能探究出法律移植这一事物的规律性，才能防止主观的冲动或单纯追求法的现代化，避免出现橘生淮南则为橘、生于淮北则为枳的后果。

从我国的法制现状看，许多法律尚需完善，我国的民法、刑

---

① 王献枢、王宏伟："经济全球化时代的国家主权"，载《法商研究》2002 年第 1 期。

② 徐崇温："经济全球化趋势下的国家主权问题"，载《求是》2000 年第 21 期。

法、经济法等诸多法律在适用过程中所显现出的问题就是明证。为加速实现法的现代化进程，法律移植不仅是不可避免的，而且也将会全方位进行。至今，诸如我国刑法增加的三原则、刑事诉讼法的无罪推定原则、合同法的情势变更原则、物权法的物权法定原则等，都是从近代西方先进法律中移植过来，并已纳入我国法律体系之中，成为各个部门法中的基本法律制度，且直接促成了我国法制的良性发展。这种法律移植的成功足以说明我国已形成了法律移植的观念，接受法律移植的心理、法律移植载体也趋于成熟，而这与我国对外开放、与国际接轨的程度密切相关。然而，法律移植是相当复杂的，我们应从国情的实际出发，充分考虑到我国社会发展、法律内在供应不足的现状等因素，不能舍其"本"而言法律移植。这是法律移植能否成功的前提。

从我国的实际需求出发，建立和完善社会主义市场经济法律体系，实现法的现代化，不仅刺激了法律移植内在需求的产生，而且这种内在需求呈现出扩张性。我们在把握法律移植时机的同时，应对法律移植的需求做多方面的充分的论证，这样做，一方面可以避免法律移植的盲目性，做到有的放矢，防止出现移植目前尚无需求的法律，造成人力、物力资源浪费，而且有可能产生影响我国法律体系整体性的不良后果；另一方面又可以避免急于求成、片面追求法的现代化。我们应当承认，移植比我国先进的法律确实是加速法的现代化的一个捷径，然而，不考虑我国社会的实际状况，忽视法律移植本土化的活动规律性，必然出现事与愿违的结局，正所谓欲速则不达。例如，1928 年日本在刑事审判中移植美国的陪审制度，由于不符合当时日本的国情，于 1934 年被废止。这种由于移植不慎导致法律移植后又被废置不用的事例实在不少。所以，只有从我国的实际需求出发，才能使法律移植更具理性化和科学化，而法律移植需求的合理性和可行性是保证法律移植成功的关键。

第三，法律移植要实现植体功能最大化原则。法律有部门之分，部门法并非孤立存在的，它们形成一种体系，构成较大的法律系统。不同法系的法律植入这一系统，虽不如器官移植那般反应强烈，但也会形成两种效应：正向效应和负向效应。正向效应是彼此间有效协调，共同促进受体这个系统的发展。而负向效应即类似于排异反应，不能促进受体系统发展或阻碍其发展。法律移植对于我国当代法制建设是必然选择的道路，在这个系统的结构中，我们同样不想看到植体法律的萎缩、死亡，我们同样追求植体功能最大化，使排斥效应最小化。不要人为地在法律体系这个系统中设置藩篱，使彼此牵制。相反我们应理顺各个小系统，使法律规范协调统一，使正向效应最大化，负向效应最小化，实现植体功能最大化。当然植体功能最大化没有精确的数量刻度，而只能根据法律系统本身是否和谐、统一、良性运作。

所以，我们必须加大各部门法之间的协调力度，构建和谐的法律系统，保障法律移植功能实现的最大化。

第四，法律移植要把握适时、适量、适度的原则。遵循适时原则，准确把握法律移植的时机，这是对法律移植主体敏感性的要求。每当社会的政治、经济和文化发展到一定时期，都会有某种迹象表明移植法律的可能。此时，及时认识并把握进行法律移植的时机是非常难能可贵的。就我国目前而言，改革开放卓有成效，社会主义市场经济体系和法律体系正在逐步完善之中，面向世界，法律移植将全方位展开，其中就有许多进行法律移植的良好时机需要把握，不应错失历史良机。选择什么时间移植法律与法律移植能否产生预期效果之间有很大的关系，太超前或滞后都会带来不良的后果。1986年我国制定的破产法就被看做是过早植入法律的例子。所以，坚持适时原则是法律移植不容忽视的问题，要善于认识并把握重要时机。

遵循适量原则，要求法律移植的数量应与我国的实际需求相符。通常，法律移植主体都是从本国的实际需要出发，在经过慎重和细致的研究、论证之后，作出究竟应移植多少法律的决定。然而，法律移植数量的确定并非一件易事，移植太少了不能收到预期的效果，无法满足完善社会主义市场经济法律体系和法制现代化的需要；过量了不仅是立法资源的浪费，还可能会带来负面影响而压抑我国法律发挥作用的空间，削弱我国法律自我发展的能力，破坏我国法律体系的完整性。当然，还要认识到，一国对法律移植的需求是随着社会政治、经济、文化发展水平的变化而变化的，并非一个常量。因此，及时调整法律移植的量十分必要，也只有这样，才能使法律移植适可而止，量需为入地健康进展。

遵循适度原则，要求对法律移植的作用有正确的认识，既不能一概否认，又不能过分夸大。适度原则要求，法律移植主要依靠自己的力量，审时度势，立足国情，秉持"世事变而行法度"、"中体西用"循序渐进的原则来创制符合我国国情的现代法制体系。

（二）法律移植内容的选择

1. 法律价值观念层面应重视的移植内容。法律的价值是法律的灵魂之所在。在选择法律移植的内容时，我们首先应重视移植法律至上的观念。法律至上是指在整个社会调控系统中，法律与其他社会规范比较具有至高无上神圣不可侵犯的权威与效力。它显示的是法是否具有最高权威的问题，它要求全社会所形成的主流法治信念为只承认法律一种权威。如果公众心目中认同的最高权威不是法律，那么这个社会就不是法治社会。WTO 的市场规则要求实行法治，和谐社会的构建更需要实行法治，而法治的实现决定了必须树立法律的权威，其关键之一是实现法律观念的现代化，而法律至上作为法律观念的核心内容，应是我国法制现代化的观念基础。我国之所以要树立法律至上观，因为：第一，我国是人民当家做主的国家，法律的至上权威，就是人民的至上权威。第二，社会主义市场经济强调法律的权威性，推崇法律至上。第三，历史经验表明，只有维护法律至上，社会才能有序，国家才能发展。第四，从法理讲，依法治国就是法律的统治，不可能存在不受法律统治乃至统治法律的东西。但现今，我国法律至上观仍未真正树立起来，诸如权可压法、官可枉法的有违法律至上的现象依然存在。而在西方，法律至上源远流长。早在古希腊城邦时期，思想家亚里士多德就说："法律应该在任何方面得到尊重而保持无上的权威。"①　时至今日，法律在西方确已成为社会普遍的信仰，成为人们解决纠纷的首选途径，成为人们行为的最高准则。

直面差距，第一，要在全社会形成法律至上观。首先，学习西方树立全民法律信仰。进行宣传教育，突破只重条款学习和守法教育的固习，增强法律经验感知，增强实践教育。其次，重新进行制度设计。其一，以法律至上观构造制度体系，正如邓小平同志所言："这要从制度方面解决问题……要认真建立……社会主义法制，只有这样，才能解决问题。"②其二，科学设计具体制度并加以规范化运作，强化法律至上观。"制度的科学设计及其良性运作对于培育法律至上观至关重要。因为它是确保政府守法，保证法律效力高于其他社会系统，落实法律是解决社会冲突首要渠道的关键。"③

第二，应重视移植人权保障的观念。充分享有人权是人类长期以来共同追求的伟大理想和崇高目标，实现充分人权是社会主义法治的重要目标，也是中国法治建设的价值所在。我国立法，特别是在宪法中，确立和保障了公民的各种基本权利，明确了国家尊重和保障人权的原则。近年来还相继颁布了一系列法律，对人权实行保护，如《妇女权益保障法》、《未成年人保护法》、《残疾人保护法》等。尽管我国为促进和保障人权作出了巨大的努力，但是我国是一个人口众多的发展中国家，受自然、历史和发展水平等多方

———————————

① ［古希腊］亚里士多德：《政治学》，吴寿彭译，商务印书馆1997年版，第192页。

② 《邓小平文选》（第2卷），人民出版社1994年版，第348页。

③ ［德］马克思：《资本论》（第1卷），人民出版社1979年版，第103页。

面的制约，我国的人权状况还存在一些不尽如人意的地方，这就要求我国政府继续采取积极有效的措施，吸收国外的先进经验，不断改善人权状况，切实提高我国人民享受人权的水平。但是我国在人权观的认识上与西方有着一定的分歧。西方大多数学者都从自然法和自然权利出发，强调人权的普遍性是永恒的、超阶级的、超国家的，但是人权的普遍性是人权的内在要求，承认人权的普遍性已成为人类的共识。我国可以在不违背国家主权的原则下，吸收西方国家关于人权保护的先进理念、方法，纳入我国的法律体系，确立我国的人权保障观。首先，完善立法。制定完备的确认和保障人权的法律，完善与人权保障密切相关的法律。人权法规不仅需要完备，且制定与实施之时，必须处理好权利保障与权利限制的合理界限。其次，落实保障设施。赋予一定的权利就应给予一定的物质保障设施。再次，加强司法保障。司法保障是维护人权的最后一道防线，要切实把保障人权作为司法工作的一项基本原则和根本的指导思想，充分发挥司法解释与司法判例的作用，扩大司法保护的范围。

第三，应重视移植主体平等的观念。平等是人与人对等的社会关系。法律所追求的平等涉及人身、政治、经济、文化等各个方面，内容相当广泛而深刻。平等是人类政治追求的最高价值之一，现代国家的法治建设更应以体现平等为目的。而且市场经济是平等主体之间的关系。"商品是天然的平等派。"①主体平等是市场经济存在和发展的基础，是 WTO 规则的要求，也是和谐社会实现的基础。主体平等要求不论所有制、隶属关系与财力大小均享有平等的地位与机会。而我国平等观念尚未深入人心，身份立法不绝。不同主体，行为相同，法律后果却不同。结果，差别待遇造成假集体企业纷纷出现，假合资企业频频而出，国内企业屡受冲击等。在这种情况下，就需要对西方发达的平等精神加以移植、深化。为此，我

---

① 夏锦文：《社会变迁与法律发展》，南京师范大学出版社 1997 年版，第 284 页。

国必须采取措施以使主体平等观扎根于经济，扎根于社会。首先，创立平等的法人制度。在国内领域，要使自然人、法人地位平等，国有企业与非公有制企业地位平等，平等地享有谋取财富、创造财富和支配财富的权利。在涉外领域，我国加入 WTO，确立了国民待遇原则，就应确保一律平等，不致使国内企业缺乏外资独有优惠而处竞争劣势。再者，国家成为平等主体时，规定并真正实现国家与其他主体的平等，尽管这并非易事。其次，创建自由平等的市场规范，确保公平、正当的竞争，制止、制裁不正当竞争，包括使用刑罚手段，以杜绝国有企业、权力部门垄断和操纵市场行为、地方保护主义行为。同时，制定抑制消极后果的立法，防止社会不平等过分扩大。如完善破产法、税法、失业保障法等。

第四，应重视移植博爱的观念。在全球普适性的法治价值观念中，除强调自由、平等、民主外，也强调博爱。这就要求在法治社会建设中提倡博爱。"博爱观念强调人与人之间的互助友爱，对人类社会发展的价值和意义，它针对的是偏爱观念。"[1] 在今天，这一观念的内涵还需要进一步推而广之：从人和人之间的关系，进入任何对象之间的关系，通过物我之间的协调，通过人类与自然界之间的协调，解决任何事物之间越来越紧张的关系。在我国传统文化中也强调"推己及人"，强调"老吾老，以及人之老；幼吾幼，以及人之幼"的博爱观念。但是，20 世纪以来，国人心中最淡漠的是博爱观念。原因主要有：一是与近代以来中国面临的残酷的社会现实紧密相关；二是 20 世纪中叶以来，过分强调阶级斗争，使得所有有关博爱的观念和主张显得很不合时宜，只有"阶级友爱"；三是改革开放以来，对利益的过分关注而忽视了互助、合作、友爱的法律规范，导致相当一部分人唯利是图，对他人漠不关心。近年来我国提出了"以人为本"的理念，反映了仁爱、仁道的博爱要求，而且已经反映在我国的法律中，成为人们法律实践的行为选择。在和谐社会的建

---

[1]　谢晖：《法制讲演录》，广西师范大学出版社 2005 年版，第 129 页。

设中更是要将博爱作为一种崇高的价值，努力追求。

2. 法律表达层面应重视的移植内容。法律的表现形式是成文化的各种法律规范。在此我们应注意如下的移植内容：其一，应重视移植的是规范市场经济方面的法律。从规范市场主体的法律方面来说，主要是要依法保障市场主体的权利和明确其义务，确保他们能够自主经营，自负盈亏，自我发展，自我约束。WTO 对贸易关系的直接调整必然使成员国的企业制度对此产生灵敏感应，并随之变化。我国已制定了公司法、企业法、破产法、个人独资企业法等。在加入 WTO 背景下，我国应对市场主体的企业制度进行全面改革与完善，移植成熟市场经济国家从独资企业法—合作企业法—公司法的企业法律形态，也走上单一化道路。当前我国应从四方面着手。首先，加快国有企业的现代企业制度改革。即加快国有企业公司制改造，将其大部分纳入公司法调整体系，通过法人之间相互持股、债转股、减持部分国有股股权、经营者持股，实现投资主体多元化；完善国有公司和国家控股公司治理结构，加强监督机制，借鉴国外公司法经验，建立外部董事和外部监事制度。其次，制定并完善国有资产管理相关法律规范。再次，完善外商投资企业立法体系，开放服务业外资准入领域，修改服务业外资准入法，逐步统一内外资企业待遇，实现国民待遇。最后，加快中小企业立法，借鉴美、英、德等国法律规定，科学进行中小企业法律界定，完善管理机构，完善企业促进措施，包括金融支持、税收优惠措施、创新支持措施、中小企业社会化服务体系。从规范市场秩序行为的法律方面来说，各种交易行为都必须遵循自愿、公平、等价、有偿和诚实信用的原则。市场主体在交易活动中必须依法行使权利、履行义务、承担责任。这就要求通过必要的移植完善我国的合同法、证券法、票据法、房地产交易法、保险法、海商法、专利法、商标法、著作权法等，真正能做到有法可依。从维护市场秩序的法律方面来说，要保证市场有效配置资源，必须有良好的秩序，使市场主体有平等竞争的权利和机会，并保证竞争的公正、公平、公开，制止不正当竞争、限制竞争、垄断等行为的发生。规范市场主体活动，应当保障各自利益，创造平等竞争环境。在我国已制定反不正当竞争法、广告法等法律的基础上，面对加入 WTO 后的形势，我国应进一步加以扩充、完善。

其二，应重视移植的是保证可持续发展方面的法律。可持续发展战略是国家具有持久发展前景的保证。目前，加入 WTO 为我国提供了广阔的发展空间，但环境问题日益成为我国经济发展的"瓶颈"。和谐社会的实现很重要的一个方面就是要实现人与自然的和谐，并且我国正式确立了节约型社会建设的重大战略。而这一切的实现必须依靠法制的健全，必须健全促进能源资源有效利用的法律法规，严格执行节能降耗的管理制度。目前《清洁生产促进法》、《环境影响评价法》、《可再生能源法》等已颁布实施，相关实施细则也在加紧制定中。经过 20 多年的努力，我国已初步建立了一整套环境法律体系。过去的十多年中，我国在污染控制方面取得了相当大的成效。但也存在着一些问题，随着形势的发展，这些问题越来越明显，许多方面与社会主义市场经济不适应。环境法规与其他法规，特别是与经济法规衔接不够，现行环境法规和制度有些方面不配套、不协调，有的规范不封闭，只提出了要求，没有规定违反法律的责任，特别是对违反法律规定的行政干预缺乏约束力，有必要完善现行法律，使其具有可操作性和实用性。我国环境保护法律法规要体现预防为主、全过程控制的思想。在今后的法律规定中，应进一步把可持续发展作为指导思想，把环境评价制度向区域开发、重大经济社会政策等宏观领域扩展，并对消费领域的污染防治、清洁等内容作出明确的法律规定。

其三，应重视移植的是社会保障方面的法律。加入世贸组织对我国劳动关系和劳动法产生重大影响，势必要求完善劳动法制。而且，和谐社会所要体现的人与社会的和谐，也势必要求完善社会保障制度。"现代社会保障是指国家通过制定各种措施，使公民在年老、患病、失业、遭遇灾害或丧失劳动能力的情况下，能够获得一定的物质帮助，以保障公民的基本生活需要。"① 我国社会保障制度是 20 世纪 50 年代在计划经济基础上建立起来的，其主要特点是低工资、高就业、高福利，社会保障资金主要由国家和企业负担。20 世纪 80 年代中期，我国开始探索社会保障制度改革，经过 20 多年的改革与发展，基本上建立了比较完善的社会保障体系，并在 2004 年十届全国人大二次会议修改宪法过程中，增加了建立健全社会保障制度的规定，但社会保障体系还不够健全，不够完善。因此，在完善社会保障体系时，可以借鉴美国、德国、新加坡等国发达的社会保障体系模式，完善我国包括失业保险、医疗保险、养老保险等在内的社会保障法律制度，建立与我国经济社会发展水平相适应的社会保障制度，保护社会困难和弱势群体，维护社会稳定，减轻国有企业负担，为国有企业参与国际市场竞争提供公平环境，增强其活力和竞争力，适应加入 WTO 后的市场规则，为构建和谐社会作出贡献。

3. 法律实践层面应重视的移植内容。法律的生命在于法律的实施。在选择法律实践层面移植的内容时，我们首先应重视移植权力制约和监督原则。党的十六大提出要加强对权力的制约和监督。只有实行严格的法律监督，才能真正树立宪法和法律的权威，严格维护法制的统一和尊严，切实保证公民合法权利的享用和法定义务的履行，促进国家的廉政建设。所谓权力制约就是依宪法和法律对国家权力（如立法权、行政权、司法权）进行监控和约束，使之在法定的轨道上正常运行。首先，权力制约是国家长治久安的需要。其次，权力制约是依法治国的现实需要。孟德斯鸠说："一切有权力的人，都容易滥用权力，这是万古不易的一条经验。有权力的人们使用权力一直到遇有界限的地方才休止。"② 再次，权力制

---

① 朱力宇：《依法治国论》，中国人民大学出版社 2006 年版，第 48 页。
② ［法］孟德斯鸠：《论法的精神》，张雁深译，商务印书馆 1997 年版，第 154 页。

约是市场经济发展规律的客观要求。自我国党的十三大、十五大提出实行并完善权力制约以来，我国在此方面已有迅速发展，但是还存在一些弊端。表现在：第一，上级对下级监督力度较大，下级对上级很难发挥监督作用。第二，宪法规定的权力机关对其他国家机关的监督制约尚未形成强有力的监督制约机制。第三，我国监督机构重叠，缺乏应有地位与独立权能。为此我国亟须采取有效措施完善国家权力制约。第一，确保权力来源合法性，即确保权力来源于人民。在此应完善选举制度，借鉴美国竞选制，有条件地实行自由公开选举；完善《人民代表法》，具体规定监督制度，加强代表和人民的联系。第二，确立分权制约机制。西方国家的三权分立，我们可借其机理，而不必刻意模仿某种分权模式，落实"党政职能分开"和"党必须在宪法和法律范围内活动"的原则；完善《各级人大常委会监督法》，落实全国各级人大及其常委会在国家权力制约中的最高监督地位。第三，完善行政监督的立法。由于法律规定过于原则、笼统，现实中行政监督的依据仍大量是政策和文件，监督缺乏正规化、制度化。对于行政权的约束首先要加强法律的监控，包括要加强行政监督实体方面的立法，通过法律明确监督者与被监督者的权利和义务，控制行政行为的违法和行政权力的滥用；要加强行政监督程序方面的立法，通过规定行政机关严格依法办事的程序，使行政行为自始至终都处于严格的程序约束之下，同时使监督主体在行使监督职权时也避免违法行为的出现，真正达到行政执法和行政监督的和谐统一，配套运作。第四，完善群众监督。加强群众检举的保护措施；制定《新闻法》，加强新闻监督。

　　其次，应重视移植司法独立原则。司法独立作为西方国家在反对封建专制进程中确立起来的一项宪法性制度，在一定程度上反映了司法运行的内在逻辑要求，"含有完善法律调整的合理技术成分"。①它是现代法治的特征之一，指司法权独立、司法活动独立，

---

①　黄建武：《法理学》，广东高等教育出版社 1998 年版，第 247 页。

并且用一系列具体法律制度保障司法独立。在我国，确立司法独立原则有其客观必然性。为定分止争，实现回避，司法独立体现司法的内在本质要求，是司法活动的一般规律；为维护市场竞争的公平规则与秩序，司法独立是市场经济的客观要求；为惩治腐败，还原法律正义，司法独立是反腐的强烈渴盼。然而，在我国，司法独立，尚有不尽如人意之处。比如，司法保障地方化、案件审理行政化等。相较而言，西方国家司法独立源远流长。它渊源于古希腊、古罗马法学家及洛克、孟德斯鸠的三权分立思想，后来资产阶级国家将之确立。它们的体制与方法为我国实现改革，保障司法独立提供了借鉴。第一，改革司法体制。实行司法机关的纵向垂直领导：将司法机关按自然地域设置，将司法机关人财物列入国家财政预算单列开支。第二，保障法官独立，改善法官的物质待遇。我国可采用类似美、英、德、日的方法，① 设置严格的司法考试，改进和完善我国当前的司法考试制度，提高任职资格。第三，强化司法监督。"对于司法权没有明确划分的界限，似乎这权力像无边的大海一样。"②为此，必须进行有力监督。可以移植意大利、美国的做法，设置专门机构检查司法官失范行为。另外，完善司法监督机制，强化人大的司法监督，辅之以政协、公民等的监督。

再次，应重视移植司法审查原则。司法审查是指司法机关对立法机关的法律的合宪性、对行政机关及其官吏的行为的合法性和有效性进行质疑和审查。③ 它起源于美国联邦最高法院 1803 年"马伯里诉麦迪逊案"，④ 后成为资产阶级国家乃至现代法治国家所普遍采纳的一项重要法律制度。为保证政府管理的行之有效，为有效救济违法行政行为，我国于 1990 年正式确立司法审查制度。在我国，它是通过司法机关对其他国家机关行使国家权力的具体行政行

① 李德海："论司法独立"，载《法律科学》2000 年第 1 期。
② ［美］沃伦·E. 伯格："美国司法审查的起源"，载《法学译丛》1998 年第 1 期。
③ 郭成伟：《外国法系精神》，中国政法大学出版社 2001 年版，第 91 页。
④ ［美］艾伯特·P. 梅隆等："美国司法审查的起源与现状——篡权问题与民主问题"，载《法学译丛》1988 年第 6 期。

为进行审查，对行政违法活动通过司法审判予以纠正，并对由此给公民，法人权益造成的损害给予相应救济的法律制度。我国这项制度具有自己的鲜明特色。但是，我国毕竟已加入 WTO，而建立相应的司法审查制度是 WTO 协议的一个重要要求。为此，我们应进一步加强对行政行为的司法审查制度的建设。目前，在完善司法审查原则方面应从以下几个方面入手：第一，强化司法审查机关的独立性。这要求改革行政诉讼案件的管辖制度，减少司法审查的阻力；深化司法体制改革，创造法院和法官真正独立的条件；理顺法院与其他监督主体的关系，建立符合司法审判规律的、既能防止司法权的滥用又不伤害审判独立的监督机制，理顺法院内部关系等。第二，扩大司法审查范围。取消不适当的行政终局裁决制度，逐步建立并完善对抽象行政行为审查的程序和规定。第三，充实司法审查的依据。WTO 要求司法审查不仅要依据一定的规范，而且该规范必须具有合法有效性，还要符合 WTO 的宗旨和绝大部分成员的认同的正当性。为此要通过国内立法，稳妥地解决协议和规则在国内的实施问题；必须建立公正、合理、高效、统一的行政程序；加大行政法规、规章的透明度，并完善相应的监督机制；在不与WTO 规则相抵触的情况下，尽快完善国内的贸易保护措施。第四，确保司法审查程序的公正、客观、高效。最高人民法院应当尽快出台司法审查的庭审程序规则，以规范司法审查的过程，要增加司法审查裁判的透明度，改革完善现有的裁判文书的格式；要注重司法审查的效率，确保审判流程不被非法干预所中断，改革法院内部的请示审批制度，由法院独立审判过渡到法官独立审判，创造条件逐步实现全部或大部分案件当庭审判。

总之，我们研究和探讨法律移植的理论和实践，是我国迅速赶上发达国家，建成社会主义法治体系的一条重要途径。虽然，移植之路异常艰难，存在问题依旧较多，但只要本着不断探索，不断完善的精神，我国现代化法制建设必将走上健康发展之路。

第五章 发挥法律经济学对法治建设的促进作用

一、法律经济学之概述

（一）法律经济学的含义

法律经济学（Economics of Law），亦称"法律的经济分析"（Economic Analysis of Law），是 20 世纪 50—60 年代发展起来的一门经济学与法学交叉的边缘学科，也是当代西方经济学和当代法学中的一个非常重要的学术流派。也有人因学科立场和研究视角的不同，把这一流派称做"经济分析法学"。

20 世纪 60 年代以前，经济学家对法律问题的兴趣仅仅局限在几个狭窄的领域，如：公司法、税法、竞争法等，被称为旧法律经济学。科斯在他的经典性论文中将权利分析和交易用概念引入经济学关于资源配置效率分析框架之中，开创了法律经济学研究之先河。他认为："在主流经济学中，企业和法律多半被假定存在，而本身并不是研究的主体。于是，人们几乎忽视了在决定由企业和市场进行的各种活动时，法律起着重要的作用。"① 在《企业的性质》一文中，他思考了企业为什么存在的问题，将交易成本引入企业组织分析中，实际上已经蕴涵了法律经济学的一些基本命题：（1）经济制度的选择就是法律制度的选择；（2）交易成本理论的实质就是效益最大化。② 而在《社会成本问题》一文中，他通过对英美法中一系列判例的经济学分析，揭示了法律判例中蕴涵的经济学意蕴，这篇文章中的基本思想和案例分析方法，为后世的法学家引入经济学分析和经济学家研究"真实世界"里的经济现象，提供了示范性文本。

20 世纪 70 年代，波斯纳宣称他发现了法律正义的第二种含义——效率。波斯纳认为法律经济学是"将经济学的理论和经验主义方法全面运用于法律制度分析"的学科。③ 自此，经济学的概念和理性选择的分析方法得以大规模的在法学领域繁殖开来。随着经济学研究方法的更新，交易费用分析、比较制度分析、公共选择、博弈分析等新的分析方法和工具被应用到法律经济学中。

抛却在有关形式上的不同，我们借用波斯纳的观点，可以给法律经济学下一个定义："法律经济学是用经济学的方法和理论，而且主要是公共选择理论及其他有关实证和规范方法考察、研究法律和法律制度的形成、结构、过程、效果、效率及未来发展的学科，

---

① ［美］罗纳德·哈里·科斯：《企业、市场和法律》，芝加哥出版社1988 年版。转引自钱弘道："法律经济学的理论基础"，载《法学研究》2002年第 4 期。

② 张乃根：《经济学分析法学》，上海三联书店 1995 年版。

③ ［美］理查德·A．波斯纳：《法律的经济分析》，中国大百科全书出版社 1997 年版，序言。

它是法学和经济学科际整合的边缘学科。"①

关于对法律经济学的理解，我们还必须区分法律经济学和经济法学的不同。其区别主要在于：第一，研究范畴的不同。经济法是关于经济领域的法律规制问题，而法律经济学则用经济学的方法研究法律制度，这其中包括就法律经济学下的市场行为，也包括法律经济学下的公法研究。第二，注重的价值不同。法律经济学注重的是效率，而经济法注重的是公平。第三，具体的含义不同。作为法理学分支的法律经济学和对具体法律的经济分析也不是一个概念。如上文所述，法律经济学是指用经济学的方法进行对法律的研究而形成的学科，而经济法学是指有关国家对经济调节而制定的部门法，其调整对象是一切需要由国家介入干预的特殊的经济关系。

（二）法律经济学的渊源

有学者言：作为 20 世纪后半个世纪法学最重要发展的法律经济学，渊源于制度经济学。法律制度能够引起经济学研究高度重视的关键就在于人类经济发展的历史充分证明，对经济增长起决定作用的是制度性因素而非技术性因素。②

对法律经济学来说，制度是一个关键概念。制度是人为设定的决定人们相互关系的制约性规则，人类从最原始的社会状态演变到最发达的状态都对自己施加了一些制约，以便给出一个与他人发生关系的结构，人们正是根据这些规则来明确可以做什么，不可以做什么，从而形成采取怎样的行动更为合算的合理预期。

制度涉及社会政治、法律及经济行为，它详细规定具体环境中的行为，一般为社会群体的成员所接受。它要么自我实现，要么由

① ［美］理查德·A．波斯纳：《法律的经济分析》，中国大百科全书出版社 1997 年版，译者序言。

② 钱弘道："法律经济学的理论基础"，载《法学研究》2002 年第 4期。

外部权威来实施，一方面，制度是多个遵循同一规则的交易的集合；另一方面，制度是经过交易多次重复形成的。按照博弈论的说法，制度是所有参与人的均衡解。

新制度经济学家对制度的定义有不同的解释，其关于制度概念的含义也非常广泛，既包括规则和秩序，也包括组织本身，既有政治、经济、文化、技术等方面的制度，还把道德意识形态等也纳入了制度范畴。但是在新制度经济学家的观点中，对制度有以下最基本的认识：1. 制度是对人和组织行为的规范，它是人和组织为适应环境、合理配置资源、实现目标最大化的必要手段。2. 制度是组织构造的结构模式，有些学者甚至把制度等同于社会组织。3. 制度是人类主体内在的文化结构模式，人类的文化习俗和传统习惯是最早的制度形式。

但是，包括法律在内的制度长期被排除在经济分析之外，且被视为已知的既定的外生变量，即制度经济学以前的市场经济理论主要是通过各种非制度的物质生产要素变化，说明生产率的变化和经济增长与否。正确的结论应该是，将制度因素作为经济发展的内生变量，即制度是土地、劳动和资本这些生产要素得以发挥功能的一个决定性因素，从而制度对经济行为影响的有关分析应该处于经济学研究的核心地位。

对法律制度的经济分析不是对生产力要素的分析，而是对生产关系以及人们在生产活动中所形成的各种利益关系的分析。这种经济分析的方法，与马克思通过对资本主义生产关系的经济分析揭示资本主义经济制度本质的方法，有许多相同或类似之处。西方制度经济学家对制度经济分析的理论框架似乎几乎脱胎于马克思的历史唯物主义理论渊源。但新制度经济学对法律的经济分析与马克思对制度的经济分析不同，尽管它从马克思主义理论中吸收了许多营养。这种不同主要表现在，马克思的经济分析建立在劳动价值论上，而制度经济学的经济分析建立在市场经济学（主要是微观经济学）的生产要素论基础之上；马克思的经济分析强调了不同阶级利益矛盾以及对资本主义政治经济及法律制度的革命道路，而制度经济学的经济分析则以人类选择制度的理性这一基本假设为出发点，强调了对有缺陷的制度进行改革的渐进性；马克思的理论同制度经济学派都把制度作为经济过程的内生变量，都研究物与物背后的人与人的关系，都是一种总体分析方法，具有共同性，但是马克思的经济学没有研究像交易成本等影响制度变化的微观层次概念，忽视了人具体的经济行为的动力以及忽视了对单个制度变化的分析，可以从生产力理论归结为技术决定论。技术决定论，即技术进步是决定性的，制度的变化是滞后的结果。而制度经济学中的制度决定论，是指没有制度的变化就不可能产生技术的进步。制度经济学主张运用制度—结构分析方法，分析制度因素和结构因素在社会经济发展中的作用，着重从制度和结构方面分析资本主义社会的变化及其存在的问题，预测其发展的趋势，并提出政策建议。

以科斯为代表的新制度学派竭力表明：由于存在交易成本，制度将影响到资源配置效率，市场失败是存在的，但解决的关键在于制度安排，历史上经济增长的源泉来自有效率的制度安排，不是传统上认为的资本积累、技术进步等因素，资本积累和技术进步是经济增长的表现。制度在经济运行中具有内生性与稀缺性，经济增长的关键在于制度因素。交易成本对新制度经济学之所以重要，是由于新制度经济学家只有掌握了交易成本这个分析工具才能够第一次真正地用经济学方法来研究制度的运行与演变。西方经济学家认为，经济学是研究稀缺资源配置的，科斯的交易成本理论表明交易活动是稀缺的，因而也有代价，从而也就有如何配置资源的问题。所以，一定的制度和规则必须提高经济效率，否则就会被新制度所取代。这样，制度分析才被真正纳入经济学分析之中。正如诺斯所指出的，科斯架起了制度、交易成本与新古典理论间至关重要的联系。

（三） 法律经济学研究的方法论基础

法律经济学是以方法论个人主义为其理论分析起点的。所谓方法论个人主义是指一种立足于个人的视角研究学科问题的方法体系，它以个人为分析问题的基点，通过对个人行为、动机、目的、偏好等方面的分析，来展现社会发展的基本脉络。就个人主义方法论所排斥的对象而言，它不承认所谓群体结构能够用来解释社会理论的基本命题，也不承认在个人行为之外有所谓群体行为的存在。必须说明的是，方法论个人主义不同于个人主义，它是对分析对象的逻辑起点；而个人主义则是一种相对于集体主义的以尊重个人的自由和尊严为核心的哲学价值观。法律经济学的研究立场以个人作为学科分析的基点或基本研究单位，从而通过对单个人的行为的分析，展开对该学科的一般原理及规律性问题的探讨。

法律经济学的研究进路与传统法学有着很大区别。法学传统代表着一个与数量分析不同的发展方向。绝大多数法学家把实证研究想象成是对所受理的上诉案件的分析，目的是追求法律解释的一致性。在传统的法学理论中，法律研究主要是逻辑分析，研究的中心集中在公平、正义、权利、义务等抽象概念。法律的经济分析方法是经济学特别是微观经济学的方法论在法学领域的应用，立论的前提和价值判断标准是经济学的前提和标准，即效率或效用最大化。因此，经济学研究方法的特点决定了法律经济学研究的逻辑起点：

首先，经济学研究方法的特点在于，研究问题的本质，而不是该问题是否具有商业性或物质性。因此，凡是以多种用途为特征的资源稀缺情况下产生的资源分配与选择问题，均可以纳入经济学的范围，均可以用经济分析加以研究。经济分析法学的诞生正是这种经济分析方法侵入法学领域的结果。

其次，经济学研究方法的特点还在于，它的实证方法是传统法律方法所不能及的。法律的规范性经济分析对法律进行定性分析，解决"法律应当是什么"的问题。规范分析的一个重要前提是，一切存在的法律制度不是既定不变的，而是以该法律的预期价值为基础，指导相关的法律实践活动，使之朝着价值目标发展。法律的实证经济分析是以经济学常用的方法对法律进行定量分析。实证分析具有明显的技术性和具体性，它将具体的法律与经济问题数量化，使法律的经济分析更加精确，比规范分析具有更强的实用价值和操作性。实证经济学将经济学看成是一种经验科学。实证分析被用来进行定性预测并为这些预测搜集资料，成就了法律经济学的实证特点。

从上述对传统法学和法律经济学的对比分析中，我们可以看到，传统法律逻辑分析习惯于把法律规则想象成一种使社会达到正义和公平目标的手段，大多数法学家仅把法律的作用看成提供正义。传统法律逻辑分析在平等价值的指导下来实现社会和法律上的平等。自近代以来，平等价值成为社会正义和法律正义的核心和主要内容。但是，现代社会由于生产力和经济的发展，市场优势地位和垄断现象逐渐增多，这就威胁到了平等的基础——自由选择和自由竞争。垄断所导致的形式平等与实质平等的分离使法律的平等价值发生了分裂，产生了法律体系的价值紊乱。传统法律逻辑分析的局限性就日益暴露出来。因此，就需要有一种新的价值来弥补这一缺陷，这就是效率。效率逐渐成为法律价值的组成部分，成为法律分析和解释的目的或意图，而效率的解释依赖于经济分析。正是在这个基础上，法律的经济分析在法律分析中的作用不可低估。传统逻辑分析与经济分析两种方法不是简单对立的，两者在法律方法中是相辅相成、相互补充的。

二、法律经济学理论研究的发展

（一）法律经济学研究的理论困境

法律经济学有两个基本假设：一、理性经济人与最大化原则。

认为人们对自己在一种法律关系中享有的权利和应承担的义务
（即对其行为的成本与收益）是清楚的，并会从成本和收益两个方
面来考虑其行为的法律后果，进而作出合理的选择。二、用效率作
为衡量法律制度的首要标准。法律经济学强调通过做大蛋糕可以解
决蛋糕分配中的冲突，即只要能使财富最大化，从而增加每一个社
会成员的福利，就是在最高层次上和更大意义上实现了公平和
正义。

　　然而，在将经济学的两个基本假设全面运用在法学领域中时，
两个基本假设都出现了问题。首先，从人类行为动机的角度看，人
类行为动机是多元化的，追求效用最大化不可能成为人类行为的唯
一动机，理性经济人的假设不是总能成立的。实践中经常出现的公
益诉讼和"讨个说法"等带有较强的感情因素和价值观上朴素的
追求的行为，以及现实中广泛存在着的利他性行为均不符合理性经
济人的假设。在分析人们复杂的行为及作为人们行为规范的法律
时，理性经济人与最大化假设显得十分单薄。其次，关于"效率
是衡量法律制度的首要标准"也存在一定的问题。法律的价值具
有多元化，法律经济学认为效率就是正义的观点是偏颇的，虽然很
多时候正义与效率是一致的，但效率绝不仅仅等同于正义。比如允
许将婴儿出售给他人收养；在只有少数人能生还的情况下杀死救生
船上最弱的旅客等行为在一定程度上是有效率的但却冒犯了大多数
人的正义观，是不能为社会所普遍接受的。

　　此外，法律制度作为一种冲突的解决方式，法律的主体是人，
人是法律制度的出发点与归宿，从这个意义上来说法律必须是人本
主义的。法律经济学建立在成本—收益的基础上的效率原则体现了
功利主义的哲学思想，恰恰缺乏人文精神。人文精神的缺乏，使得
法律经济学在评价制度和选择法律制度时仅停留在功利的层面，不
能更好地适应社会全面进步与发展的要求。

　　其一，人类行为的理性假定是否真实有效？经济学家视一切人
为经济学意义上的"理性人"，其作为或不作为的唯一动因就是出

于成本和收益的比较。这本身就是一个有争议的假定。法律经济学几乎不假思索地沿用了这一假定，从而把经济理性延伸到法律领域。但是，法律领域毕竟有着不同于市场领域的运作规律，行为主体在作出行为选择时，除了要考虑经济上的成本和收益这一因素之外，还要考虑公认的公平正义观念、传统文化、公共政策目标等较为复杂的因素。特别是当法律经济学把经济分析的视野从与经济问题直接相关的法律领域（如财产法、反托拉斯法等）拓展到与经济问题无直接关联的法律领域（如选举法、刑法等）时，其所面临的尴尬和指责就更加难以避免了。①

其二，对法律规则进行经济分析的理论支点是什么？经济学本来是关于人类的经济行为的学问，经济分析方法本来也是用于分析人类的经济行为的方法。在经济领域或市场领域，经济分析方法有着无可争议的解释力与说明力。当法律经济学力图用经济分析方法分析法律问题时，它所面临的最有力的质疑恐怕就是：这种分析何以可能？毕竟，法律与经济是两个不同的领域，法庭与市场是两个不同的空间。所以，法律经济学必须为自己的经济分析方法寻求一个强有力的理论支点。

其三，法律经济分析的范围何在？这里存在着两个差不多截然相反的诘问。第一，主流法律经济学经由波斯纳，分析领域遍及法律各个部门，几乎囊括了整个法律体系，那么，这是否说明主流分析过分涉足了那些它不能有效解释的法律领域？即上文所说的与经济问题无直接关联的法律领域。这种诘问流露出对法律经济学的"泛经济分析倾向"的担忧和抵触。第二，主流分析是否在分析视角上又过于狭隘，例如，未能充分重视法律制度之外的社会规则作用以至于陷于"法律中心主义"？这种诘问又似乎多少包含着"经济学帝国主义倾向"。

---

① 参见丁以升："法律经济学的意义、困境和出路"，载《政治与法律》2004 年第 2 期。

在以"法律的经济分析"为代表的法经济学运动的主流中，新古典主义经济学的研究方法仍是其基本的研究方法。但是，文献观察表明，新古典主义经济学的"形式化"或"模型化"的研究方法，尽管在法经济学的教科书中仍占据十分重要的地位，可是在实际运用中却存在着两大问题：一是"形式化"或"模式化"的深入进展比较缓慢；二是许多法经济学的研究仍然是以描述和分析案例的研究方法为主。对于研究方法中存在的问题，即使在主流学派中也并无一致的意见。一些学者担心"形式化"会增加法经济学研究的"门槛"，不利于法经济学运动的进一步扩张。同时，另一些学者则十分重视和强调法经济学研究的"形式化"问题，他们认为，如同物理学（牛顿力学）扩散到经济学一样，经济学之所以能扩散到包括法学在内的其他社会科学领域，所凭借的就是其研究方法的"技术优势"。[1] 考特和尤伦十分明确地指出："过去的 40 年表明，经济知识的发展主要靠的是统计分析，而不是精心描述的案例研究，靠的是微积分的运用，而不是解释概念。"[2] 文献表明，博弈论在经济研究领域的广泛运用，已经对法经济学的研究产生了明显的影响，推动了研究的"形式化"进程。但是，法经济学研究的"形式化"仍有很长的路要走。

（二）法律经济学未来的发展

第一，"经济理性"分析的变革。法律经济学中的理性假定来源于新古典经济学，其所谓的理性选择意味着依据完备的、连续的偏好次序作出效益极大化选择，属于韦伯所说的工具理性和一些新制度经济学家所说的目标——手段理性。并且，这种理性是出于

---

① 史晋川："法律经济学评述"，载《经济社会体制比较》2003 年第 2 期。

② ［美］罗伯特·考特、托马斯·尤伦：《法和经济学》，张军等译，上海三联书店、上海人民出版社 1994 年版，第 32 页。

对效益极大化的追求而不应该被看做是个人心理上的要求，故又应被称做"实质理性"或一种心理非现实主义。在当代，对这种理性假定仍不乏坚定的维护者。例如，弗里德曼和波斯纳的解释是：经济分析假设前提的虚假性（或真实性）是个无关紧要的话题，经济学的价值在于其对现实的解释和预测的有效性。这在方法论上采取的是一种"约定主义"和"工具主义"的态度。

但是，一些新制度经济学家已经力图对这种理性假定进行实质性的修正和超越，从而使经济学理论更加接近现实，使经济分析更加有力量。他们思考的起点是：从经典的经济理性假定出发，新古典经济学的确在许多方面取得了巨大的成功，但它也面临着不少无法解决的问题，因而，这种假定是值得怀疑的。从某种意义上说，对经典理性假定的反思肇始于诺斯的路径依赖理论，这一理论首先使人们认识到偶然事件在制度变迁中的关键作用，并且，使人们开始关注意识形态（传统、文化、道德、宗教等社会规范的统称）因素在制度变迁以及人们经济生活中的作用。从此，对于经典理性假定的修正就在两个方向上展开了。一方面，经典的理性假定遭到了来源于赫伯特·西蒙开创的有限理性理论的猛烈冲击：既然人们实际上只具有有限理性，那么，实质理性在本质上就是不正确的。继赫伯特·西蒙之后，诺斯、安迪·克拉克、萨茨和弗里基明等人的研究进一步指出，在生物学上，人类的推理活动最好被视为在极端时间压力下、为迅速适应多变的外部结构和环境所作的重复适应性反应。只有在个人行为受到强外在约束时，新古典经济学理论才是正确的；而在弱外在约束条件下，新古典经济学理论甚至是完全错误的。比如，实质理性模型对厂商行为的解释力很强，因为厂商面对的是激烈的利润争夺和生存竞争，这就是一种强外在约束；但它对消费者行为的解释力很弱，因为消费者的消费行为只承受一种弱外在约束。同样，理性选择理论可以有效地说明政党行为（受选票压力制约），但却不能准确预测选民的投票行为（无强外在约束）。

另一方面，随着认知科学的兴起，经典的理性假定又一次趋于式微。新制度经济学家诺斯最早引发了对认知科学（即认知心理学）的探索。认知科学的研究力图沟通两个世界——强外在约束条件下个人心理不起作用的世界和弱外在约束下个人心理起作用的世界。认知心理学认为，人们的行为（如果不是随机的话）取决于他们头脑中已有的知识，同时，人们在学习的过程中，会运用学到的经验和知识，不断地调整自己的策略以实现自身要达到的目标。布莱恩·阿瑟通过对股票金融市场中经济活动的分析指出，在实物经济背后，指导它们并被它们指导的是信念，从认知的角度考察经济行为就会发现，信念和行为是不可分割的。此外，认知心理学还认为，个人的心理认知在制度、传统、规范等强外在约束条件自身的发展变化中有着相当重要的作用。这些研究超越了新古典经济学基于单子不动点、负反馈而构建的最大化均衡模型，实际经济生活应当被构建成一种多动点并存、基于正反馈的多均衡模型或者是非均衡模型。在新模型中，人们的经济行为状态可能更接近现实。虽然这方面的研究还只是刚刚起步，但显然已经给新制度经济学提供了新的动力和发展方向，也给法律经济学带来了新的希望。

第二，现实主义方法论的引入。法律经济学要想为公共政策和立法决策提供有价值的洞见，就必须摒弃理想主义的抽象模式，吸收其他更具现实主义的方法，实现方法论上的多元化，以为公共政策和法律决策服务。这些方法包括：1.案例研究。这一方法已被大量的法律经济学教科书所采用。2.实验方法或实验经济学的方法。实验经济学是最近几年刚刚崛起的现实主义的理论流派，已有一些学者将实验方法运用到法律经济学中，用以检验法律经济学中的基本原理，如郝夫曼（Hoffman）和斯皮则尔（Spitzer）等人的一系列研究，很有启发意义。3.社会调查研究方法（或社会学方法）。爱利克森（1991）已经将社会学的"田野调查"方法运用到法律经济学的研究中，体现了法律社会学和法律经济学的融合趋势。法律经济学常常涉及大量的地下经济活动（包括有组织犯罪），由于有关经验材料很难进入官方统计资料，社会调查方法就显得更加重要。4. 演进博弈分析。该方法借鉴了进化生物学中整体论的研究方法。与新古典主义演绎实证分析不同的是，时间和行为主体之间的互动贯穿于制度的整个形成过程。具有现实主义精神的演进经济学、博弈论和制度分析融合为一体，能够较好地解释法律制度与现实经济过程之间的内在关联，是法律经济学的一个最有前途的发展方向。5. 公共选择分析方法（政治学的方法）。对法律的考察不可避免地要牵涉到政治秩序问题，这就要求对政治过程有清醒的认识，否则即使民间存在对法律秩序的渴求，法律的供给和实施也不一定能够满足需要。治国者在变法或立法时，要想获得一种稳定的政治秩序，就必须对政治舞台上各利益集团谁受益谁受损有清楚的了解，并在法律决策中对弱势利益集团给予适当补偿，否则变法或立法就会由于"政治上不可行"或由于政治动荡而"破产"。公共选择分析能够为这种政治过程的洞察提供现实主义的分析模型。6. 法学的范畴和概念对经济学的影响。法律经济学在前一阶段的发展中最主要的失误就是过分依赖于经济分析，以至于使法律失去了自主性。当我们将法律制度作为一个内生变量引入经济分析时，就会发现经济学的研究领域被大大地拓宽了。这种扩展本身会引致法律经济学理论的新发现。法学对经济学研究可以发生影响的范畴包括产权分析、责任分析、合同方法、正义观（分配正义、矫正正义）、公平观、法律与发展（反贫困）、比较法、法律史等。

第三，法律经济学研究范围的明晰。在纯粹的法律领域，经济分析的空间究竟有多大？这个问题和上文所探讨的理性选择假定的真实性问题在本质上其实是一致的。正如考特曾经说过的那样："立法官员和受制于法律的人们的理性行为有多大范围，对法律的经济分析就有多大范围。"波斯纳以后的法律经济学进入了"新"的法律经济学阶段，"新"的法律经济学不同于"旧"的法律经济学的重要特点就在于，它把经济分析的范围拓展到与经济问题没有直接关联的法律领域。如前所述，这种扩张遭到了有限理性理论强有力的抵触。有限理性理论关于新古典经济学的有效条件的修正同样适用于这一问题的认识。笔者认为：在强外在约束下，法律经济学的解释是有力的；而在弱外在约束下，法律经济学的解释力则是相当有限的。并且，这个初步的结论可以经由对认知科学的深入研究而得以深化。

作为一种关于法律的经济学理论，主流的法律经济学只研究正式的法律制度而不涉及其他，这本是无可厚非的。但是，当新制度经济学在非正式制度领域的研究取得了相当的成果并引起人们的普遍关注时，法律经济学又暴露出研究视角狭窄的弊端。新制度经济学重视非正式制度（即无形的"潜规则"）在秩序建构中的作用。比如，埃里克森的研究表明，现实社会是一个存在多元秩序治理结构的世界，政府所代表的正式制度仅仅是这个多元秩序中的一种而已；除此之外，还存在习惯、传统等其他潜在的社会规则。在一个多元的社会控制结构中，各种规则资源通常是可以相互补充甚至相互替代的。在一些情况下（比如在乡村中），主流的法律经济分析的解释并不真实，人们在很多时候并不是基于成本与收益的比较而是基于社会规则来实现效率的结果。柯武钢、史漫飞等人所倡导的"新"新制度经济学秉承奥地利经济学的传统，强调制度变迁是一个自生自发的演进过程。非正式制度往往是人们长期相互博弈的结果，因而更值得重视，因为它是内生的；而政府自上而下推行的正式制度则通常是外生的制度，人们往往需要一定的时间来适应，一旦人们在短期内不能适应，该制度的命运就只能是失败。新制度经济学的研究视角和研究成果给法律经济学的进一步发展提供了挑战和机遇。作为与新制度经济学有着千丝万缕联系的法律经济学，时刻都受到来自前者的滋养和影响，因此，它们之间的相互融合也必将成为法律经济学的发展趋势之一。

（三） 法律经济学研究在中国的兴起

与西方对法律经济学的研究热潮不同，在我国内地，法律经济学这一学科的发展非常滞后。但是随着时代的不断进步，我国内地与世界各国的政治、经济、法律、文化等各个方面的交流日益频繁，法律经济学作为一门新兴的学科方被介绍入我国内地。法律经济学学科在中国兴起，有其特定的历史社会背景，主要有以下几方面：

第一，中国共产党第十一届三中全会以来的思想解放运动是法律经济学的产生的重要思想条件。法律经济学代表了"通过法律研究经济，同时又通过经济来分析法律"的新思维方式，真正达到我们所希冀的在法律与经济的互动过程中观察和思考法律问题。法律经济学这种新思维方式在学术界的广泛应用，不仅扩大了经济学研究的范围和疆域，而且也突破了法律学研究者长期固守的注释法学、规范法学以及教条主义的思维方式。

第二，我国内地改革开放为法律经济学的产生提供了重要的实践条件。改革开放以来，我国内地进入了一个政治、经济、法律、文化等综合的社会转型时期。在这个大变动、大变革时期内，经济、政治体制的改革不断纵深化，经济、政治、文化、道德甚至是婚姻家庭领域出现问题，法律作为社会主要调整手段，需要一种新的理论指导，法律经济学适时而生。

第三，西方经济学等学科的恢复和发展是中国法律经济学兴起的理论来源。1979 年中国成立了外国经济学说研究会，开始重视对西方经济学说的介绍和研究。这时，法学研究者发现西方经济学说的理论与方法可以为法学所借鉴使用，能弥补传统法学理论中存在的许多不足之处。我国内地西方经济学在 20 世纪 80 年代的蓬勃发展，促使许多部门经济学的兴起，例如发展经济学、新制度经济学、数量经济学、经济博弈论，信息经济学、综观经济学、新兴古典经济学等。法律经济学正是在我国内地经济学发展及细化的大潮中确立起其应有的学科地位的。

第四，传统法学研究在现实问题中的乏力为法律经济学的兴起提供了研究动力和开放的学术环境。在渐进式过渡经济时期内产生的诸多经济法律问题为原有陈旧的法律制度、法学理论所难以承受和解决，传统法学理论中的某些僵化论断和经典方法论使法学工作者不断产生新的困惑。探索新型法制道路，更新传统法学理论的使命感在法律学人中逐渐生成壮大，法律的社会现实与若干重大法学理论的争鸣则使我国内地的法律家们日趋完善和成熟，增强了创设新兴的法律学与经济学的交叉学科、使用新的研究方法的魄力和能力。

法律经济学体现了市场经济的发展需要。市场经济运行的最高宗旨是提高资源优化配置的水平，使有限的资源尽可能产生最大的效益。而只有当法律充分体现效益意识时，资源优化配置的要求才能得以实现。法律经济学在中国发展的合理性和实践根据在于它符合市场经济内在规律的要求。因此，现代市场经济呼唤法律经济学在中国的发展。

（四）我国在法律经济学研究中应注意的问题

第一，法律经济学与马克思经济学原理的区别和联系。马克思主义的经济分析方法和我们所指的当代法律经济学没有直接的传承关系，而且它们在很多方面是有着根本的区别的。马克思主义的经济基础和上层建筑两个概念是一种哲学的范畴，强调的是政治法律的上层建筑和社会经济活动的统一性和相互作用。而法律经济学旨在用微观经济学原理运用于法律分析，创造一种新的法律适用模式。具体而言，它们的区别表现在：

1. 二者的出发点和基础不同

法律经济学的主要思想来源于古典主义经济学，它是以方法论个人主义的假定为基础的，认为社会的所有决策都必须建立在个人的基础之上，相应地，社会理论的研究必须建立在对个人意向和行为研究、考察的基础之上。分析研究对象的基本单元是有理性的个人，即"人是其自利的理性最大化者"，并由此假定集体行为是其中个人选择的结果。最大化原则（Maximization Principle）即功利和利益最大化，有时又被称为经济合理性（Economic Rationality）假设，是指一个人所作出的选择与这个人的自利之间存在着外部一致性，即行为人追求自身效用的最大化。理性经济人与最大化假设作为古典经济学的基本假设，同时也是法律经济学或法律的经济分析的一个基本假设。理性经济人与最大化原则假设是法律的经济分析的基本出点发，该假设隐含的意思是人们对自己在一种法律关系中享有的权利和应承担的义务（即对其行为的成本与收益）是清楚的，人们会从成本和收益两个方面来考虑其行为的法律后果，进而作出合理的选择。所谓法律的经济分析就是研究个人如何按照最大化原则根据其所面对的法律规则来调整自己的行为以及这种调整会产生何种后果。①

很显然，这种假设是否认马克思主义中的关于人的历史和阶级意义的。马克思主义认为，人的本质不仅不是抽象的，而且不是永恒不变的，是随着历史的发展而发展的。这是因为，社会关系不是固定不变的，而是随着社会生产力和生产关系的矛盾运动而不断发展变化的。不管个人在主观上怎样超脱各种关系，他在社会意义上总是这些关系的产物。每个人一生下来就置身于一定的社会关系中，只有在社会关系中人才是真正意义上的人，否则，一旦脱离社会关系，丧失社会属性，就会和徒具人形的"狼孩"一样，无论先天有多么发达的大脑和健全的躯体，都不可能具备人的本质。

2. 二者之间微观分析和宏观分析的区别

马克思主义的经济分析是对人类社会的宏观描述，法律经济学则是对人类社会的微观描述；马克思主义的经济分析关注长时期的

---

① 田明君："对法律经济学基本假设的反思"，载《东北财经大学学报》2004 年第 4 期。

经济变化和经济生活及经济机制的增长与发展，并对人类前进的方向和趋势作出预见，属于宏观经济学，法律经济学则是将微观经济学作为主要分析工具。马克思主义的经济分析方法是建立在历史唯物主义的基础之上，是历史发展的可知性的表现，在这里，对国家和法律的分析从属于对人类社会的整体认识当中，而法律经济学则往往是对具体的个案或法律原则进行微观具体的分析。法律经济学虽然通过其架构的理论说明了法律的理性，但是其以方法论个人主义的假定为基础，认为社会理论的研究必须建立在对个人行为的研究和考察上，和马克思主义的经济分析方法不同，法律经济学的研究对象是所谓"理性的个人"。

3. 二者对法律衡量的标准不同

对于法律经济学来说，效率是评价、制定和选择法律制度的首要和最终标准。通过将平等、正义、合理等法律的多元价值观转变为单一的效率原则，法律经济学对法律规则进行成本—收益分析，对特定法律安排的社会价值作出评价。在法律经济学家看来，衡量法律的标准在于它是否能够提高效率，增进社会福利。对于公平、正义等传统的法律价值维度，法律经济学家认为这一类概念本身的含义往往是模糊不清的，而且是相对的，不同时代、不同社会、不同阶层中的人对公正的理解可以是不同的。法律经济学家强调通过做大蛋糕可以解决蛋糕分配中的冲突，即只要能使财富最大化，从而增加每一个社会成员的福利，就是在最高层次上和更大意义上实现了公平和正义，至于具体法律关系中当事人是否得到了公开的判决和对待，就成为次要问题了。

而马克思主义认为：人类历史是沿着由低级到高级、由简单到复杂发展的，是以生产力为基准，对生产力的顺应和促进。凡是符合生产力标准的、能够促进生产力发展的生产关系就是进步的生产关系；凡是符合进步的生产方式的上层建筑就是进步的上层建筑。依据马克思主义的学说，当法律维护并促进的经济基础符合生产力要求的生产关系时，法律必然推动社会生产力的发展，它就是进步、有价值的；而当法律所保护的经济基础成为没落的、腐朽的生产关系，阻碍生产力的发展时，就应该抛弃。

马克思主义的经济分析方法和法律经济学虽然在上述等范围内有着重要区别，但这并不妨碍我们学习和研究法律经济学，把它作为我们法治建设可借鉴的理论。因为法律经济学虽然立足于对法律的微观经济分析，但是它把法律本身作为一种经济活动的分析模式没有超出马克思主义的分析方法所确定的政治法律必须和社会经济生产方式相统一的范围。而且，在对"效率"的认识上，我们发现，在法律经济学看来有效率的法律制度往往是马克思主义认为符合经济基础的进步的法律制度，而被马克思主义认为不符合生产方式的阻碍了社会生产力发展的法律制度，从长远来看，也必然是无效率的。"分析视角及概念的差异，并未影响结论的一致。法律经济学的经济分析方法与马克思主义的经济分析方法在法律的价值观上实际上找到了统一。"①

第二，法律经济学分析模式的局限性。法律经济学渊源于制度经济学。科斯说："标志当代制度经济学特征的，应该是，在相当大的程度上也确实是：它所探讨的问题是那些现实世界提出来的问题。在这一点上，新制度主义经济学从它与法律领域的联合中受益匪浅。法律案例与实际的企业经营活动紧密联系，而过去经济学家们分析的很多例子却是想象出来的。法律素材融进经济学的结果是：既迫使经济学家们分析现实的多种选择，又使他们认识到可供选择的制度方案的丰富性。"② 法律经济学在现实案例中寻找分析的突破，确实使得其有了很大的应用优势，但是其又有着不足之处：

1. 经济分析方法增加了行为的不确定性，这与法律所要求的

---

① 钱弘道：《经济分析法学》，法律出版社 2005 年版，第 14 页。

② ［美］罗纳德·哈里·科斯：《论生产的制度结构》，上海三联书店1994 年版，第 348 页。

"确定性"相冲突。法律规则在实现确定性的同时，肯定会牺牲一定的合理性。这是因为在法律的角度，合理的不一定合法。经济分析认为人是"理性的经济人"，当事人在行动时对自己的合法性是不明确的，虽然他在理性的选择。而法律规则的作用就在于提高行为的可预测性。如果行为规则随价格改变而自由波动，其作用将完全消失。由于市场价格是波动的，一项活动或行为的成本或收益是经常变动的。因此，对同一行为可能会出现不同的规则或不同的解释，从而使行为者无所适从。

2. 经济分析方法并不能给法律提供完整的解释，必须同时考虑社会其他影响因素。在经济分析方法中，效率是最关键的词语，但是除了效率之外，法律的执行者还受到固有的约束和规范，这些约束和规范植根于思想和分析方法的长期传统之中，尤其是植根于伦理和政治哲学中。经济分析尚不能充分地考虑非经济动机，所以在进行规则的制定和执行时，单纯的效益—成本分析并不能保证是最有效率的，综合考虑现实的各种因素才能保证规则有效性及最大实现。

三、法律经济学理论对中国法治建设的启示

（一）重视"效率"在我国法治实践中的地位

在我国传统的法理学中，认为"正义"、"公平"是法律所追求的首要甚至是唯一价值，对法律的效率价值没有重视和具体的研究，认为经济学中的成本理论、效益理论对法律分析用处不大。这是一个误区，尤其在市场经济条件下，市场经济即法制经济，法律在市场中扮演了前所未有的重要角色，法律越来越多地参与市场经济中的生产、分配等过程。在这种情况下，我们不仅要考虑法律的"公平"和"正义"，更重要的是我们必须首先考虑法律的"效率"。我国正在市场经济体制改革的重要时期，要建立与之相适应

的法律体制，就必须要使制定的法律与市场经济的内在规律相适应，将是否有利于资源的优化利用、减少资源浪费、提高经济效益作为立法和法律制度改革的基本依据。颁布的法律是否有效地调整社会关系和维护社会秩序，能否使社会处于和谐、公正与稳定状态，是衡量立法效率的标准之一。

法律经济学以"效率"的角度对立法进行分析时，有一个重要的基础概念，即"立法市场"。在这个立法市场中，存在一个立法供给，即"立法是一个供给不均衡—均衡—不均衡的循环过程。立法供求均衡是指在成本—收益的角度，现有立法净收益大于零，且在各种可供选择的立法方案中净收益最大，不存在潜在利益，不需要进一步的法律变迁"。[1]"立法供求非均衡是指人们对现存立法不满意而意欲改变，之所以不满意，是由于立法的净收益小于另一种可供选择方案的净收益而出现了潜在的制度利润，这时会产生新的潜在需求和潜在供应，并造成立法需求大于实际需求，这是立法发展的动因。"[2] 在这样一个立法市场中，我们必须计算我们现有的法律和社会需求之间的差值。如果现有法律无法满足社会需求，也即我们的立法没有达到法律对社会的调节目的，这时，我们就必须及时地根据社会需求制定新法；如果我们现有的法律正确实充分的在社会起着调节作用，并且在法律的实施中得到必要的尊重，那这时的立法就是充足的，即所谓的立法市场是平衡的，我们要做的是发挥现有法律的最大作用，而不是制定新法。

在对立法市场的分析中，还有一个重要的概念，即"立法成本"。"立法成本是指在立法过程中的全部活劳动和物化劳动的耗费，即进行立法活动所花费的人力、财力、物力和时间、信息等资源。"[3] 任何法律的产生都必须有一定"立法成本"的投入，例如

---

① 钱弘道：《经济分析法学》，法律出版社 2005 年版，第 39 页。
② 同上。
③ 同上。

采集立法信息的费用、提出法律草案的费用、讨论提案的费用、修改议案的费用、公布的费用等，立法效率的要求就是以尽可能少的立法成本投入，获得尽可能多的立法产出，即以尽可能少的人力、财力、物力等耗费产生高质量的法律文本和理想的运行效果。

基于以上概念，法律经济学把经济学中的"效率"引入法律分析，正像波斯纳指出的那样："法律制度中的许多原则和制度最好被理解和解释为促进资源有效配置的努力。"① 但是"效率"的引入并不是对"公平"、"正义"的否定，而是在市场经济的条件下，我们应该强调"效率"的重要性，强调"效率"和"公平"、"正义"的互补性，当"效率"和"公平"、"正义"发生冲突时，我们应该以"效率"优先。首先，法律的价值在不同的历史阶段都是有不同轻重的，现今我们正处于市场经济的高速发展期，如何创造更多的社会财富、最大限度地优化利用和配置资源是我们的首要目的，以"效率"为先符合这一历史时期的发展要求。其次，我国现阶段的国情是生活水平的不平衡，一个社会无论再怎么公平，如果没有效率，也只能导致整体社会的贫困；只有在有效率的社会，以物质财富的极大丰富为基础，才是真正的"公平"。因此，"效率优先、兼顾公平"是社会经济发展的要求，效率也必然是我国立法的重要价值取向。

另外，在法律实施中，我们也应该重新审视"效率"在其中的作用。

首先，法官应具有法律经济学对"效率"的基本认知。只有具有效率意识的法官，才能作出在个人正义和社会正义正确抉择的判决。波斯纳指出："法律的许多领域，尤其是（但并不仅限于）普通法领域中的财产权、侵权、犯罪、契约，都无不打上经济理性的烙印。虽然很少有在法官意见中明确引用经济学概念，法律裁决

① ［美］理查德·A.波斯纳：《法律的经济分析》，蒋兆康等译，中国大百科全书出版社1997年版，第26—27页。

的真实理由往往被法官意见的特殊语词所掩盖而非阐明。"① 随着我国市场经济体制的建立和健全，以法律手段调节社会经济生活的比重将不断上升，司法机关受理的案件尤其是经济案件数量及其复杂性将日益增加。法院的判决将日益显露出对资源配置和使用效益的影响。传统法学在处理纠纷时，或为处理纠纷而解释法律规范时，也衡量各种纠纷所发生的利益关系，但传统法学所考虑的这种后果，是应用法律规范判定权利和义务的，并不考虑某种法律制度所规定的权利和义务体系以及在处理各种纠纷之后，会给社会资源配置、社会财富总量产生何种影响。然而现实告诉我们，在处理有关纠纷时，不考虑法律制度的安排给整个社会经济带来的影响，而仅仅拘泥于单纯的、个案的法律解释和适用的做法，已不再适应已经变化了的客观社会形势的需要。"具体来说，在司法过程中，要把法律对个别主体行为的评价视角从行为主体延展至社会，即将个别主体行为置于社会整体利益之中加以认识。在计划经济以保护财富为宗旨的条件下，法律较少考虑个别主体行为的外部性，也不理会个别主体的明显损害资源的行为。然而，在市场经济条件下，根据保证资源优化使用和配置的目标，法律对个别主体的行为应当有新的评价角度。在这种视角中，不存在绝对与社会不发生联系的个别主体的法律行为，个人对财产使用的同时，也是全社会资源使用和配置的有机组成部分。而一切不符合全社会资源优化使用和配置的个别主体行为，在司法过程中应给予否定评价，并受到相应限制。"②

其次，树立司法经济原则，解决司法资源浪费，进行司法资源再分配。司法改革的实质就是公权力和私权利以及公权力之间的界

---

① ［美］理查德·A. 波斯纳：《法律的经济分析》，蒋兆康等译，中国大百科全书出版社 1997 年版，第 26—27 页。
② 时显群："西方法律经济学在当代中国发展的意义"，载《贵州社会科学》2005 年第 7 期。

限划分。只有明确了权力的界限，才能达到权力均衡制约，私权利充分的行使。当前司法腐败屡禁不止，其主要原因就是，司法权力均衡遭到破坏，权力滥用得不到有效遏制，甚至导致了垄断。司法权力资源滥用和垄断导致司法机关与其他政府机关共同形成寻租的政治市场。司法机关不仅成为寻租对象，并且参与寻租、创租。①司法机关本来是交易主体之间的仲裁者，一旦参与寻租市场，公正和效率就无法保证，自然司法腐败就是屡禁不止。"我们可以把国家看做是一个大企业集团，根本目标是社会福利最大化。在这个大企业集团里，我们要研究权力和权利资源如何配置。我们要避免一味追求司法投入、司法效率反而下降的情况。"②

　　法律经济学认为，在交易成本很低的情况下，如果能达成双方都有益的交易，那么双方当事人就应该进行交易。在法律争议的解决上，也是如此。具体而言，一是要严格遵守审限规定，不能无限制地拖延案件的审判。在我国的司法传统中，一直奉行着实体正义至上原则，为了公正的审判案件，往往无法及时地结案。在我国的许多审判制度中都存在着如此漏洞。例如中国的再审制度，对生效裁判发现错误实行再审，其目的在于纠正司法错误、保护当事人权利，确有其积极作用。但如果不同时设计合理的条件和程序，则可能出现一些负面效应，导致有些案件无限申诉、终审不终，影响裁判的既判力；而申诉人的要求一旦得不到满足，则可能把积怨发泄到司法制度上，影响司法公信力。为此，我们必须在提高审判质量、充分保障当事人诉权的基础上，对再审制度进行了一系列改革，如限制再审次数、明确再审条件、增加透明度等。二是要促进

---

①　权力寻租是指把权力商品化，或曰以权力为资本，去参与商品交换和市场竞争，谋取金钱和物质利益。即通常所说的权物交易、权钱交易、权权交易、权色交易，等等。像物质形态的土地、产业、资本那样，在这里，权力也被物化了，转化为商品货币，进入消费和财富增加环节。权力寻租所带来的利益，成为权力腐败的原动力。

②　钱弘道："司法改革与效率目标"，载中国法学网"学者专栏"。

结案手段的多样化，促进司法资源的有效、节约利用。近年来，山西省阳泉市检察机关推行轻微刑事案件非刑罚化改革，在办理轻微刑事犯罪、未成年人犯罪和过失犯罪三类案件时，对犯罪情节轻微、有法定从轻减轻情节、确有悔罪表现的犯罪嫌疑人，尝试在当事人自愿达成和解协议的基础上，建议公安机关撤销案件或依法作出不起诉处理。该做法有效减少了诉讼环节、节约了诉讼成本，促进了地方稳定和谐，收到了良好的法律效果与社会效果。三是要促进诉讼程序的简易化。目前法院已经采取了一些措施，如被告人认罪案件的简化审理、扩大民事简易程序适用范围、在一些法院试行小额诉讼程序、试行比简易程序还要简单的"速裁程序"等。

（二）发挥经济学分析方法在法治研究中的作用

法律经济学将经济学的理论和方法应用于法学，创造性地揭示了法学和经济学的内在联系和彼此间的相互作用，但是法律经济学提供了一套与传统法学迥然不同的分析方法。"法律经济学的产生基于两个前提条件：第一，法学与经济学在研究主题和价值观上有相当的共通性；第二，在分析方法上，经济学提供了一套分析人类行为完整的架构，而这套架构是传统法学所缺少的。传统主流的法学理论一直是法律的哲学，它的技术基础是对语言的解析。绝大多数法学家把实证研究想象成是对案件的分析，目的是力求法律解释的一致性。法律的经济分析是一个与传统法学思维不同的方向。而法律经济学是用经济学的方法和理论分析法律的形成、结构、效果、效率及发展的学科。"① "对法律经济学而言，任何法律，只要涉及资源使用——而事实上也恰是如此——无不打上经济合理性的

---

① 钱弘道："从法律经济学看我国法律改革"，载《检察日报》2001年9月7日。

烙印。"① 这就是说，经济分析的方法可以广泛地应用到我们所认为的理性存在上。也可以说，经济分析通过收益、成本的差额比较来确定最有效率的行为方式或制度模式。经济分析中的数量分析和行为理论的量化完全实现了理性的确定性要求。归纳整个法律经济学理论，其核心在于，所有法律活动，包括一切立法和司法以及整个法律制度事实上是在发挥着分配稀缺资源的作用，因此，所有法律活动都要以资源的有效配置和利用，即效率最大化为目的，所有的法律活动都可以用经济的方法来分析和指导。

法律经济学也促进了我们树立对法学研究的正确态度。法学研究不应是"抽象化"、"贵族化"的研究，不应是所谓学者的自得其乐，也应该讲究"效率"，注重研究成果的可应用性、对实践的可作用性。长期以来，无论是发掘我国法学传统，抑或是借鉴外国法律成果，我们走的都是法学理论和部门法学两条独立的路子，法学理论研究者只顾做自己的理论研究，而部门法学研究这又只顾自己的应用研究，结果就是法学理论研究越来越抽象、越来越脱离实际，而部门法学研究却出现了彼此之间互相矛盾，甚至出现了违背我国社会总发展战略的现象，这都是与法学研究中的"脱离实践"、"各扫门前雪"的现状分不开的。法律经济学一开始就从法律和经济的结合点出发，运用经济学的各种手段，从一开始的侵权法、公司法、垄断法到后来的几乎所有的法学研究都包括在内，充分展示了法律经济学的运用能力。我们的法学研究应该突破传统思维的限制，立足于现实问题的解决，把法学研究的视线放宽，这样才能保持法学研究应该有的作用。

（三）关注法律经济学学科对法学教育的意义

自上个世纪末法律经济学引进我国，虽然遭受了许多的质疑和

---

① ［美］理查德·A. 波斯纳：《法律的经济分析》，蒋兆康等译，中国大百科全书出版社 1997 年版，序言。

批评，但是法律经济学越来越成为法学研究和法学教育不可回避的课题，它在法学界甚至全社会所引起的思维变革已成轰轰烈烈之势，作为新时期的法学教育应当顺应这种趋势。目前，各大高校纷纷成立了法律经济学的专门研究机构，如吉林大学法学理论研究中心的"法律经济学研究所"、西北政法学院二系的"法律经济学研究中心"、由北京大学法学院和北京天则经济研究所合作组建的"北京大学法律经济学研究中心"、浙江大学经济学院的"法和经济学研究中心"等，国内正逐渐形成法律经济学的研究氛围。法律经济学之所以要在法学院成为必修的课程除了它是个新的研究领域外，还有两个重要的因素：

第一，法律经济学从其学说开始就走的是现实主义的道路，法律和经济学的结合，意味着法律经济学具有比任何学说都更现实的精神。我们现在法学院的课程设置和人才培养模式，相对走的是"唯上主义"，忽略了法学这一应用学科的根本性质，我们培养出来的学生，往往面对法律实务问题无所适从。对法律经济学的学习，有助于我们树立"效率"意识，针对社会之所需建立教育规划和人才培养模式。学习法律经济学还有助于我们正确地进行价值选择，现实生活中的法律问题往往不只是单纯的法律问题，它涉及许多的价值取舍，而后者则必然牵涉到对社会现实的判断，这种判断往往需要法律经济学的帮助。

第二，法律经济学有助于法律人才的培养。在当前中国社会处于转型发展的过程中，经济和社会现实是社会政策制定者，尤其是立法者、执法者必须考虑的基本问题。法律经济学有助于法学学生从法律在社会中的实效和把握立法者的意图入手更好地理解法律。而且我们正处于市场经济飞速发展的时期，市场经济就是法治经济，法治经济的发展势必增加对法律人才特别是经济法律专业（如国内与国际民商法、经济法专业）人才的社会需求；而"满足经济法律人才社会需求的一个有效供给措施，是通过法律经济学的教学理论和方法，加快培养懂法律又懂经济的复合型法律人才。这种复合型法律人才培养的一个重要效果还在于，通过法律经济学的教学，把法学和经济学的知识有机地联系了起来，据此培养学生丰厚的人文素养"。①

从上述理由我们可以看到，法律经济学应该成为我们当代法学教育的一门必修课程，为了加强我国法律经济学的研究进度，笔者试从以下几个方面提出建议：

1. 加快大学法学教育中的法律经济学教学步伐，初步培养法学学生的法律经济学意识和对基本概念、理论的认知。

2. 加强法律经济学理论和部门法学的结合，防止理论法学和部门法学的相脱离，在部门法学中发展和应用法律经济学的相关理论。

3. 加强法学和经济学的学科交流，让法学和经济学真正互动起来。尤其是要关注现代金融理论、证券理论、有效市场原则等的发展，经济学中的理论是当代法律理论发展的重要参考。

法律经济学自20世纪60年代产生以来，我们可以发现，法经济学经历了一个从一种法学研究方法的创新到一系列法律的经济分析原理和观点为世人所认同和重视，再到法经济学在全部法律领域中推广应用进而成为法学研究之主流话语的过程。中国虽然在法治社会的基础建设上已取得一定的成就，但是我们可以看到，我们更多的是处于法治社会的促进时期，我们的法治理论很不完善，理论视野还需要拓展，在这样一个法治进程需要急切加速和法治理论又相对匮乏的窘境中，法律经济学理论的研究必然会给我们以极大的启示。而且法律经济学很大程度上和中国传统法学是互补的。法律经济学的效率价值强调正好可以弥补中国传统法学的效率价值缺乏，这样对法律的经济分析也就为我国法学理论与实践提供另一种角度的借鉴。

---

① 周林彬："从法律经济学的不自足到法律经济学的推进"，载《中山大学学报》2005年第4期。

第六章 探寻法律与科技之内在联系

　　法律，作为人类社会特有的社会制度和文明成果，势必与其他社会现象有着千丝万缕的关系。同时，它也受到自然科学包括科学技术、科学思维、科学精神在内的一系列因素的影响和渗透，法律理念、法律制度以及法律文化的发展都随着自然科学的发展不断演进和变化。尤其是当今高科技日新月异的发展状况，更决定了二者之间的联系和互动将更加的紧密和频繁。具体而言，被誉为"第一生产力"的科学技术是推动社会发展的不竭动力，一直以来，在人类文明的发展过程中，以科学技术为核心的生产力的发展起到了重要的作用。尤其是在当今时代，科学技术日新月异的发展速度和规模为世人所震惊，它以一种全新的方式影响着社会发展和人们的生活，这也是当代世界各国提出科技兴国方略的重要原因所在。法律作为人类历史发展的积极成果之一，作为人类社会上层建筑的重要组成部分，是促进社会秩序化发展的必要因素，也是维护人类和平有序发展的重要手段。随着"依法治国"方略的提出，我国将全面提高法制建设水平，以期实现法治国家的目标。从哲学的角度看，科学技术作为生产力的核心要素，决定着整个社会的经济基础，而法律作为重要的社会上层建筑，它们之间势必会产生相互依存、相互影响、相互渗透的联系和互动。研究法学，不仅要对法律内部问题进行深入解析，还要对法律与其他社会因素、社会现象之间的关系予以把握，这符合法律社会学的研究思路，尤其是法理学研究中必不可少的部分。此外，在促进科技发展和提高法制建设水平的进程中，始终正确把握科技与法律的辩证关系，进而在全社会形成尊重科技与法律的良好风气，推动人类文明的发展，是科技兴国与依法治国方略的要求，符合当今社会发展的现实需要。因此，对此问题进行研究，无论是对于法理学的发展、满足法制建设的现实需求，还是促进其他部门法如科技法的发展，都有重要的意义。

目前，法律与科技关系的研究，首先是哲学界，尤其是科技哲学领域关注的内容，但他们研究的出发点往往在宏观的哲学层面，主要从辩证法的角度、从经济基础与上层建筑之间的关系予以论证。对这一问题的法学研究，国外有学者作过专题研究，如康奈尔大学的希拉·贾萨诺夫教授的《法庭面临的科学：美国的法律、科学和技术》等，大多是从科学技术与法律责任、法律调查、法律规范相互作用的角度进行的。在国内学界，随着《商标法》、《专利法》、《著作权法》等一系列知识产权法的颁布，以及1993年颁布实施的《科学技术进步法》，形成了独立的科技法学，科技法学对法律与科技的关系予以了一定的关注，内容主要是针对有关科技成果的法律保护和法律规范，都属于法律具体应用的层面。对于法律与科技关系的法理学研究历来是法理学中必有的内容，一些法理学学者也在其论文中进行过一定的探讨，但他们的研究也一般是按照科技对法律的一般影响和法律对科技的能动作用这一模式进行的，具体涉及的领域也主要是法律运行环节（立法、执法、司法）和法学方法论这些领域。此外，苏力在其《法律与科技问题的法理学重构》一文中，试图突破原有的模式，进而从真正的法理学角度，而不是一般的法律或法学角度对它们二者的关系进行深入挖掘，在这个问题的研究上，有一定的深度和新意。本文旨在拓展原先我们界定的二者之间表层联系，而选取不同视角和理论层次予以探讨。具体来说，本文是按照法学类型范畴的思路，分别与科技发展形态进行对应，找出它们之间深层次的联系。即从法的本体论、进化论、运行论、方法论这几方面的具体特点与科技发展态势相对应，找出它们内在的因果联系，对它们之间的关系作新的研究和探讨。

一、从法与科技的概念变迁看二者的关系

（一）科学与技术内涵解析

研究"法与科技之关系"，首先应明确作为关系存在的主体是什么，即何谓"法"、何谓"科技"的问题，进而对二者关系予以讨论。然而，无论是"科学技术"还是"法"，都如同"真理"那样难以回答，是个"你不问，我还明白，你一问，我反倒糊涂"① 的难题。然而即使这样，我们仍需对"科学技术"和"法"这两个名词术语作界定。按照马克思的观点，"科学是'人对自然界的理论关系'，是人对自然的能动认识和反映关系的观点，是对科学本质的更一般的、更抽象、更深刻的哲学概括"。② 简单地说，科学就是作为认识主体的人对于作为认识客体的自然界进行认识所获得的成果，它的内容和根本任务是认识世界，结果就是对客观世界的一种主观反映。当然，这个认识本身所富有的内容也是相当广

---

① 宋健：《现代科学技术基础知识》，中共中央党校出版社1994年版，第1—6页。

② 教育部社会科学研究与思想政治工作司：《自然辩证法概论》，高等教育出版社2004年版，第93页。

泛的，如贝尔纳就认为现代科学是"一种建制、一种方法、一种积累的知识传统，一种维持或发展的主要因素"，[①] 由此得出的对科学的定义也是相当丰富和复杂的，具有多维度的特点。与之相对应的"技术"一词，源于古希腊的 techne，指的是"技能"、"技艺"。现在我们所说的技术通常可以认为是"人类为满足自身的需要，在实践活动中根据实践经验或科学原理所创造或发明的各种手段和方式方法的总和"。可见，它是一种主体意向性活动，它的中心任务是对客观世界进行能动的改造。在此其中，人的能动性作用大大加强，这是科学无法比拟的，当然也是进行科学探索的手段和目的所在。二者的关系，简而言之，就是技术得以实现要以科学为基础；而科学也只有通过技术才能转化为现实生产力。正是从这个意义上，我们经常把"科学"和"技术"合称为"科技"，都说明了二者不可分割的密切联系。尤其是近年来，这种天然的联系也逐渐走上实践层次，如科学的逐步技术化倾向，以及技术对自然科学理论的应用导致了技术的理论化，这些都促进了"科技一体化"的趋势。与此同时，二者之间存在着一定的区别，例如它们的目的不同，可预见性程度不同，评价的标准也不同等。另外，随着高技术革命为人类发展提出了种种预警这一角度，"科学无禁区，技术有限制"是对二者区别的一个很好的概括。尽管如此，将科学技术置于法学范畴之下，将它们作为一个整体与法的关系进行讨论，对于二者的区别，在此就不作严格区分了。

（二）对于法认识的不确定性

按照一般理解，法律就是国家权威机关制定及认可的以文字方式表现的明确行为规范，其实施依赖社会统治集团的强制力作为后盾。然而法律的实际内涵却是一个不确定的概念。例如，有人认

---

① 教育部社会科学研究与思想政治工作司：《自然辩证法概论》，高等教育出版社 2004 年版，第 184 页。

为，法律是神意的体现，或认为法律是社会最高权威如主权者的特定要求；也有人认为，法律本身就是法律适用者诸如法官在适用法律过程中的所作所为；还有认为法律是"民族精神"或"民族共同意识"的体现；法律是社会控制的系统工程……总之，从古希腊到现今，对于"法律是什么"这一问题的回答是不断变化的，从法律价值主义到法律工具主义再到今天的法制工程，"法律是什么"至今没有一个定论。除了因采用不同的观察角度而得出彼此相异的结论外，也受到其他因素的影响。其中，经济、政治、文化、宗教、民族传统自不待言，科学的作用也不容忽视。随着人类社会从农业社会到工业时代，进而步入科学文化时代以至今日的信息文化时代，自然科学的观念深深地渗透到了法学领域，直接影响着人们对法的认识。

（三）科技与法之关系的宏观把握

科技作为自然科学领域的核心范畴，法律作为社会规范体系的一种，二者在很长时期内是分属于各自领域的。然而，作为"社会系统工程"的法律，它的触角必然会深入到其他领域包括自然领域中，而科技的无限发展也必然涉及一些社会问题，需要法律予以调整，这就导致了二者必然会产生或多或少的联系。因此，在某种意义上说，它们之间的联系本身就是天然的，并不因我们的研究而存在，也不因我们的忽视而消失。概括地讲，科学技术影响法的内容，成为立法的重要依据；科学技术影响着法的表现形式和传播途径；科学技术影响法的调整范围，进而导致新的部门法的出现；此外，科技对法律技术、法学教育以及法学研究方法等都有深远的影响。同时，法律对科技也产生积极的反作用。具体而言，法律对科学技术的发展有着保障和促进作用，它可以组织和协调科技活动，为科技活动和科学管理提供民主、科学的规则和程序；法调节科技成果产生的利益关系，保证和促进科技成果的合理使用和推广；法协调科学技术与人的冲突关系，保证科技为人类福祉服务；

推动国际间科技合作，促进科技的全球共享和高效运行；确认和保障科技活动主体科研创造的自由，推进科技的发展；另外，法律还为科技发展提供了良好的社会环境。尤其在当今科技高速发展时期，科技引发的社会问题大大增多，而法律的调整范围也不断地从社会领域向其他领域扩展，它们之间的关系展现出越来越密切之势。

二、从法之本体出发寻找其科学痕迹

法的本体就是指法的存在及其本质、联系以及规律，是法律科学中最核心、最基本的问题。它所揭示的都是有关法律最根本、最一般的概念，诸如法的释义、法的本质、法的特征等。如同其他范畴，法的本体并非一成不变，相反，它是一个随着各种因素不断变化的动态体系。在影响它变化的各种因素中，经济、政治、文化、历史传统、宗教习惯显然不可或缺，然而作为推动人类生产力发展的科学技术对于用于调整社会关系的法律所发挥的作用亦不可忽略。从不同时代、不同学派对法的本体所持不同观点出发正能够寻找出其中的科学痕迹。

（一）科技不发达造成的神法观念

从原始时代至今，人类已经经历了三百多万年，而在这三百多万年中，人对自然界的认识过程是渐进的。在原始社会初期，人类对自然界的知识十分零散和有限，人们的自然观也是极其简单和原始的。随着工具技术的演进，人类进入了农业时代，虽然生产力有了进一步发展，然而科技的发展还处于蒙昧状态。纵观这一时段的法律状况，总的来说，主要是以神法为主导的法律观。当时"法

律被认为是由神颁布的，而人是通过神意的启示才得知法律的"，①
或者说，这一时期的法律是与宗教密不可分的。到了中世纪，神法
的发展达到巅峰。这时期法律表面上是神的意志，是一种超自然力
量的集中反映，事实上也无非是统治阶级的意志而已。正是由于这
一原因，法律更多地体现出的是其神秘性、不可预测性和任意性的
特点，如"神明裁判"就是这些特征的集中反应。中世纪，基督
教处于万流归宗的地位，它把意识形态的一切形式都作为神学的科
目，法学当然也在其中。由此可以看出，无论当时的法律是多么的
神秘和玄虚，它们的先验性无疑是与当时落后的科技发展状况相联
系的。正所谓观念超不出经验，先哲们的智慧终究不能超越人类对
自然认识的范围。

（二）科学启迪自然法学对于法的认识

以柏拉图、亚里士多德为代表的古代自然法学家，尽管并未明
确回答"法律是什么"这一问题，然而他们对于自然和法律的理
解，摈弃了宗教、迷信等超自然力的思想束缚，取而代之采用了一
种全新的态度，即理性的、思辨的方法和观念，这一思路受到了当
时自然科学发展的影响。如柏拉图认为几何学所要求的知识是永恒
的，永恒的知识只能从纯粹理想的形式中获得。他相信，对物质世
界仅用少量决定性的几何推理，即能得到基本的真理。自然法学的
发展一直延续到16—18世纪，以霍布斯、洛克、卢梭、孟德斯鸠
为代表的古典自然法学派，基本上沿袭了这种思路，即坚持法律的
客观、理性属性，这与当时自然科学的发展有一定的联系，自然科
学使得科学的理性精神得到很大程度的推崇和发扬，进而影响到了
自然法学的核心精神。这一时期，理性、人权、民主的呼声异常高
涨，法律更多地体现出理性化、理想化。

----

① ［美］E. 博登海默：《法理学—— 法律哲学与法律方法》，中国政法
大学出版社 2004 年修订版，第3—4页。

（三）科技发展深刻影响实证主义的法学观

随着西方从自由资本主义向垄断资本主义过渡，实证主义法学崛起，他们对法所作的定义较之先前有很大的不同。他们把法律看做一个封闭自足的体系，不与神意、道德、社会等因素相联系，用博登海默的话来说就是"反对先验的思辨，并力图将其自身限定在经验材料的范围之内，它反对提倡玄虚的精神，并把学术工作限制在分析'给定事实'的范围之内"。① 与之前对法律的界定是先验的、不可知的不同，这一时期学者对法律的内涵认定为实验的、经验的、可证的。如奥斯丁认为，法律就是一个命令。凯尔森的纯粹法学理论也认为法律的研究对象是"具有法律规范性质的，能确定默写行为合法或非法"② 的规范……尽管分析法学家对法律的理解也不尽相同，但他们都承认法律的实证性。这种定量分析的思路也并非凭空产生的，这与当时 19 世纪上半叶自然科学领域取得的巨大成就有重要关系。综观 18 世纪下半叶至 19 世纪末近代大工业体系形成和发展时期，机器大工业的发展为科学提供了大量的新材料和实验手段，因此，自然科学领域有了繁荣的发展。当时，天文学、地质学、物理学、生物学、化学等都取得了惊人的成就。这些自然科学所取得的巨大成就对人们产生了一种强大的诱惑，那就是试图用自然学的方法解决问题。其中，法学界对于自然科学中所运用的理念和方法进行了研究和发展，试图把它们引入社会学及法学研究领域。而这些自然科学大都是建立在实验的基础上，大都是在对经验事实与现有材料的观察和分析的基础上发展起来的，这就促使了法学研究的角度也从这里入手，当然对于"法律是什么"

---

① ［美］E. 博登海默：《法理学——法律哲学与法律方法》，中国政法大学出版社 2004 年修订版，第 120 页。

② ［美］E. 博登海默：《法理学——法律哲学与法律方法》，中国政法大学出版社 2004 年修订版，第 132 页。

这一法学基本问题的解答不可避免地运用了实证分析的方法。与此相对，对于法律特点的理解也主要集中在法律的自足性、法律的逻辑性以及实证性上。这一时期，法律体系的严密程度和法律条文的规则特征达到了空前的成熟，也促使了法学真正成为一门独立科学得以存在，如此种种，都很大程度上归功于科学的实证属性。

（四）其他法学流派的观点

近现代，自然科学研究领域的拓宽，其研究成果的实践，深深影响着近现代法学观的发展。如斯宾塞提出的著名的"法律进化理论"，即认为"文明法律是生物和有机的进化的结果，而生存竞争、自然选择、适者生存则是这一进化过程的主要决定因素"。①这种对法律的理解很显然是受到了查尔斯·达尔文"物种起源"的影响。他试图用自然界的变化规律，尤其是生物进化的规律，解释人类社会以及法律发展的规律，并把生存竞争、适者生存这些理念引入到法学领域中来，在当时引起了不少的震撼。在这里，强调了法律的自然性和客观性。历史法学家萨维尼也认为："法律就像语言一样，既不是专断的意志，也不是刻意设计的产物，而是缓慢、渐进、有机发展的结果。"② 这些把社会发展规律同自然发展规律相等同的论述，也许在今天看来是形而上学的，但在当时来说，从自然发展规律中挖掘出人类社会发展规律这一思路是相当难得的，也是十分可贵的。当代科技的发展速度之快更是有目共睹，自然科学理论日新月异的变化提出了更多纷繁复杂的概念和理念，这些无疑都影响到人们对法律是什么的理解，例如符号法学把法律看做是一种符号，系统论法学认为法律是一个有机的系统……

①　[美] E. 博登海默：《法理学——法律哲学与法律方法》，中国政法大学出版社 2004 年修订版，第 101 页。
②　[美] E. 博登海默：《法理学——法律哲学与法律方法》，中国政法大学出版社 2004 年修订版，第 93 页。

科学理念、科学思维方式以及科学精神对法律和法学的影响和冲击，不断丰富着法律本体的内容。在这一过程中，理性的精神为追求真理提供了不竭的动力，进而使得人类在追求公平、正义、秩序、平等的道路上不断前行。尽管一些法学流派并不承认法律的价值属性，但是在他们运用科学方法进行法律体系构建中，已经使法律的价值得以很好的体现。除此之外，民主制度、理性观念、人权意识等都不同程度地受到了科学思想的影响。

三、从法律进化的始终探寻科技发展的影响

法的进化论主要涉及两方面，一为法发生学，二为法发展学。在法的产生过程中和不断发展的进程中，我们着重分析生产力和科学技术在其中所起的作用。

（一）科技发展促进了法的起源

有关法的起源这个古老的话题，涉及多方面内容。在此只考虑法发生学中的一个方面，那就是法得以发生的内在因素。我们要明确的是，什么因素导致法律这一社会现象得以产生。不同学者、不同学派对法起源的探讨和对于影响法起源的因素的论证是十分丰富的，如有的认为法是由神意决定的，这种说法与君权神授的法律学说相联系，在一定历史阶段产生过很大影响；还有的认为，家庭是产生法的前提，认为国家是由日益发展的家庭中直接产生的，而法就是家庭之主的父亲的意志，进而引申出社会契约的决定理论，认为法是社会契约的结果；还有人论证了历史传统、地理因素等在法产生过程中所起的作用；除此之外，人们还注意到了社会心理因素对法产生的影响，认为包括法在内的各种国家权力形式是默写心理规律的自然后果，是由人们的特殊心理体验而形成的；马克思则认为法的产生离不开私有制、阶级、国家的产生和发展。以上各种观点都是从各个不同的角度、考察各种因素对法产生所起的作用出发

的。但纵观法学发展历史，科技的发展状况与法律起源的内在关系不能不在法起源研究的范畴之中。众所周知，任何规则制度的产生都得益于生产力的发展，法律也不例外。谈及法的起源，必须追溯到原始社会。在旧石器时代的早期和中期，根本无科技可言，人们生活在血缘家族里，由于没有固定的组织集团，没有稳定的生活，所以只形成了一些原始习惯，这些习惯尚不构成法，但它是法律产生的前提。随后，随着弓箭等生产工具的发明和使用，人类进入新石器时代，产生了原始的农业和畜牧业，人们的活动已经在一定的规则下比较有序地进行，形成了我们所说的习惯法。从母系社会向父系社会过渡，从习惯法发展到成文法的漫长过程离不开后来的几次社会大分工，而这几次社会大分工得以实现，与金属工具的出现和广泛应用是分不开的。科技的发展及其变革，虽然没有直接作用于法律的生成，但它势必影响到人类的社会生活。社会生活的内容的大大增加，生活方式的种种改变，这些都要体现在社会制度的变革上来。法律作为文明社会中基本有效的调控手段也应运而生了，因此科技作为社会制度得以出现的内动力这一角色是不可否认的。

（二）科技发展不断推动法的发展

　　法律的发展过程随着人类社会文明程度的提高，也经历了一个漫长过程。从简单的行为规范发展到现今体系完备的法典，从单一的局部规范到包含诸多方面的门类齐全的法律体系，法律发展是一个复杂交错的动态过程。在复杂的法律现象背后，它所呈现的发展轨迹所折射出的规律性却受着诸多因素制约，是各种因素共同作用的结果，而其中一个分力就是科学技术。具体来说，由于法律的发展变化表现在方方面面，所以每一处变化与科技的联系是我们难以穷尽的。首先，从工具层面而言，科学技术作为法律手段已应用于法律实践中，因此，法律越发不能封闭独立、自成体系了，它越来越需要其他领域诸如科技领域的现有成果，来提高法律运行的质量与效率，同时也日益成为法律规定的科学依据。其次，从内容层面上看，正是由于现代科技的发展，导致了许多新的社会关系需要法律调整，进而制定了与科技内容有关的法律规范，甚者还出现了许多专门调整科学法律关系的部门法，大大丰富了法律的内容，扩展了法学的视野。再次，科技的发展促进了某些法律制度的变迁。例如刑法中的刑讯逼供制度在古代社会是合法的，因为在没有其他方式证明案件事实的情况下，当事人的供述变得尤为重要甚至是唯一的证据。然而随着现代技术如指纹鉴定技术、足迹鉴定技术、笔迹鉴定技术、测谎技术等获得证据手段的出现，还有诸如 DNA 技术的发展，使得采集可行客观的证据变得简单和方便，又鉴于此种制度容易造成"冤假错案"，因此目前世界各国都严禁采用刑讯逼供。由此可以看出，法律制度的文明演化也并非是人类意识形态的单纯进化的结果，在它背后绝对隐藏着必要的物态基础，也正是由于这些可考证的因素的存在，增大了我们对法律规律把握的可能性。最后，科技对法本身产生了诸多影响。如我们前面讨论的法的概念、不同时代对法的不同理解，以及法律所表现出来的众多特征，科技都起到了相当的作用，这里不再赘述。随着二者的进一步发展，还可能出现更多的作用方式，科技将更好地促进法律的变革，为公平正义的目标实现奠定科学基础。

自然科学不断探索的精神，也提供给法学这样一个目标，即在法律法学的发展过程中，不断追求一个终极价值和标准。而这一思路也势必会促进法律科学的长足发展，人们不断从不同角度，采用不同方法，把新的内容注入法学，使得法学的发展随其他学科一样，日新月异、欣欣向荣。

四、从法制运行中直观科学技术的作用

法律运行是一个包括众多环节、涉及诸多问题，也是以最终实现法律功能为目的的动态过程。影响法制运行的因素有很多，最表层的包括行使国家立法权的立法机关所制定的法律是否是良法，如果是良法，执法机关在执行过程中是否做到了严格执法；其次是人们是否能严格按照法律办事，做到守法的要求，进而树立更高层次的法律情感和法律信仰；若以上方面出现了问题，司法机关是否能及时有效地通过司法途径恢复原有权利义务关系，以达到法律的最后矫正。但是为了达到以上目的，在提高立法技术，增强执法、司法水平的过程中，科技因素扮演的角色同样不可小觑。

（一）科学技术对立法的影响

现代立法，已不仅仅是立法者根据法制传统与社会需要制定出法律、法规这一简单的过程。科学技术也日益渗透到立法领域，改变着立法方式，充实着立法内容。具体说来，首先是对立法内容的影响。科技成果一旦进入生产与生活领域，种种新的社会关系就会相继出现，而法律作为调整社会管理的手段，必要与科技产生某种联系。例如法律对科学技术发展有着保障和促进作用，它可以组织和协调科技活动，为科技活动和科学管理提供民主、科学的规则和程序；法调节科技成果产生的利益关系，保证和促进科技成果的合理使用和推广；法协调科学技术与人的冲突关系，保证科技为人类福祉服务；推动国际间科技合作，促进科技的全球共享和高效运行；确认和保障科技活动主体科研创造的自由，推进科技的发展。另外，法律还为科技发展提供了良好的社会环境。因此要使法与科技正确定位，使法律中有科技的成分，科技的发展受法律的调控，加强科技法制化进程，是最大化发挥二者作用的有效途径。基于此，科技方面的立法必不可少，专利法、计算机法、基因技术法、航空法、原子能法、宇宙空间法等纷纷登上法律史舞台。回顾科技立法的历史，1474 年，威尼斯共和国颁布了人类历史上第一个专利法，开创了以法律保护技术发明的先河。到工业革命开始后，美国、德国、法国、俄国、日本等国家都相继颁布了专利法，开启了科技法发展的一个重要阶段。世界各国都相继颁布了各自的专利法、知识产权法来规范科技成果和规范科技活动。随后，美国在

1950 年制定了《科学基金法》，为形成现代科技法体系打下了基础。英国在 1965 年制定了《科学技术法》。韩国、奥地利、法国等也相继制定出了一系列的现代科技法律。我国也于 1993 年全国人大八届常委会第二次会议审议通过了《中华人民共和国科技进步法》，并于同年 10 月 1 日起施行，用以指导和推动我国科技事业的发展。同时，科学技术本身就是双面的，它在带来巨大的财富和利益的同时，也会造成灾难和损失，成为人类社会发展的巨大障碍。科学技术本身是没有善恶之分的，但若滥用或失控则会引发各样的社会问题，破坏人与自然的协调和平。由法律对这一方面进行有效规制和合理引导显得尤为重要。其次是对立法技术的影响。在科技不发达的时代，科学技术很难应用到立法当中，而立法作为一项严密科学的法制过程，如果能得到科技的协助，势必如虎添翼。例如我国《婚姻法》所规定的禁止结婚的四条规定，就是以医学、遗传学和其他生物科学为根据的。还有一些涉及环境领域的立法，也必须要以环境科学作为依据，进行符合自然规律的法律制定。再次，通过立法内容和立法技术的改变，最终有助于法制精神的实现。具体说来，就是对于立法者，能提高民主合法性，提高立法质量，降低立法成本；对于民众来说，科技立法能维护自己的合法权益，使得他们更多地支持和理解立法，促进立法的科学化和民主化，为法制精神和法律价值的最终实现提供有效的支持。

（二）科技对执法、司法工作产生的积极作用

通讯技术、计算机技术、生物化学等科学技术早已应用到执法当中，提高了执法质量和效率，保障了执法的公正。在司法方面，科技对于司法的各个主要环节——事实认定、法律适用和法律推理等过程也都发生了深刻的影响。例如，司法人员得以准确查获案件证据的手段之一，就是借助于如微电子技术、通信技术、生物医学技术、摄影技术等，以达到准确认定事实的目的。在法律适用方面，最值得一提的是计算机的辅助功能。如可以通过计算机系统进

行文书处理、信息检索查询，而这些工作对于人工方法早已适应不了目前数量如此庞大的法律系统，而对于计算机却是轻而易举的事。另外，由于计算机和人工智能的发展，以电脑为代表的科技已具有了判断、推理等逻辑功能，如"法律专家系统"的出现，无疑都对相同案件的处理保证了其公正公平。从实现法律价值这一角度而言，科学技术参与执法司法保证了执法司法过程的严格合法性，对不同的相对人和当事人能够一视同仁，有助于真正达到公平、公正；另外，处理法律纠纷的时间大大缩减，执法速率不断提高，使得法律追求的效率价值得以实现，通过这一系列的保障，进而达到法律维护社会秩序的目的。

五、从法学的研究中感受科技方法的渗透和引入

法学作为研究法律现象的一门独立科学，有它自身独特的研究方法，进而形成一定的方法论体系，这是法学作为独立科学得以存在的必不可少的条件之一。从另一方面讲，方法论问题已不单单是众多方法的简单集合，它作为求得真知的有效途径而得以自成体系，其丰富和发展的程度也足以成为独立的学科。我们把方法理解为"达到认识，接近某种事物的途径"。①"人们为解决某一问题而采取的特定步骤和方式，既指认识方式，也包括实践方式。"②可见，设定和选择方法的目的，是为了接近所要认识的事物，然而这并不排除它特有的价值属性。方法论是指将"某一领域分散的各种具体方法组织起来并给予理论上的说明"。③"是由各种方法组

① 吕世伦、文正邦：《法哲学论》，中国人民大学出版社1999年版，第603页。
② 张文显：《马克思主义法理学——理论与方法论》，吉林大学出版社1993年版，第45页。
③ 张文显：《法理学》，法律出版社1997年版，第15页。

成的一个整体的方法体系，以及对这一方法体系的理论阐释。"①
由于方法的多样性和优劣性，必然要对它进行分析、阐释，形成一
定的体系，即形成方法论。当然，此方法论体系尽管是高度理论化
的产物，但它仍然包括哲学意义上，也就是普遍适用的方法论，同
时也包括涉及各个学科的具体方法，法学方法论就是其中之一，是
指"研究法现象的各种方法、手段、程序的综合性知识体系"。②
自法学发展以来，形成了种类众多、并已反复应用的方法，如价值
分析的方法、历史考察的方法，实证分析的方法、比较研究的方
法、经济分析的方法、社会学法学方法等。综观这些传统方法中的
科学因素和当今出现的以自然科学为主导的应用于社会学和法学的
方法，可以看出科学方法对法学方法的影响程度。

（一）传统法学方法中科学因素的渗透

这点尤为突出地表现在实证主义法学所推崇的分析实证方法
中。如前所述，实证主义本身就是在受自然科学巨大成果影响的基
础上逐步发展起来的，其方法论不可避免地要受到自然科学方法论
的影响。"当自然科学以一种认识论模式的面目出现，它使得任何
学说的科学含量必须以实证检验为尺度。"③ 因此，之前的理论和
权威很快被经验验证所取代，试图用分析、实证来研究社会现象和
法现象，使得法律成为一个严密的逻辑体系，并在一定意义上，用
自然科学的方法来统一法学，这就是此方法的特点所在。借鉴自然
科学的方法并大胆应用到法学中，这在当时，是一个不小的进步和
突破，也有助于加强法律的严密性和逻辑性。但后来随着这种方法

---

① 吕世伦、文正邦：《法哲学论》，中国人民大学出版社 1999 年版，第
615 页。

② 吕世伦、文正邦：《法哲学论》，中国人民大学出版社 1999 年版，第
612 页。

③ 李可、罗洪洋：《法学方法论》，贵州人民出版社 2003 年版，第 22
页。

与现实生活的不适应程度的加强，逐渐被其他新出现的方法所代替。其中，以波斯纳为代表的经济分析法学派所提倡的经济分析方法最为典型，这种方法主要是凭借经济学的概念和研究思路对法律现象进行描述和分析。然而综观当代经济学的发展，其中一个重要工具就是数学，数量分析和数学模型是经济学方法的基础，而这个基础也随着经济分析方法的引入渗透到法学方法中来。除此之外，由杰克森、柯文尔森倡导的符号法学，也是将符号学的方法引入到法学中来。他们认为法律现象是一种符号，法律概念也是一种符号，法律理论也是一种符号，立法者的活动是一种运作符号的过程，法官判案的过程也充满了符号。总之，对法学现象和法律理论都进行符号学的分析，用一种全新的工具——符号来构筑整个法体系，这些也都是建立在符号学高度发展的基础上。另外，行为主义法学、心理学法学等都是不同程度地运用自然科学研究方法进行了法学研究。从某种意义上说，他们所创立的各种法律学说都是建立在不同方法之上的。由此可见，自然科学研究方法对法学方法的影响是很大的。

（二）科学方法对法学思维之影响

科学的理性思维和法学的理性思维，是法学区别于其他人文科学的一个显著特征。它的理性思维决定了法学研究必须要建立在概念、判断、推理的基础上。如同科学概念的严密性，法律术语和有关概念必然要符合一定的逻辑性和严密性，寻找普遍共性而排除主体的主观感受，构成法律思维的静态内容。又如同判断命题的成立要符合内在因果性，法律本身也是由众多命题组成的，所以说，逻辑学的原理同样适用于法学，成为法律逻辑的基础。至于法律中广泛运用的推理又包括很多，像归纳和演绎、分析和综合、抽象和具体、类比、假说等，此类方法早已被法学广泛应用。总而言之，如果没有这些概念和方法的支持，我们难以想象法学将是什么样子，在这个意义上，自然科学的理性方法完全适用于法学。法律思维应用的典型代表就是法律人运用法律时的专业思维，如法官思维就是努力突破自身主观性的影响，而极力建立在以一定科技手段提供的材料的基础上，得出客观理性的结论。这种独特的思维方式排除感情、个人偏见、主观态度等对案件事实的干预，而大量运用材料分析、判断、推理的科学方法进行案件处理。此外，检察官、律师等法律人的思维也都是从不同的立场出发，服务于不同目的的科学思维，因此说，科学思维指导着法律实践的进行。

（三）法学研究中对科技的最新引进

从技术层面上讲，已有不少人把自然科学的具体方法直接引入到法学中来，其中较为典型的就是系统论、信息论和控制论的引入。这些理论都是从不同侧面揭示客观世界的内在联系和运动规律，为现代科技的发展提供了新的思想方法。系统论定义为，由若干要素以一定结构形式联结构成的具有某种功能的有机整体。在这个定义中包括了系统、要素、结构、功能四个概念，表明了要素与要素、要素与系统、系统与环境三方面的关系。系统论认为，整体性、关联性、等级结构性、动态平衡性、时序性等是所有系统的共同的基本特征。这是系统论的核心内容。我国法学界对系统论的运用是与系统论思想在我国的传播同步的。虽然钱学森在 20 世纪 50年代就著有《工程控制论》一书，但直至 70 年代末 80 年代初，西方的系统论思想才在我国传播开来并受到重视，与外国相比，我国对系统论的运用起步较晚。在 1979 年举行的一次系统工程会议上，由钱学森首次提出了"法治系统工程"的概念，此后，吴世宦、常远等一批学者就法治系统工程问题展开了进一步的研究和探讨。以吴世宦的《论法治系统工程》（1986 年）和《法治系统工程学》（1988 年）等为代表的一系列专著和论文相继发表。总的来说，这些研究均是把系统论的基本概念，如系统、要素、结构、功能分别与法学中的概念相对应，使得法律成为一个有着一定结构，具有一定功能的整体，法律运行的各个环节能够高速有效、有条不紊地进行。系统论作为一种科学方法为我们提供了新的认识工具，可有助于从新的角度观察法律活动，能使我们更为清楚地认识到整个法律体系的结构、功能及各种机制，从而有效地解决各种问题。鉴于系统论在其他领域所取得的巨大成绩，我们同样期待它在法学领域中发挥积极作用。

信息论是关于信息的本质和传输规律的科学的理论，是研究信息的计量、发送、传递、交换、接收和储存的一门新兴学科。人类的社会生活是不能离开信息的。人类的社会实践活动不仅需要对周围世界的情况有所了解并能作出正确的反应，而且还要与周围的人群沟通关系才能协调地行动。这就是说，人类不仅时刻需要从自然界获得信息，而且人与人之间也需要进行通讯，交流信息。在法学研究中，这一方法的适用性尤为突出，如法学研究中的信息存储，以及法律运行的信息反馈，都是很有价值的。贯穿法制运行全过程的具体环节，诸如立法信息的搜集，法律实施状况的反馈，法律监督的技术使用都离不开信息论的支持。

控制论是研究各类系统的调节和控制规律的科学。控制论一词来自希腊语，原意为掌舵术，包含了调节、操纵、管理、指挥、监督等多方面的含义。控制论的研究表明，无论自动机器，还是神经系统、生命系统、以至经济系统、社会系统，撇开各自的质态特点，都可以看做是一个自动控制系统。在这类系统中有专门的调节装置来控制系统的运转，维持自身的稳定和系统的目的功能。把它应用于法律中，就是发挥法律对其自身和外部的控制功能，使得法律系统真正高效、有序地运转，实现自我调节和自我完善的作用。由此可见，以系统论、信息论和控制论为代表的新的科学方法已经应用到法学中来，并取得了一定的成效。此外，混沌理论、博弈理论、模糊理论、概率论等系统科学也常被用来进行法学研究。然而，自然科学的发展是永无止境的，它所运用的方法亦层出不穷。而我们的法学方法的确立也不可能一劳永逸，不断地从自然科学中吸收养分为我所用就是一个已经被证明了的有效方法。

六、从现代科技的迅猛发展关注法与科技关系的未来走向

随着人类步入 21 世纪，"新的科学发现，新的技术突破以及重大集成创新不断涌现，学科交叉融合进一步发展，科学与技术不断更新，科学传播、技术传播和规模产业化速度越来越快"，① 科学技术将以一种人们难以想象的进程飞速发展，呈现出一种学科交叉、群体突破、日新月异的景象。具体的表现，正如中科院院长路甬祥所总结的：信息科技发挥主导作用；生命科学和生物技术正酝酿一系列重大突破；物质科学焕发新的生机；新材料继续成为人类文明的基石；资源环境科学技术发展迅速；能源科学技术越来越受到重视；空间和海洋科技为人类开辟新的疆域……总之，高新技术的超速发展将继续推动生产力的发展，促使生产方式发生变革，推动全球经济的发展，不仅如此，科技还将改变人类的生活方式，对社会、文化、政治、教育等都起到了巨大影响，同样，对法律和法学也提出了前所未有的挑战。

（一）高科技对于现代法律的全新挑战

科技的新发展，除了对法的各个方面产生一些规律性的影响外，由于科技本身所呈现出的一些新特点和发展态势，对法律还将产生一些不曾涉及的问题。而这些影响，并不仅仅是浅层的和局部的，它很大程度地影响法律本身，激发法制思想的再一次革命和创新。首先是对法律调整对象、法律主体的影响。在以往的传统观念中，法律所调整的是人与人之间的社会关系，因此，作为法律关系的主体，当然只限于人的范围，然而，随着经济发展的过程，人的

---

① 路甬祥："世界科技发展的新趋势及其影响"，载《中国科技奖励》2005 年第 3 期。

概念已经从自然人发展到法人及非法人团体。特别是由于科学技术水平的不断提高，使得人类与自然界从对立走向融合，逐渐把人与自然的关系也纳入到法律的调整范围中来。随之，作为法律关系的主体就不仅仅包括人，还应包括自然以及其他非人生命体。例如西方就有学者提倡对动物权利、生命体权利和自然体权利予以保护；在实践中，也已经出现了以动物作为诉讼主体的案例，这些都无疑是对传统法律一个不小的冲击。其次是对权利的重新诠释。"权利"作为法理学的基石范畴，作为法律关系中的核心内容，是法律的逻辑起点和理论前提。然而就是这个逻辑起点，正经历着科技给予的新的诠释。以往的权利内容仅仅定位在当代人的权利范围之内，法律调整也主要集中在对现有权利的分配和调整上。然而，尤其是在可持续发展理论支持下，权利的范围将扩展到后代人的权利、自然界的权利、动物的权利。例如近年来出现的环境权、发展权，都将充实着权利的内涵，拓展着法学的视野。再次是对法律价值的重新理解。例如对于法律中"公平"这一目的价值，传统的标准只是肯定人在社会中得到公平对待，法律要本着公平、公正的原则和态度予以调整；而现在由于可持续发展理论，出现了代内公平和代际公平的概念。又如另一重要的"正义"价值，先前只局限在人类社会范围内，而目前又提出了"环境正义"、"绿色正义"等全新的理论，突破了这一范围，显然也是科学技术不断拓展的结果和需求。

（二）现代法律对于科技问题的最新关注

高科技的不断发展，使得人类对自然界的无限探索和人与自然的"亲密接触"成为可能，而"亲密接触"的结果，就是将自然科学过程中存在的问题纳入到法律视线中来。尤其是当前出现的一系列有关资源环境的问题、如何实现人与自然和谐发展的问题，以及如何实现经济社会全面协调可持续发展的问题，已超出了科学技术本身的能力范围，需要法律对此予以调整、规制和引导。另外，在理论界，有关这方面的研究也较多。例如，有的学者针对科技伦理对科技行为规范作用的有限性，提议进行科技伦理法研究，也就是使已形成共识的科技伦理道德上升为法律规范，以此用权利义务的形式规范科技行为。这一举措将有效结合法律与道德的特点。除此之外，对人与自然法律化的研究也在进行中。

综上所述，科学技术为法律的变革提供了不断更新的理论和方法，促进了法律理论的深入和法律文化的进步，也为法学开辟了许多新的研究领域，不断充实着法的内容。另外，它为法学提供了一套科学的知识体系，有力地推动了法律的科学化进程。与此同时，层出不穷的社会问题，可持续发展中遇到的诸多困难，构建和谐社会过程中的众多环节，也都离不开法律的调整和保障。由此可见，法与科技关系的当代互动将从一个多方位、多层次、系统全面的方向展现开来。

第七章　提升环境权保护的
　　　　法律地位

　　据英国《自然》杂志发表的论文资料记载，地球平均每年向人类无偿提供的各种资源总价值高达33万亿美元，超过全球各国年国民生产总值之和。① 已经有越来越多的人认可自然环境具有内在价值，自然环境的内在价值也已为某些法律条文和国际条约所规定。一些生态方面的学者甚至认为，环境具有用传统方法无法计算的价值。环境伦理道德与环境资源价值观紧密联系。实现人与自然和谐共处，是人类社会和自然法学理论追求的理想境界。既尊重人的尊严又尊重大自然的尊严，既承认人的价值又承认环境的价值，是环境资源法的基本价值取向。人生活于自然环境之中，从生至死都蒙受自然的恩泽，人必须尊重和热爱自然，将与自然和谐共处作为基本的行为准则。环境权的产生及发展体现了人类理性思辨的发

---

　　① 载《中国环境报》1997年5月22日。

展过程。

一、环境权保护的现状分析

（一）环境权的含义

环境是环境权的客观物质基础。通常意义上的环境，指的是以人类为中心的物质环境，它是相对于中心事物而存在的概念。在环境科学上，根据《中国大百科全书·环境科学》，环境是指围绕着人群的空间，及其中可以直接或者间接影响人类生活和发展的各种自然因素的总体。我国《环境保护法》第2条规定："本法所称环境，是指影响人类生存和发展的各种天然的和经过人工改造的自然因素的总体，包括大气、水、海洋、土地、矿藏、森林、草原、野生生物、自然遗迹、人文遗迹、自然保护区、风景名胜区、城市和乡村。"关于环境的学理定义，虽然学者们有不同的见解，但大都是在法律定义的基础上所做的归纳和总结，并没有超出法律定义的范围。

环境权，作为一种新的权利概念，如何理解，学界看法各异。总的来说有以下三种定义方法：一是将环境权仅限于公民所享有的权利范围之内，定义为公民享有的在不被污染和破坏的环境中生存及利用环境资源的权利；二是将环境权的主体予以扩展，定义为环境法律关系的主体享有的适宜健康和良好生活环境，以及合理利用环境资源的基本权利；三是强调环境权权利义务的一致性，将其定义为环境法律关系主体就其赖以生存、发展的环境所享有的基本权利和承担的基本义务。但目前的这些定义方法都仅是将环境权作为一个法定权利来阐述，而忽视了环境权作为一项应有权利的未法律化方面，因此都是不全面的。笔者以为，比较精确的定义应为：环境权是指人类或其他有关主体对于影响其生存和发展的各种自然物质因素所享有的各种权利以及由此所承担的在他们之间产生的各种义务。

环境权是一种不能定性为私权或公权的复合性权利形态,① 至少应该包括三部分:

一是基本环境权。目前,学界通说认为环境权是第三代人权。既然它是一项公民基本权利,就应先由一国宪法来确认,宪法所规定的公民权利是抽象的、概括的,其实现需要各部门法来保障,所以称为基本的环境权。而基本环境权确立后,实体环境权和程序环境权才有可能获得"高级法"的背景。

二是实体环境权。实体环境权指居民享有的生命健康和财产不受环境污染侵害的权利。有些学者主张民法上的财产权或人格权的内容就已经涵盖了基本环境权的权能。但是,对不同权利的司法救济程序是极不相同的,环境污染对居民财产和生命健康侵害的累积性、缓慢性、间接性,使其举证比一般侵权行为的举证要困难得多。所以,环境侵权诉讼中的证明标准和举证责任都与一般侵权不同。并不能因为基本环境权含有财产权与人格权的内容,就否认它应当作为新型法律权利的必要。

三是程序环境权。这是公民参与行政部门有关环境保护或可能导致环境污染的抽象行政行为和具体行政行为作出过程的权利。鉴于环境污染造成的侵害程度大、范围广、时间长,单纯依靠基本环境权是不能保护居民的环境权益的。因为污染者承担赔偿责任的能力有限,或当损害结果被发现时,污染者已经不复存在。这在环保思想上也是由末端控制向源头控制、全程控制转变的体现,也践履了公众参与、环境民主的环境法基本原则。程序环境权还需要知情权、参与权等来具体体现,如果这些权利受到侵害,则要通过行政

---

① 环境法学界对环境权的属性,大致有两种截然不同的观点:一种认为,环境权是环境法确认和保护的公益权或社会权;另一种则认为环境权是民法确认和保护的私权。参见朱谦:"论环境权的法律属性",载《中国法学》2001 年第 3 期。

诉讼来予以救济。

只有明确了环境权及与其密切相关的基本概念问题，才能有效理解和解决环境权的有关问题。

（二）环境权在立法与法律实施中的困境

在环境问题日益严峻，作为公民一项基本权利的环境权呼声日益高涨的今天，人们迅速接受了环境保护的观念，社会对以法律手段管理环境寄予厚望。在和谐社会的构建过程中，环境权引发的问题和争议及其实践困境不可避免地摆在人们视野内。

第一，国际环境权立法沿革。1960 年前西德一位医生向"欧洲人权委员会"提出"向北海倾倒废弃物"是侵犯人权的行为，从而引发了是否要把环境权追加进欧洲人权清单的争论。1970 年，在东京召开了"关于环境破坏的东京公害研讨会"，会后发表的《东京宣言》第五项中指出："我们请求把每个人享有健康和福利等要素的环境权利和当代传给后代的遗产应是一种富有自然美的自然资源权利，作为一种基本人权，在法律体系中确定下来。"

环境权首次得到国际社会的承认是在 1972 年 6 月在斯德哥尔摩召开的联合国人类环境会议上，会议通过的《人类环境宣言》认为，人类有权在一种能过尊严和福利生活的环境中，享有自由、平等和充足的生命条件的基本权利，并且负有保护和改善这一代和将来世世代代的环境的庄严责任。1973 年维也纳欧洲环境部长会议上制定的《欧洲自然资源宣言草案》将环境权作为新的人权，并认为其应作为《欧洲人权宣言》的补充。

环境权在国际社会提出后，推动了各国关于环境权的承认，各国环境立法涌动。综观各国立法现状，环境权立法大致有以下情形：

有的国家在宪法中明确创设环境权。如韩国 1980 年《宪法》第 33 条规定："国民有生活在清洁环境之权利。国家、国民均负有环境保护的义务。"一些国家在宪法中宣示对环境进行保护。如我国 1982 年《宪法》第 26 条第 1 款规定："国家保护和改善生活环境，防治污染和其他公害。"

有的国家是通过宪法进行解释以获得环境权的根据。如日本《宪法》第 25 条规定："一切国民均享受最低限度的健康而文明的生活的权利。国家必须在生活的一切方面努力提高和增进社会福利、社会保障以及公共卫生的事业。"以及第 13 条规定："一切国民均作为个人而受到尊重。对于国民生存、自由及追求幸福的权利，只要不违反公共的福利，必须在立法及其他国政上予以最大的尊重。"①

还有的国家是在环境保护立法中对环境权进行规定。如美国 1969 年《国家环境政策法》第 3 条规定："国会认为，每个人都应当享受健康的环境，同时每个人也有责任对维护和改善环境作出贡献。"日本 1969 年《东京都防止公害条例》的序言明确规定："所有市民都有过健康、安全以及舒适的生活的权利，这种权利不能因公害而受到侵害。"

国际上有关环境权的种种规定为各国环境权立法实践提供了宝贵的范例，推动着环境权逐渐为越来越多的国家所认可。

第二，我国环境权的法律规定。我国目前的生态环境立法已初成体系，具体有《环境保护法》、《海洋环境保护法》、《水污染防治法》、《大气污染防治法》、《海洋倾废管理条例》、《森林法》、《草原法》、《矿产资源法》等。但长期以来，我国的生态环境立法一直受到非理性思路的影响，在立法时容易就一时一事作出规定，缺乏深厚的理论基础以及体系化的通盘考虑和综合平衡，不同程度地存在诸如立法目的偏颇、环境权规定相对模糊、权利设置欠缺等种种问题，严重影响了法律的严肃性和实施的效果，造成实践中的执法困境。对法律来说，"法律将容忍事实上的困难，而不能容忍

---

① ［日］大须贺明："环境权的法理"，载《西北大学学报》（哲社版）1999 年第 1 期。

不一致性和逻辑的缺陷。"①

　　首先，环境保护基本法的立法目的有偏颇。我国现行《环境保护法》第 1 条明确规定："为保护和改善生活环境与生态环境，防治污染和其他公害，保障人体健康，促进社会主义现代化建设的发展，制定本法。"显然，这一立法目的与可持续发展的要求并不符。可持续发展以追求人与自然的和谐为核心，以强调当代人与后代人发展机会的平等为主要内容。而现行《环境保护法》的上述立法目的对此则没有体现，其所强调的只是当代人的环境权利和发展权利，而未涉及后代人的环境权利和发展权利。

　　其次，我国法律关于环境权的规定过于原则，操作性不强。比如《宪法》关于国家保护环境职责的规定，既是权利又是义务，由此可以推出国家环境权。再如《环境保护法》规定："一切单位和个人都有保护环境的义务，并有权对污染和破坏环境的单位和个人进行检举和控告。"这一规定赋予了公民和法人及其他组织检举和控告权。

　　但这并不意味着我国法律已经明确确立了环境权。因为权利只有成为决定当事人利益的审判规范时，才具有能够实现的意义。而上述法律规定虽在一定程度上涉及环境权的某些内容，但是这些规定过于原则，尤其是对公民环境权不过是作为一种宣言性的规范加以确定，而不具有任何实体权利性质。虽然上述法律也赋予公民和法人及其他组织检举和控告权，但是按照我国目前的《民事诉讼法》和《行政诉讼法》关于原告资格的规定，公民、法人及其他组织并不能依据这些规定，行使检举权和控告权，对环境侵权行为

---

① ［美］E·博登海默：《法理学——法律哲学与法律方法》，邓正来译，中国政法大学出版社 2004 年版，第 235 页。

进行起诉。①

再次，我国现行法律中环境权保护的内容相对欠缺，保护不力。

一是刑法对侵害环境犯罪的打击不力。刑法的宗旨是对人身或财产权的保护。虽然也有对危害环境的犯罪作出的规定，但是刑法对自然资源以及动植物的保护是针对对人类有经济价值的资源而言的。如我国刑法，对于盗伐珍稀濒危树种的处罚，可能会因为经济价值不高不够定罪量刑条件，而失去环境保护的意义。

二是当前行政法对环境保护力度不够。如按照现行生态环境法律法规的规定，我国环境资源管理体制上人为地分割为土地、农牧、矿产、林业、水利等众多产业部门和行政区划。这些产业部门和行政区划的第一职能并不是保护环境资源，而是通过开发利用自然资源创造经济效益，因此必然与环保部门发生权力冲突。后果是很多部门经常从部门利益出发，对本部门有利可图的，往往互相争夺审批、发证、收费、处罚、解释等权限，而无利可图的则往往无人愿意负责，互相扯皮、推诿，人为造成许多工作漏洞，环保部门"统一监督管理"的职能在很大程度上被肢解和架空。

三是民事权利设置的相对欠缺。过去对违反环境权保护的民事责任设置过于宽泛和原则化，不利于司法操作。如当时我国有关相邻环境权的规定，主要见于《民法通则》第83条："不动产的相邻各方，应当按照有利生产、方便生活、团结互助、公平合理的精神，正确处理截水、排水、通行、通风、采光等方面的相邻关系。给相邻方造成妨碍或者损失的，应当停止侵害，排除妨碍，赔偿损

---

① 根据《民事诉讼法》第108条规定："原告是与本案有直接利害关系的公民、法人和其他组织"，而环境侵权大多为"间接的"侵权。根据《行政诉讼法》第41条规定："原告是认为具体行政行为侵犯其合法权益的公民、法人或者其他组织。"即原告是该法列举受案范围的行政管理相对人，而不是上述享有检举权和控告权的主体。

失。"过于笼统，操作性差，无法充分保护相邻生活环境。

可喜的是 2007 年 3 月 16 日通过的《物权法》第七章将相邻环境权的规定具体细化了，如第 89 条规定："建造建筑物，不得违反国家有关工程建设标准，妨碍相邻建筑物的通风、采光和日照。"第 90 条规定："不动产权利人不得违反国家规定弃置固体废物，排放大气污染物、水污染物、噪声、光、电磁波辐射等有害物质。"体现了相邻环境权主体的追求目标，即居住环境或生活环境的优雅与宁静以及精神上的愉悦和舒畅。其具体实施效果如何，我们拭目以待。

通过以上分析可以看出，我国目前的环境权立法存在诸多问题，还不能适应社会生活发展之需要，直接影响了我国对环境权保护的实践活动。

第三，我国环境权保障的实践困境。

环境权自身的概念模糊、主体不确定、范围不确定、无法具体化等缺陷，及环境立法实践中的橄榄型缺陷，致使我国目前环境法律实践困难重重。

一是环境权保障的司法实践困境。与环境权的立法相比，我国环境权的保障在司法实践中举步维艰。传统行政诉讼法对环境司法起诉资格的限制已不适应现代社会的发展，我国现行法律，对一些环境违法行为缺乏相应的纠正机制，虽然其行为不是针对具体的人，但由于环境的公共财产属性，其对社会造成的损害最终是由公众分摊的。因此有必要建立环境公益行政诉讼制度，依法启动有关保障环境侵权受害人权益的司法程序。另外，我国一些环境方面的行政法把行政复议作为提起行政诉讼的必要前置程序，甚至把行政复议结果规定为终局性和非可诉的处理结果，这种排除司法救济的做法限制了当事人行政起诉权的行使，已经不适应现代司法的专业化发展趋势。

二是环境权保障的行政执法实践困境。当前，我国在生态环境执法方面存在普遍不力的情况。一些地方政府和综合经济部门及其领导狭隘地从发展本地经济的角度出发，"重开发，轻保护"、"先污染，后治理"，在进行重大经济发展规划和生产力布局时没有进行环境影响评价，个别地方政府和部门甚至作出明显违反环境法律规范的经济发展决策。个别政府部门和领导环境意识和环境法制观念淡薄，以权代法、以亲代法，干预、阻碍环境主管部门的行政执法；对企业违反环保法规，造成严重后果的行为听之任之；有些领导还为之说情护短，帮助企业和有关责任人逃避法律制裁。可以说，对于当前严重的环境问题的产生，执法不力有着不可推卸的责任。

三是环境权保障的守法实践困境。公众环境守法意识的养成是"普遍守法"的根本。梁治平指出："中国固然制定了不少的法律，但人们实际上的价值观念与现行法律是有差距的。而且，情况往往是，制度是现代化的或近于现代化的，意识则是传统的或更近于传统的。"① 而"如果执行和运用着这些现代制度的人，自身还没有从心理、思想、态度和行为方式上都经历一个向现代化的转变，失败和畸形发展的悲剧结局是不可避免的，再完美的现代制度和管理方式，再先进的技术工艺，也会在一群传统人手中变成废纸一堆"。② 我国生态环境法的实施现状告诉我们，如果没有公众的普遍守法意识，再完备的生态环境立法也仅仅是纸面上的东西，而绝不可能落实到公民的自觉行动中。因为，"法律只有在受到信任，并且因而并不要求强制力制裁的时候，才是有效的"。③ "良法之治"仅是生态环境法治的前提，"邦国虽有良法，要是人民不能全

---

① 梁治平等：《新波斯人信札》，贵州人民出版社1988年版，第101页。

② 殷陆君编译：《人的现代化》，四川人民出版社1988年版，第4页。

③ ［美］哈罗德·J.伯尔曼：《法律与宗教》，梁治平译，三联书店1991年版，第43页。

部遵守，依然不能法治"，① 对我国的生态环境法治来说，其最终
实现的标志是"普遍守法"风气的形成。

二、环境权法律保护的主要内容

（一）中国传统环境思维——"天人合一"

生态伦理思维和中国文化精神在系统思维的倾向性上是相契合
的。在中国传统文化中，从哲学层面思考人与自然的系统性主要体
现在"天人合一"这一古老的哲学命题中。中国古代，"天"有不
同的意义规定，"也有说苍茫者，也有说主宰者，也有说单训理
时"。② 天人合一虽然并非只以"人与自然和谐"这样的简单概括
即可获得圆满的解读，但是，天人合一确实表达了一种思维的系统
性和整体性的特点，由此延伸出许多整体主义的环境话语表达。

其一，从天地生人的角度看，认为人只是自然中之一物，但
"二气交感，化生万物。万物生生，而变化无穷焉，唯人也得其秀
而最灵"。③ 这样，"天道与人道实一以贯之。宇宙本根，乃人伦道
德之根源；人伦道德，乃宇宙本根之流行发现"。④ 作为为人之道
的伦理道德首先应提倡有"赞天地之化育"、"与天地参"的胸怀，
不仅要关注人与人之间的关系，而且要把自然万物纳入伦理视野，
协调人与自然的关系。只有当人达到了"德配天地，兼利万物"
时，才是实现了天道与人道的和合。

---

① ［古希腊］亚里士多德：《政治学》，商务印书馆 1983 年版，第 199
页。
② 《朱子语类》卷一。
③ 《太极图说》。
④ 张岱年：《中国哲学大纲》，中国社会科学出版社 1982 年版，第 173
页。

其二，认为人与万物可以相互感通。"天地之大德曰生"，① 人与自然万物都是"天地和气"的结果。从本体论角度看，人与万物是同质同源的，人只是天地中的一部分，并不在自然之外，这样，人在天地宇宙中就必须按照一定的自然规律来行动。

其三，在中国传统文化中，天人合一不仅是一个存在论命题，更重要的是一个价值论命题。这一命题把追求和谐作为一种至高的价值命题，而和谐的根据不在人之外，而在人自身。冯友兰先生就认为"天地境界"乃是人生至高境界，处在这种境界的人获得了对人生价值和意义的最深刻的领悟，总能将自己的生命看成是与宇宙万物同体，超越名利诱惑，真正进入一种知天、事天、乐天以至于同天的境地。

虽然中国传统文化中包含着丰富的与现代生态伦理思维相一致的思想成分，但二者并不是完全对应契合的关系。

现代生态伦理学主张实现人与自然的和谐，是从现代系统科学的角度加以阐发的。并不否认人与自然之间的对立和矛盾，要求承认人与自然的差别，并主张通过实践活动来达到和谐。而"天人合一"的价值取向则更多体现一种原始思维的系统性。在这一系统中，人与自然的关系是朦胧而非精确化的，它内涵着人对自然的敬畏和依顺。因此，两者之间的差别是本质上的而不是以时间上的落差为标志的量上的差别。

（二）空间维度的公正——代内公正

第一，公正及代内公正阐释。"公正"是一个古老的伦理范畴，实现公正是人们久远的价值祈求，这在东西方传统文化中都有体现。西方文化传统中，"公正"是为思想家广为关注的伦理范畴。亚里士多德认为公正有两种情形，一种称为普遍的公正，要求个人必须遵守纪律和道德；另一种称为特殊的公正，主要指在权利

---

① 《周易·系辞》（下）。

和财富的分配上的一种具体规定。罗尔斯指出，作为公平的正义的基本内核是指社会的每一个公民所享有的自由权利的平等性和不可侵犯性。中国历史上，一直就倡导着以公为善、以私为恶的价值导向。《尚书·周官》中就有"以公灭私，民其允怀"的说法。

众说纷纭中实际隐含着不容置疑的共识，就是公正实际上就是寻求各种不同利益之间的均衡与协调。人类生存的环境，是人类所处的属于人类全体的环境。这种整体性对于人类的意义是人类的"共同的利益"。这种环境是不可分的，其带来的利益也是不可分的。人类的环境权是指向这种不可分的环境利益的，是关于人类整体环境的权利。

许多学者都注意到了可持续发展观下环境的整体性，但当讨论与环境有关的理论时，却不自觉地受了自己所感受的或者有关争议所处的局部环境的影响，把整体的环境化简成可分割的环境。"用一个形象的比喻就是，他们把地球环境理解为一个可供多人分享的蛋糕，这种理解看起来顺理成章，但实际上是错误的。遮阳伞是在其下乘凉的人们的共同利益，但这个共同利益并不是每人从遮阳伞上扯一块伞布。完整的遮阳伞才是大家的利益所在，每人分别占有一块伞布是对大家共同利益的葬送。"[①]

所谓"代内公正"，具体是指当代人在利用自然资源满足自己的利益的过程中要体现出机会平等、责任共担、合理补偿，即强调公正地享有地球，把大自然看成当代人共有的家园，平等地享有权利，公平地履行义务。

社会公正要求为自己的作为承担"共同而又差别的责任"。发达国家与发展中国家在生态责任中的差别，原因在于二者给全球环境带来的压力不同。发达国家应在拯救生态危机和帮助贫穷国家人民的过程中承担主要责任，这是对其过度消耗自然资源导致环境恶

---

① 徐祥民："环境权论——人权发展历史分期的视角"，载人大复印资料 2005 年第 1 期。

化的一种补偿。发展中国家也需努力解决生存与发展的矛盾，控制人口增长，寻求解决生态问题的出路。但当今发达国家并没有作出实际的补偿行动，少数国家还竭力维护不公正的局面，如美国政府即对签署保护生物多样性协议持消极立场。

第二，社会正义的要求。"人类的环境是不可分的，但保护环境的义务是可分的。……但由于人类共同的环境义务与小我的眼前利益常常是不一致的，所以，在环境义务的分担和履行上的矛盾是难以避免的。发达国家与发展中国家之间、拥有大量财产的社会强者与只求温饱的社会弱者之间、作为环境管理者的政府与以盈利为目的的企业之间、享受环境的消费者与使用环境的生产者之间，这类矛盾不断发生。如果说义务的能动性和义务主体的主动性对自得权的实现具有决定性作用的话，那么，不同小我之间的处理，包括如何激发小我履行环境义务的主动性，就成了环境权实现的关键。不管是为了实施以保护环境为目的的国际公约，还是为了履行对人类环境权或对国际条约的义务而建立国内立法，都应当致力于解决环境义务的分担和履行问题。"①

可见，要消除环境问题上的不公正现象，必须实现"社会正义"。理查德·豪夫里科特（Richard Hofrichter）指出："所谓环境正义是以资源的可持续利用、人的欲望的满足、生活质量、健康保护、住房、人权、物种保存以及民主主义的提高为目标的社会变革问题。环境正义的中心原则是强调对天然资源的公平分配，强调人人都拥有享受清洁的空气和水、适当的健康保护和住宅以及稳定工作的权利。这些基本要求之所以得不到满足，并不是偶然的，而是由于制度性决定、市场惯例、歧视以及无休止的经济成长要求所造成的。因此，环境问题依然是同贫困、种族歧视、性别歧视、失业、城市的恶化以及由企业活动所引起的生活质量的下降等社会不

---

① 徐祥民："环境权论——人权发展历史分期的视角"，载人大复印资料 2005 年第 1 期。

公正分不开的。"① 从豪夫里科特的"环境正义"定义来看,"环境正义"的中心原则在于对资源、环境利益和社会福利的公平分配,我们的社会之所以不能做到这一点是源于不平等的社会结构,因此,要实现"环境正义"必须重新构筑整个社会秩序,包括消除特权和实现民主主义等。

日本环境正义问题专家户田清认为,如果说国际体制上的不平等、国内的阶级差别、社会财富的分配不公、少数人独裁以及监督体制不完备是环境问题上出现不公正的原因,那么这些因素的一个共同点在于少数强者的支配,即"精英主义"(elitism)。要实现"环境正义"必须要克服"精英主义"。由此,户田清将"环境正义"定义为:"所谓'环境正义'(environmental justice)的思想是指在减少整个人类生活环境负荷的同时,在环境利益(享受环境资源)以及环境破坏的负担(受害)上贯彻'公平原则'(equity principle),以此来同时达到环境保全和社会公正这一目的。"② 从这一定义来看,"环境正义"的前提是社会公正和民主主义。所谓社会公正就是尽量缩小贫富差别,消除人支配人的不平等社会结构,实现"分配上的正义";所谓民主主义就是在制定环境政策时,尽量做到情报公开,充分听取广大群众的意见,做到"手续上的正义"。只有实现了社会公正和民主主义才能最终实现环境正义。

在生态问题上,我们正处于一个个人甚至国家不能单独应对的时代,唯有全世界的人民共同协作和努力,消除代内不公正,才能获得拯救自我的机会。因此,代内公正是对当代人提出的一种普遍

---

① [日] 小原秀雄监修:《環境思想と社会》(環境思想の系譜2),东海大学出版社 1995 年版,第 269—270 页。Richard Hofrichter (ed.). Toxic Struggles: The Theory and Practice of Environmental Justice. Philadelphia: New Society Publishers, 1993.

② [日] 戶田清:"解説社会派エコロジーの思想",载小原秀雄监修:《環境思想と社会》(環境思想の系譜2),东海大学出版社 1995 年版,第 178 页。

的道德要求，以当代人为现实的道德主体，通过相互履行责任和义务来达到公平合理地使用地球资源的目的。

（三）时间维度的公正——代际公正

代际公正是指人类在世代延续的过程中既要保证当代人满足或实现自己的利益需要，还要保证后代人也有机会满足他们的利益需要，要求当代人对后代人负责，不能为己之利断送后代人的生存发展机会。

第一，代际环境权阐释。

1987 年，世界环境与发展委员会所作的《我们共同的未来》的研究报告，首次明确界定了"可持续发展"的概念："既满足当代人的需要，又不对后代人满足其需要的能力构成危害。"并指出，可持续发展能否成功与能否将其转化为全球性伦理道德有关。它包括两个重要的概念：一为"需要"，"尤其是世界上贫困人民的基本需要，应放在特别优先的地位来考虑"。二为"限制"，即"技术状况和社会组织对环境满足眼前和将来需要的能力上施加的限制"。1989 年第 15 届联合国环境署理事会在《关于可持续发展的声明》中重申："可持续发展，系指满足当前需要又不削弱子孙后代满足其需要的能力的发展。"1992 年巴西环境和发展大会提出了可持续发展的总体框架，主要包括生态可持续发展、经济可持续发展和社会可持续发展，其实现需要一种面向未来的价值观念的引导。目前，保障各代人平等的发展权利，走可持续发展之路不仅是对人类社会生产、生活方式及其发展模式的创新，而且也是人类价值观念的一次革命，对各国法学理念产生了重大影响。

代际之间平等享有环境权益是可持续发展的核心及实质所在，华盛顿大学的艾迪·B. 魏伊丝教授在《行星托管：自然保护与代际公平》中提出托管理论，指出每一代人都是后代人的地球权益的托管人，他们在开发、利用、保护自然资源方面享有平等的权利，每一代人都有义务维护不比前代人更坏的环境质量，又有权利享有不比前代人更差的环境质量。她认为，这种代际权不是个人权利，而是集体的权利或代权（generational rights）。

代际环境权廓清了当代人和后代人的权利义务关系，每一代人都有依托自然环境谋求自身发展、增进自身福利的权利，当代人在享有这一权利的时候不应妨碍后代人同样权利的实现，但这并非要求当代人原封不动地将地球环境传递给下一代，而是指后代人利用当时的技术、经济和自然资源条件达到与当代人同样的发展目的。

由此，可以将代际环境权定义为：后代人享有的依托当时的一切自然、社会条件充分发展自我，与当代人同等地享受经济、文化和环境良好发展的权利。

第二，揭开代际环境权的无知之幕。

罗尔斯认为，邻近的两代人之间总有一些利益是重叠的，就像家长都会关心自己的子女一样，这样就可推定"对下一代的任何人，都有现在这代的某个人在关心他。这样，就使所有的人的利益都被照顾到了，在无知之幕的条件下，全部的线头都接到了一起"。① 以此来分析当代人所面对的局势，在利用自然、保护自然上，是需要公正的，但这种公正除了对当代人具有意义外，对后代人也具有意义，并非像罗尔斯所说的是通过假设和推断产生的，也没有为无知之幕所遮蔽，而是能够得到证实或证明的。

因为，人与自然关系状况不仅会对当时的人产生影响，而且会波及后代人，人们破坏大自然的行为可能不会马上招致大自然的报复，但账会算到后代人身上。对当代人来说，如果不积极改善与自然的关系，人类的历史和自然的历史都面临着巨大的危机。当代人对后代人的影响表现为现代的各种生态问题将继续对未来产生影响，而且未来人类生存所依赖的自然机制已十分脆弱，可利用的自然资源所剩无几。

---

① ［美］约翰·罗尔斯：《正义论》，何怀宏、何包钢、廖申白译，中国社会科学出版社 1988 年版，第 123 页。

20 世纪 70 年代起，以时间维度审视人类生活整体性的呼声日益高涨。1972 年联合国斯德哥尔摩人类环境大会所签发的《联合国环境方案》中提出："我们不是继承了地球，而是借用了子孙的地球。"随着环境伦理意识的提高，人们已普遍形成这样的共识：各代人在开发和使用地球上的有限资源，包括严重匮乏的资源时，不能损害后代人的身体健康和生命安全，也不能损害后代人追求其所理解的好生活得平等机会。"在作为公平的正义中，正当的概念是优先于善的观念的。一个正义的社会体系确定了一个范围，个人必须在这一范围内确定他们的目标。"① 保存生命和机会平等是代际正义的基本要求，对生命权和代际平等的保护应优先于对自由权的保护。各代人的欲望都要受到这两个要求的限制，他们对自己的好生活的追求不能超越这一界限。

"可持续发展要求促进这样的观念，即鼓励在生态可能的范围内的消费标准和所有的人可以合理地向往的标准。"② 因此，各代人都应把保护世代间机会平等视为自己的消费自由的约束条件。那些超过了世界平均生态条件的消费水平应适当降低。同时，"各世代都有义务保证其留给未来世代的地球自然和文化资源质量不比其接受这些资源时有所下降"。③ 因此，各代人对可再生资源的使用要限制在这些资源的再生速率的范围内，对不可再生资源的消耗速度也不能快于人们寻求可替代资源的速度。只有这样，才能"确保后代人不遭受那些威胁着他们的健康和生存的污染的危害"。④

---

① ［美］约翰·罗尔斯：《正义论》，何怀宏、何包钢、廖申白译，中国社会科学出版社 1988 年版，第 28 页。

② 世界环境与发展委员会：《我们共同的未来》，王之佳等译，吉林人民出版社 1997 年版，第 33 页。

③ ［美］魏伊丝：《公平地对待未来人类：国际法、共同遗产与世代间衡平》，汪劲等译，法律出版社 2000 年版，第 41 页。

④ 世界环境与发展委员会：《我们共同的未来》，王之佳等译，吉林人民出版社 1997 年版，第 31 页。

后代人追求美好生活的平等机会才不会受到损害。

总之，正如当代人之间对严重匮乏的资源的分配那样，不同世代之间对严重匮乏资源的分配也要遵循正义原则。只要存在着资源匮乏的环境，就需要启用正义原则。

代际公正的伦理要求主要针对已极大地妨碍人类继续生存和发展的人们的生产方式、生活方式以及主导的价值观念。"那种只追求一个人、一代人的幸福的道德只能导致历史的倒退，只能让我们生活得像一根根鸡毛或者一根根芦苇。因此……我们所建立的是与过去那种只求一代人的幸福与欲望满足不同的道德体系和行为规范：这种道德体系必须是跨越时间的道德体系，它要求人在追求幸福时必须充分考虑到代间的平等。代间的平等要求我们——全球的人群共同体在行动时，必须把我们与尚未成为现实的我们的后代，或者是还没有权力和我们竞争获得幸福的后代作为一个整体，要考虑到我们的欲望的满足有可能剥夺了对他们的关心，我们的满足有可能夺走了他们生存和发展的资源。正确对待我们对环境的权利与对下一代应当承担的义务。"[①]

（四）可持续发展环境伦理的实践意义

随着当代环境法学的发展，环境伦理思想日益成为环境法学认识论的重要组成部分，环境道德和环境法的关系成为环境法学的一对基本范畴。人与自然和谐相处，就是既承认自然环境要素不可忽视的作用，又强调人类在自然界良性有序发展过程中的义务和责任，这样既尊重了自然界本身固有的客观演化规律，又维护了人类自身发展的长远利益。

可持续发展环境伦理的基本原则是科学发展观的一个重要的组成部分。从可持续发展环境伦理的价值导向出发，可持续发展环境

---

① 陈鸿清：《生存的忧患》，中国国际广播出版社 2000 年版，第 169页。

伦理的基本原则应当是生态与经济的可持续发展原则，它强调人类在追求生存与发展权利时应保持与自然或生态资源的和谐关系，强调当代人在创造和追求当今经济发展与消费时应承认并努力做到使自己的机会与后代机会均等。

可持续发展环境伦理既不是人类中心主义，也不是非人类中心主义，而是以人与自然和谐统一的整体为中心。和谐原则要求在人地和谐统一的系统价值观基础上，人对自然的开发利用保持在自然生态系统限制之中，实现人类的持续发展和自然环境有序进化。我国前一时期过分着重于国内生产总值的增长，甚至把发展等同于增长，把许多无可回避、必须解决的经济、社会和政治问题留在了后面，这些问题包括：城乡和地区发展差距扩大，贫富差距拉大，经济发展与社会发展失衡，资源环境与发展不协调。要想解决这些不协调的"悖论"，就需要以互动和谐原则为指导。所谓和谐原则，就是指可持续发展环境伦理理念将实现和发展整个人类内部的和睦相处、协调发展和人类与自然的共同生存、互相促进作为要达到的重要目标。人与人的和谐是公平、正义的进一步提炼和升华，是一种整体性的把握和观察角度；人与自然的和谐是主体和谐关系的扩大化。总之和谐原则体现出一种尊重万物自在本性的可持续发展环境伦理。可持续发展环境伦理的和谐原则表现为互动和谐原则，具体体现为经济和谐、生态和谐和社会和谐相贯通的互动和谐原则。

温家宝总理2007年3月5日在十届全国人大五次会议上作政府工作报告时提出，要大力抓好节能降耗、保护环境。并指出：今年在节能环保方面，重点要做好八个方面工作，包括完善并严格执行能耗和环保标准、健全节能环保政策体系、加快节能环保技术进步、加大污染治理和环境保护力度、强化执法监督管理、认真落实节能环保目标责任制等在内。

为实现这一目标，笔者认为，我国要建立健全包括公众环境知情权、参与权、选择权、监督权在内的一系列环境权，保证环境问题上的平等、公正和民主。要制定切实可行的环境政策和法律并保证其能得到公平公正的实现，当然还要考虑社会可承受限度内的执行成本。以实现经济利益和环境效益的同一，实现社会全面可持续发展。

三、环境权保护的法律价值

（一）自然价值与环境权的契合

法律对良好环境权的保障体现了人与自然和谐的理念。"哲学上的每一次更新，每一种新的较有影响的哲学流派的出现，都会引起法学方法论的更新或法学价值定向的改变，并推动着新的法学流派的出现或既有法学流派的分化。"① 生态伦理学的发展，尤其是人与自然和谐理念为环境权由应有权利向法定权利的转化提供了很好的德性支撑。

生态伦理学中，所谓自然价值一方面指自然物对人的有用性，称为自然的使用价值或外在价值；另一方面是指自然界的自满自足，即自然物之间彼此联结、相互利用而产生的动态平衡效应，称为自然自身的价值或自然的内在价值，它强调的是价值的客观性、人的尺度的非唯一性。"我们就要承认不仅人是目的，而且其他生命也是目的；而且要承认自然界的价值。在这里，价值主体不是唯一的，不仅仅人是价值主体，其他生命形式也是价值主体。"②

"价值"与"权利"是紧密联系的。环境伦理学从承认自然的价值出发，把道德权利的概念扩大到生命和自然界的其他实体，承认它们在一种自然状态中持续存在的权利，维护生态秩序的完美与和谐。

---

① 杨通进：《走向深层的环保》，四川人民出版社2000年版，第11页。
② 余谋昌："生态人类中心主义是当代环保运动的唯一旗帜吗？"，载《自然辩证法研究》1997年第9期。

马克思认为，人因为有意识，所以是唯一的主体，其他存在都是人的客体。主客二分的哲学判断事实上宣告人是唯一的法律关系主体，其他动物和自然物都是客体。客体本身并无内在价值，只有在客体实现主体需要的层面上，它才有价值，即价值是主观和客观联系的范畴，客观价值不可能存在，客体没有独立于主体之外的价值；如果客体存在内在价值，人就有可能成为实现其他价值形式的手段，从而动摇人不是手段而是目的的现代法治理论大厦的基石。

从法哲学的立场考察自然的权利向传统法的法理基础提出了挑战。环境权的根本目的和宗旨是保护人类赖以生存和发展的环境，协调人与人、人与自然的关系。如果将现代环境理念也确认为法的价值理念基础的话，那么就应当在法律上确认和保护地球上除人类以外的自然环境的权利，这样，环境权所调整的对象就应包括人类与自然之间的关系了，而实现人与自然的和谐发展正是构建社会主义和谐社会的一项重要课题。因此，研究自然价值有着积极的现实意义。

马克思说，"人在其现实性上，是一切社会关系的总和"，与世间万物发生着复杂而紧密的联系。人类价值观的改变是环境权兴起和发展的思想基础。对环境权立法来说，现代环境价值观将成为代表环境权目的理念的基础和出发点。它是人类社会发展到今天在伦理道德观念上对环境价值和环境权利所表现出的科学的表述形式，是当代和谐社会中环境权立法理念的思想源泉。

和谐社会中，我们需要做的是，创造最佳可用技术以预防污染、治理环境和发展经济，进而，在不损害人类生命与健康的基础上实现社会发展，同时，环境本身也能按照其自身的规则发展自己的历史。这是环境法所追求的人与自然之间的和谐关系，这种关系体现了人类历史发展进程和自然历史发展进程的和谐统一。

（二）多层次的环境道德境界

环境伦理学从它诞生之日起，就试图把道德关怀的范围从人类这一物种扩展到人之外的自然存在物；因而根据其道德关怀的范围就可以确定各流派所代表的多层次的环境道德境界。

人类中心主义认为，人只对人自身，包括其后代，负有道德义务，只有人才具备成为道德顾客的资格；人对人之外的其他自然存在物的义务，只是对人的间接义务。换言之，人们那种损害自然环境的行为之所以是错误的，是由于对环境的破坏将会危及他人的生存。

20 世纪 70 年代以后，人类中心主义的价值观念受到了越来越多的抨击，反人类中心主义兴起，其基本理论宗旨是：生态危机并不只是人类生存环境的恶化，它所透显的是一种文化危机，核心内容是人类价值观念的偏差，所以生态危机只是一种结果，价值观念的失误才是危机的源头。

以往人们所坚持的许多维护人类中心主义价值观的理由在现代科学面前越来越苍白无力，因为无论从体系结构、生理特征，还是从所谓的理性能力、精神气质等诸多方面都无法得出人有绝对高出自然物的充足理由，从而出现了众多反人类中心主义的理论派别，概括起来主要有：1. 动物解放/权利论。认为人不仅对人负有义务，对动物也负有直接的道德义务。因为动物，至少其中的高等动物，也具备成为道德顾客的资格。人们伤害动物的行为之所以是错误的，是由于这种伤害会给动物带来不必要的痛苦或侵犯了动物的基本权利。2. 生物中心主义。认为人的道德义务的范围并不只限于人和动物，人对所有的生命都负有直接的道德义务；所有的生命都具备成为道德顾客的资格。3. 生态中心主义。主张人不仅对生命负有义务，对那些由生物和无生物构成的生态系统也负有直接的道德义务，生态系统也具备成为道德顾客的资格。

人类中心主义与反人类中心主义的道德境界，前者过分突出了人类在自然界中的力量、地位和作用，相应地在价值评判上将人类自身价值凌驾于其他价值之上，认为一切非人类的价值都要服从、服务于人的价值，这种思想造成了人与自然关系的错位；后者则过分强调了人与其他生命体的共性，人与自然在伦理道德上拥有同样的地位和权利，生态中心主义从根本上解决了人类与自然平等的问题，但却忽视了人类在地球环境演变过程中的积极能动作用。笔者认为二者都过于片面，"人与自然和谐相处"的道德境界才能协调人类在开发、利用、保护自然资源环境中形成的各种关系，追求人与自然都要遵循自然规律，和谐相处、共同发展的目标。

人与自然和谐相处的道德境界是人类中心主义和生态中心主义的相互渗透、结合、优化的产物，它在承认人类与其他生命体享有平等的生存发展权利的同时，又强调人类智慧对自然发展规律的掌握和运用，在追求自然利益的同时，维护整个生态系统的稳定、完善和永续发展。

环境法所追求的人与自然的和谐关系，并非赋予自然法律上的主体地位和权利内容，它仅仅是环境法所应具有的一种德性。因为道德是自律的，而法律是他律的，同时自然又不具有人类特有的自由意志，它对法律权利的要求与行使都无从谈起。人与自然的和谐关系在现阶段仅仅是环境法的理念或者说所欲实现的客观目标，而这种理念是任何"中心"主义所不具有的，这种状态的获得从根本上还要依赖环境法对人与人关系的调整。

总之，人与自然和谐相处的思想是环境伦理学领域的一场革命，它反映了环境演变的本质规律，又注重了人类智慧的发挥，与传统的各种环境伦理思想相比，在理论形态上有了质的飞跃，必将推动环境法理的根本性变革。

（三）环境道德与环境法律的关系

第一，环境法律与环境道德相互依存。

讨论环境法律与环境道德间相互依存的合理性，是为环境权由应有权利、法定权利向实有权利转化提供理论基础。权利的设定首先与价值判断直接相联。环境权的立法、司法、执法实践困难重重，从本质上看，是因为环境权缺乏环境伦理的内在支持。环境权作为外在的存在，若没有内化于心的信念支持，很难实现主体的自觉行动。如博登海默所言："任何值得被称为法律制度的制度，必须关注某些基本价值……一个完全无视或忽视上述基本价值的一个价值或多个价值的社会秩序，不能被认为是一个真正的法律秩序。"① 对环境权的法哲学探求正是为了使人类在遇到环境危机时保护自身权利的意识，变得更有目的、更为合理与长远。

"尽管人类可以构建价值，但他们得在一定的环境中运作，从而他们所确定的价值必须有一种对生态系统的服从。这里的必须是一种生态学的描述：实际存在的一些客观规律在限制着人类的活动，并包容了人类的价值构建活动；但这里的必须也是一种道德的规定：其所允许的选择都必须服从生态规律，人应该出于义务的目的去促进自然平衡。但如果我们从前面论证了的基础上再往前走一步，这里说的遵循生态自然就不仅仅是一种精明的手段，被用来达到独立于自然的道德和评价目的，而是本身就是一个目的；或者更精确地说，人类的一切价值都是基于其与环境的联系，这种联系是一切人类价值的依据和支柱。"②

道德是自律的、灵活的、倡导性的，而法律则是他律的、稳定的、强制性的。道德的评判标准会随着社会条件的变化而不断调整，法律必须以相关道德为基础。对于既存法律，道德可以用自身的标准去评判它的优劣，违反基本道德的"恶法"的实施效果是可想而知的。在欧洲思想启蒙运动中，卢梭、洛克、孟德斯鸠等自然法学者均援引人人生而平等、自由的伦理观念，作为他们法学思想体系的基石。这是伦理道德对法学思想发展的基础作用的体现。道德与法律并不总是能够严格而准确地划定，说明了某些社会规范

① ［美］E·博登海默：《法理学——法律哲学与法律方法》，邓正来译，中国政法大学出版社 2004 年版，中文版前言。
② ［美］罗尔斯顿：《哲学走向荒野》，刘耳、叶平译，吉林人民出版社 2000 年版，第 16 页。

所具有的道德与法律二重性，这并不意味着所有道德规范都能够转化为法律规范，伦理道德对法律优劣的评价常是从法律规范的实施是否有助于道德目标实现的角度展开的。

环境道德和生态伦理对环境资源法学理论具有重要影响。环境道德是一定社会调整人与自然之间的关系的道德规范的总和，其核心是有关人类尊重、保护自然和环境的道德。环境伦理或生态伦理是处理人与自然的关系、提倡人与自然和谐共处的伦理。环境道德和环境资源法律的结合，即环境道德规范的法律化和环境资源法律规范的道德化，是环境资源法治得以成立的不可或缺的两个阶段，也是人类社会实现人与自然和谐共处的历史过程。只有将环境道德、生态伦理与环境资源法律结合起来，才能在环境道德、生态伦理的思想意识基础上，制定和完善有关开发、利用、保护、改善环境资源的法律规范和法律制度，从而实现人与自然和谐共处的环境资源法治秩序。

第二，环境道德的法律化。

生态伦理要求在法律上予以体现，即环境道德法律化。环境道德法律化有三种方式：一是立法将一定的道德规范直接上升为法律规范。如禁止捕猎野生动物。二是立法规定法律主体必须遵守一般的道德规范的原则，使其成为具有某种法律属性或法律效力的法律原则。如环保法中有关保护环境的规定。三是立法规定准用性道德规范使其成为国家立法的有效补充。如日本学者提出的"忍受限度理论"在环境侵权诉讼中的应用。

由于环境资源的经济属性和生态属性本身是统一于环境资源的，但传统的工具论价值观只注重其经济性而忽视其生态价值，反映在环境权的立法中，出现了两种价值分割的立法，造成环境资源生态价值的落空。环境权的形式合理性与实质合理性、工具合理性和价值合理性之间的紧张对峙与冲突的结果客观上要求环境道德法律化。

第三，环境法律的道德化。

　　环境道德法律化的同时，环境法律也要道德化。这主要侧重于守法方面，指法律主体把遵守环境法律内化为一种环境道德义务，以环境道德义务对待环境法律义务。"一项要求服从法律的法律将是没有意义的。它必须以它竭力创设的那种东西的存在为先决条件，这种东西就是服从法律的一般义务。这种义务必须，也有必要是道德性的。"① 因此，体现道德理念的法律必须完成从强制到自觉的道德化的转变与回归，才能实现从应然到实然的转换。

　　首先，从法的道德价值基础来看，道德始终贯穿着法律过程的全部。法律一方面内含着真善美道德理想，一方面对道德理想起着规范、制约、引导、保障作用。亚里士多德最早给法治下定义时即包含"法即良法"的道德追求，自此法治的价值取向便以善和正义为其主导性价值，从而达成这样的共识："法律若以正义的实现为追求，该法便是善法；舍弃了正义的价值标准，法便是恶法，……恶法不为法，人人有权抵抗之。"② 其次，从环境法律的制定和实施来看，环境法律是社会有关环境的权利义务资源的配置活动，立法者遵循的就是公平、正义原则，可见环境法律的道德化过程就是道德内化于法的精神的过程，就是环境法律源归其本质的过程。"大凡市民社会的法秩序没有作为法主体的个人的守法精神是不能维持的。因此，为权利而斗争不仅是法秩序成员的权利而且也是其道义上的义务。具有这种性格的法，如果没有守法精神，而仅靠权力，是不能得以维持的。"③

　　环境伦理的新型正义观和价值观必须渗透到环境权立法中，唯有如此，环境权的权利和利益的分配才是公正的。才能确保环境主

　　① ［英］米尔恩：《人的权利与人的多样性——人权哲学》，中国大百科全书出版社1995年版，第35页。
　　② 韩德培：《环境资源法论丛》（第一卷），法律出版社2001年版，第49—121、300—363页。
　　③ ［日］川岛武宜：《现代化与法》，中国政法大学出版社1994年版，第43页。

体有效行使权利，不至于滥用而导致对环境的破坏，也才能确保环境主体真正遵守保护环境的法律而不至于逃避对环境的义务。

总之，现代环境价值观认为，环境权要求尊重自然价值和自然权利的环境道德，要求和合统一、公平正义的环境法律，要求环境道德法律化与环境法律道德化。基于此，本文站在法哲学的高度对环境权保障的一系列问题进行解析，提出将公平、正义理念扩展到一国人与他国人、当代人与后代人以及人类与自然之间的关系，体现人与人、人与自然间的双向和谐。

环境权的实现首先须依靠人的内心信念的转变。应认识到人类以实践的方式享用自然，而其他生命是以本能的方式生活在自然中的，这就决定了人类对自然的作用可能达到其他生命无法企及的广度和深度，可能超过自然所能承受的限度。为此，应将人的实践理解为利用自然与保护自然的统一，理解为人与自然的双向交换。

环境权的实现归根结底要落实到具体法律的制定和实施上。我国 2007 年 3 月 16 日出台的《物权法》，将相邻环境权的保护进一步具体化，增强了其操作性，体现了现代法律功能发展趋势，即向着既保护生活的安定权又保护生活的幸福权发展。

我国政府也已经意识到环境问题的迫切性，在十届全国人大五次会议的《政府工作报告》中，温家宝总理强调，未来经济增长将取决于环保产业的发展情况，能源消耗和环境问题将被提上日程。今后我国经济发展要注重能源资源节约和合理利用，政府将着力消除环境污染等社会不和谐因素。"绿色 GDP"、"将环境指标纳入到全面建设小康社会指标"等理念的提出和实施，表明我们正向着全面可持续发展的道路迈进。

和谐社会，我们对生态环境的关注更多更集中。我们深知独木难成林，只有团结一心才能在可持续的路上走得更久；我们深信只有制欲节行才能世代拥有良好环境权利；我们懂得相信自己、尊重他人才能赢得发展。因此，提升环境权的法律地位，依法保障环境权的实现，是我国经济发展，人民生活水平提高，国家可持续发展战略实施的主要任务。

第八章 挖掘"古今南北"商业文化之法律意义

一、晋商文化之法价值探微

美国管理学家德鲁克曾说过,管理越能利用社会的传统、价值与信念,则管理的成就就越大。从制度层面而言,制度均衡意味着正式约束的最佳供给并且与非正式制度约束的相容性。一旦两者相背离,就会产生各方面的动荡、冲突和低效率。[①]

近年来,我们醉心于外来文化、制度的移植,却忽视了传统文化的传承与转化,出现了市场经济伦理缺失,如道德失范、诚信缺失、假冒伪劣、欺骗欺诈等问题。而失去道德支持的法律控制、规

[①] 转引自武占江、丁月华:"传统诚信观与晋商的经营管理",载《经济与管理》2004年第4期。

范也显得力不从心。外来文化、制度的排异反应再次惊醒我们重新审视自己的传统文化。

最近有关晋商的影视作品及学术研究热潮引起了笔者的关注。晋商在世界商业史上占有很重要的地位。其资本实力雄厚，活动区域广阔，活跃时间久长而饮誉海内外。特别是晋商首创票号，开近代银行之先河，在中国近代经济长河中的辉煌业绩更令人刮目。马克思·韦伯认为，任何一项伟大事业的背后，都必然存在着一种不易被觉察的、无形的精神力量，它引导人们去努力争取经济的果实，鼓励人们孜孜不倦地去开拓、经营，获取利润，积累财富，再创新业。① 晋商所取得的卓越成绩就是把中国优秀传统文化融贯于商业经营活动之中，创造出了富有生命力的商德精神与经营之道——晋商文化。

晋商文化的内涵非常丰富，具有多学科、多角度、多领域的研究价值和审美意义。然而，目前多从历史学、经济学研究，稀有从法学角度挖掘，从晋商史料中钩沉掘隐。虽然晋商文化中并没有现代意义上的制定法，但其中有一些内容是可以超越具体的时空局限而具有法的普遍意义的。本文正是试图从埃利希的"活法"入手，探索晋商文化中的法价值，以期对市场经济中的法治建设有所借鉴和启迪。

（一）晋商文化内蕴着法的价值

众所周知，明清时期，晋商从事商业活动并没有商法等制定法的调整，但其却有一系列行之有效的规章制度促进了它的辉煌。在此，笔者将之称为晋商之"活法"。

"活法"系奥地利法学家、欧洲社会学法学、自由法学创始人之一埃利希最早提出的一个概念。埃利希说："人类联合的内在秩

① 转引自武占江、丁月华："传统诚信观与晋商的经营管理"，载《经济与管理》2004年第4期。

序不仅是法律最初的形式，而且直到现在为止，还是它的基本形式。"这种法律称为"活法"（Living law）。所谓"活法"，指在日常生活中为各种社会团体中的成员所认可并在实际上支配社会一般成员之间行动的规则。它并不存在于制定法法典的条文中，而是存在于各种民间的契约以及团体章程中。埃利希认为，"活法"的作用比国家法的作用更大。①

这种"活法"的重要性在不同程度上也得到了国内学者的认可，即国内学者所称的民间法。如梁治平先生指出，"在中国古代社会，国家法不但不是全部社会秩序的基础，甚至也不包括当时和后来其他一些社会的法律中最重要的部分。当然这并不意味着某种秩序真空的存在。社会不能容忍无序或者至少不能容忍长期的无序。结果，在国家法所不及或不足的地方，生长出另一种秩序，另一种法律，这里可先概括地称为'民间法'"。② 苏力先生亦认为，"国家法律有国家强制力的支持，似乎容易得以有效贯彻；其实，真正能够得到有效贯彻执行的法律，恰恰是那些与通行的习惯、惯例相一致或相近的规定。"③

可见，调整规范晋商行为的各项规章、制度、惯例亦即埃利希所言的"活法"。在当时没有商法等国家法调整的条件下，运行于晋商之间的这些"活法"起了非常重要的作用。以我们今天的视角审视、解读晋商的"活法"，其中内蕴的法价值铸就了晋商的辉煌，它包括正义、利益、秩序、效率及和谐，这些现代意义上的法价值无一不在晋商文化中得以体现。

---

① 沈宗灵：《现代西方法理学》，北京大学出版社 1992 年版，第 270—274 页。

② 转引自吕建高："埃利希的法社会学思想"，载《当代法学》2002 年第 11 期。

③ 苏力："变法：法治建设及其本土资源"，载《中外法学》1995 年第 3 期。

（二）晋商文化中法价值的基本特质

第一，厚重的商德文化离不开正义的支持。

正义是法律所追求的伦理价值，它要求在全社会中以公平的方式分配社会的权利和义务，合理地分配社会的利益。在中文中，我们望文生义可知正义、公正的最粗浅、最直白的含义：正与不正、邪相对；公与私相对；义与（私）利相对，或者义是事之"宜"。①在西文中，人们通常赋予正义的内容可以分为两个方面：（1）正义是给予每个人以其应得的东西的意愿。在这里，正义是一种涉及人与人之间关系的社会美德。古希腊思想家亚里士多德指出："正义本身乃是'他人的利益'，因为它所为的恰是有益于他人的事情。"正义要求人们从他们那些唯一只顾自己利益的冲动中解放出来。古罗马法学家乌尔比安曾经有一个著名的定义："正义是使每个人获得其应得的东西的永恒不变的意志。"②（2）正义是指为人们提供机会以发挥他们的潜能并使他们获得最为适合的社会职业和地位。③

晋商文化中的信义便是对正义这一法价值的最好诠释。以信义著称于天下的晋商，坚持儒家伦理思想的内核：先义后利，以义制利。认为人们追求功利的行为不能纵欲妄为，必须受到一种为人们

① 参见冯友兰：《中国哲学简史》，北京大学出版社 1985 年版，第 52—53 页。

② 参见［英］Dennis Lloyd 著：《法律的理念》，张茂柏译，联经出版事业公司印行 1984 年版，第 111 页；［美］E. 博登海默：《法理学：法哲学及其方法》（中译本），华夏出版社 1987 年版，第 253 页；［意］桑德罗·斯奇巴尼选编：《民法大全选译 I. 1. 正义和法》（中译本），中国政法大学出版社 1992 年版，第 39 页。

③ 参见［美］E. 博登海默：《法理学：法哲学及其方法》（中译本），华夏出版社 1987 年版，第 255 页；［英］彼得·斯坦、约翰·香德：《西方社会的法律价值》（中译本），中国人民公安大学出版社 1989 年版，第 84—86 页。

公认的社会行为准则的规范和制约，这就是义。《孟子》说："义，人之正路也。"《左传》说，"义，利之本也"，"利，义之和也"。义作为一种行为规范与人们的具体利益结合在一起，便形成了中国传统文化在崇尚功利的同时，更注意以义制利，先义后利，甚至舍利取义的思想。从我们今天的法律视角来看，它便是法律所追求的正义。晋商认为："善商者，处财货之场，而修高明之行，是故虽利而不污……故利以义制。"① 所谓"诚召天下客，义纳八方财"。晋商为了贯彻以义取利的原则，把被人们誉为具有"义薄云天"、"信义昭著"等传统美德的山西人关羽，作为他们最为仰慕和敬重的神祇。著名晋商乔致庸认为：经商第一是守信，第二是讲义，第三才是取利。家中所挂"商戒"与"商德"的牌匾正是山西人早年经商正义的一种写照。八条"商戒"是"坑东灭伙、欺行霸市、私抬高价、囤积居奇、缺斤短两、巧施诡计、冒充字号、损人名利"。八条"商德"是"诚信守义、公平交易、货真价实、质量勿欺、礼貌周到、待人和气、慎始慎终、遵纪守法"。这些传统的"商戒"、"商德"正是一种"仁中取利、义中取财"的精神。他们把"义"作为经商的精神支柱，以义来团结同仁，以诚信取信于民，摒弃见利忘义，不仁不义的不良观念及欺诈伪劣行为，有效地规范商业行为，使商业活动立于不败之地。这正是现代民法中诚实信用原则的具体体现，也是今天所要倡导的"经济正义"的深刻内涵，更是今天市场经济运行应遵循的道德准则。

第二，顽强执著的敬业进取精神来源于利益的激励。

利益是法律所促进的价值，或者某种需要或愿望的满足。西方人很早就注意到法律与利益的关系，现代社会以德国的赫克为代表的利益法学派，对法的利益理念进行了新的阐释。他认为法律主要规范着利益斗争，法律的最高任务是平衡利益，利益是法律的原

---

① 李梦阳：《空同集》卷44。

因，法律是冲突的人类利益合成与融合的产物。①以庞德为代表的社会法学派则认为，法律的功能在于调节、调和与调解各种错杂和冲突的利益。法律对利益的调控过程就是利益的价值整合过程，它既是对公共利益和社会利益的权衡，也是对短期利益和长远利益的协调；它既关注物质利益与精神利益，也兼顾整体利益与局部利益。②

其实，晋商也很早注意到了"利益"这一法价值。晋商的股俸制便是对法与利益关系的超前把握与生动实践。他们通过股俸制来平衡财东、掌柜、伙计的利益，构建利益同体，通过利益驱动来激励掌柜、伙计，消除了劳资对立，使全体上下齐心协力，实现了整体利益与局部利益的最大化。

晋商股俸制分为银股和身股。其通过银股形式，吸收社会闲散资金组成了由十几或二十几家共同投资的股俸制商号，形成共同投资、共同受益、风险共担的休戚与共的整体。同时采用身股形式，根据员工的工作业绩让其顶一定的身股。虽然获得身股的条件苛刻，但其福利和收益的可观却极具诱惑力，足以促使员工积极工作，争取"金账题名"，由此也保持了票号内部员工之间的竞争，激发了员工的创造性和工作潜能。这样把商号的兴衰与伙友的利益联系起来，极大地调动了上至掌柜，下至学徒的工作积极性，在商业经营中充分发挥其强大的群体作用。

另外，对后继经理的选用，原经理有举荐的权力。为了充分约束原经理的这一权力，避免任人唯亲、拉帮结派，票号规定，若后继经理经营业绩突出，原经理在离位或去世后仍可享受1—3期的利润分配，成为"故股"。这一措施又与原经理的经济利益紧密挂

---

① 参见吕世伦：《现代西方法学流派》，中国大百科全书出版社2000年版，第301页。

② 参见沈宗灵：《现代西方法理学》，北京大学出版社1992年版，第291页。

钩，使后继经理的选拔过程始终能坚持任人唯贤，不徇私情，从而保障了票号的"可持续发展"。

晋商股俸制的实施，充分体现了"利益"这一价值，有效地处理了东、伙之间的劳资对立的矛盾，通过构建利益同体，把全号上下的利益紧紧维系在一起，增强了晋商在同业中的竞争能力。这为我们今天立法上平等关怀和尊重不同利益群体，注意甄别、确认、权衡各种不同利益，调整利益关系，特别是非公有制企业劳动者权利的保护提供了可资借鉴的经验。

第三，规范的经营环境取决于秩序的保障。

秩序是法的基本价值之一，它的存在是一切活动的必要前提。秩序的观念寻求的是一种宏观的顺畅和有序性，要求法律调整的对象规整划一，良好秩序的形成有赖于法的指引与规范。

晋商严格、完整、有效的店规制度就为晋商的经营活动营造了良好的秩序。在票号的业务管理方面，资金由总号统一调度，分号按总号授权分工负责；账目实行日结、月报、年清制度。票号放款有对象限制和最高限额；不许囤积货物，不准垫贷官吏；经营态度要谦和，不能心高气傲；要进行业务稽核；各号不要只顾自己获利而损害他号。在票号的员工管理方面，实行量才录用、规范管理的严格制度。用请掌柜、写合约、定人股来规范东、掌双方的权益和行为。每个伙友进票号，必须有举荐人，一旦发生问题要负连带责任。同时制定了十分严格的纪律，如伙友三年不准请假；不准奢侈浪费，禁食鸦片；严禁赌博嫖娼等。对于这些号规，如有违反者，无论身份职务，一律严加处理，直至开除出号。对财东行为也作了严格限制，如不得在号内食宿、借钱和指使号内人员为他们办事，并不得保荐学徒或干涉号内用人事宜；东家不得用票号名义在外活动等，这一规定从制度上保证了所有权与经营权的彻底分离。此外，还通过商帮和行会严格监督，并定有严格的行规负责处理商务纠纷，甚至巡察弹压，拘捕人犯，以维护市场秩序和商民利益。

凡此种种，一整套管理制度近乎苛刻，但都能一丝不苟地严格执行，保障了票号的规范有序运作和金融安全。这套严格的制度对今天各企业内部章程的制定、公司法的制定，以及提高行业协会的自治权，规范市场经济的秩序都有所启发。

第四，持续的资本增值来源于效率的维系。

"效率"的基本意义：从一个给定的投入量中获得最大的产出，即以最少的资源消耗取得同样多的效果，或以同样的资源消耗取得最大的效果。也就是经济学家说的"价值极大化"或"以价值极大化的方式配置和使用资源"。法的效益理念是当代西方法学家，尤其是经济分析法学家特别推崇的理念，它是经济分析法学家们从经济学的理念中引申出来的，是基于他们对人的本性、社会资源的有限性、交易成本的分析以及对法律与经济效益的联系等一系列问题的认识而逐步形成的一种法的理念。美国法学家经济分析法学派的主要代表人物波斯纳指出，经济学对法律进行规范分析是一个有力的工具，在一个资源有限的世界中，效率是一个公认的价值。许多法律领域都打上了经济推理的烙印。从经济学或财富的最大限度化角度来看，法律的基本功能就是改变刺激。[①]人是理性的动物，必然努力使自己的满足得以最大化，而一个理性的法律制度应该最大限度地利用人的本性，促进自然资源和社会财富的最有效的利用。因此，他认为，在法律权利分配中，如果能实现双方或多方当事人利益最大化就意味着法律在更高层次上实现了社会正义。法律应以效益为轴心，法律的本质就是实现效率的最大化。

晋商文化中的效率体现在：①先进的经营机制。制度是否有效率与所处的环境有关，在一种环境下是有效率的，但在另一种环境下则可能是低效的，甚至是无效率的。不同的经营环境会产生不同的制度需求，经济主体只有不断适应经营环境的变化而供给制度

<hr/>

① 沈宗灵：《现代西方法理学》，北京大学出版社 1994 年版，第 356、357 页。

时，才能取得长远发展和最有效率的发展。①晋商建立了具有强大动力、很强约束力的商业经营机制，把责、义、利三者很好地结合起来。他们这种彼此之间信任度较强，家族式企业内部的特殊关系减少了群体内成员之间的讨价还价和搜寻信息的成本，提高了企业的运转效率。②优良的员工素质。要使普通员工完成好各自的使命和任务，增强企业内部的活力，需要企业内部成员素质的提高，优中择优，内部结构组合良好和整体有效有助于效率的提高。晋商号的机构精干，在人员设置上的原则是"因事设人"，减少了人员重叠造成的拖泥带水。晋商对于人员的素质要求非常严格，狠抓业务，以自己的职员练到嘴稳手勤。晋商从中建立了良好的商业形象，赢得了广泛的赞誉，并激发了整体效率的发挥。③灵活的经营方针。晋商特别注重及时捕捉商机，制定经营决策，做到"知于前，行于先"，出奇制胜、左右逢源地游刃于国内外市场，使自己立于不败之地。这种及时了解各地市场行情、需求变化以及营业状况，其实就是对时间和效率的选择。

高效的商业运作使得资本获得了持续的增值，我们今天的法治建设在追求正义的同时，亦应注重效率，把法治社会当做一个市场，要及时了解法治市场，掌握法治需求，尽可能减少因法律的滞后性所带来的一系列问题。以最少的资源消耗换来稳定的秩序、及时的正义及持续的和谐。

第五，良好的商业氛围得益于和谐的崇尚。

和谐作为法的基本价值，具备法的价值所要求的因素，具有其他价值所不具备的内涵，因而它与法其他的价值相互补充、相互印证，共同成为法律规则和法治社会的目标。首先，秩序是观念要求一种宏观的顺畅和有序性，要求法律调整对象规整划一，但这只是表面现象而非内在的实质；而和谐价值是一种团结的、积极的状

---

① 刘建生、刘建朋：《晋商研究》，山西人民出版社 2005 年版，第 436 页。

态，是一种由表及里的有序的实质，是秩序所不可及的。其次，公平或正义观念的基础是个体之间的相互独立、相互比较的关系，只是在个体的权利义务达成一种形式的、表面的平等，很难在深度和实质上达成共识；而和谐不仅要求个体之间分配的合理性，更要求主体之间互相配合与合作，这毫无疑问比公平或正义更进一步。①

在传统上，中国民众将作为儒家法哲学最高标准的"和谐"作为法律的最高价值理想，在天人合一的哲学基础上，寻求人与自然、人与人之间的和谐秩序。晋商对传统儒家文化的"人和"精神的继承，是其历经数百年昌盛不衰的一个重要原因。晋商在社会交往关系中，对待人与人之间的和谐就是讲求和解精神与协调一致。"东伙共而商之"，晋商中东、伙同舟共济，财东善待掌柜、伙计，大施恩惠，泽及乡里；而掌柜伙计则能知恩图报，忠心事主，具有较强的凝聚力和亲和力，以至出现奋不顾身的事例，体现了企业内部"和为贵"的精神。当需处理和谐与竞争这对法哲学中的矛盾时，在这种和谐的法律文化价值理论引导下，晋商亦是偏重和谐，排斥竞争。表现为其在经营活动中，重视发挥群体力量，用宗法社会的乡里之谊彼此团结在一起，用会馆的维系和精神上崇奉关圣的方式，以及商会立法的形式增强相互之间的了解，通过讲信义、讲相与、讲帮靠，协调商号间的关系，消除人际间的不和。这样不仅使晋商业务范围越来越大，而且在商界和金融界保持了数百年立于不败之地的局面。

虽然在现代市场经济社会强调竞争促进发展，但前提必须是合法有序的竞争。但市场经济多元化导致许多市场经济主体道德与价值的迷失，展开了恶性竞争，阻碍了市场经济的发展。因此，在今天引入"和谐"，重塑经济主体的法价值，培育其法信仰，从而开展"合作竞争"将具有非常重要的现实意义。

---

① 王莉："可持续发展观念与法的基本价值"，《河南省政法管理干部学院学报》2004 年第 5 期。

（三）晋商文化的现实启迪

晋商所取得的卓越成绩离不开"活法"的有效运行。这种"活法"没有国家强制力的保证，却得以很好的贯彻实施，笔者以为得益于"活法"的"权威"。马克斯·韦伯将权威分为传统型权威、魅力型权威、合理型权威，与这三种权威相关联的"合法性"价值各不相同。传统型权威"建立在一般的相信历来适用的传统的神圣性和传统授命实施权威的统治者的合法性之上"；魅力型权威"建立在非凡的献身于一个人以及由他所默示和创立的制度的神圣性，或者英雄气概，或者楷模样板之上"；合理型权威"建立在相信统治者的章程所规定的制度和指令权利的合法性之上，他们是合法授命进行统治的"。① 我们在此所指的"活法"权威正是合理性权威。在韦伯看来，合理型权威是现代科层制组织管理的必要权威形式。在现代科层制组织中，各种规章制度都是以合理性为取向建立的。合理性可以是工具合理性，也可以是价值合理性，或者二者兼而有之。② 也就是说，合理型权威实质上可以分为工具合理性权威和价值合理性权威。工具合理性权威注重的是上下级之间的功利关系，认同的是管理者手中的资源支配能力；而价值合理性权威则注重上下级之间的非功利关系，即注重管理者的行为在多大程度上彰显自己所认同的价值观。对照晋商中"活法"的权威，一方面其制定以利益为基础，充分考虑到了调整对象之间（掌柜、伙计和东家）的利益平衡，如股俸制，同时配以严厉的号规，一旦违反将被驱逐出号，并永不再录用。一正一反，使得员工经过利益衡量，自觉守法。从而树立了工具合理性权威；另一方面，在中

---

① ［德］马克斯·韦伯著：《经济与社会》，林荣远译，商务印书馆1997 年版，第 239 页。

② ［德］马克斯·韦伯著：《经济与社会》，林荣远译，商务印书馆1997 年版，第 242 页。

国传统文化的影响下，孕育了独特的晋商文化。而晋商的"用乡不用亲"，使晋商制度的调整对象单一化，在同一晋商文化的熏陶下形成了一体的价值观，从而树立了价值合理性权威。

反观我国现实的法治环境，我们一直努力地构建法治社会，为此我们制定了大量的法律规范管理我们的社会。但目前我们所面临的最大问题不是法律不健全，而是法律制度难以得到有效的贯彻实施，现行的法律正面临着严重的信任危机，迫切地需要我们树立法律的权威。

在市场经济条件下，社会民众对法律的认同在法律对社会的控制过程中发挥着越来越重要的作用。因为广泛的认同会极大地减少法律控制和管理社会的成本，提高控制和管理社会的效率和效果。如果只靠强制力来维持，不仅极大地增加控制和管理成本，而且还会激化社会矛盾，导致社会动荡不安，因此，只靠强制力来维持对社会的控制往往难以长久。晋商中"活法"的有效实施给予了我们极大的启迪：

第一，确认不同阶层的利益，构建利益的法。

在市场经济条件下，理性经济人的选择必然会指向利益最大化，那么，在法的制定过程中，必须遵循这一规律。而我国现在处于社会转型时期，社会阶层日益分化，利益格局日益复杂。这就要求在立法时首先要甄别不同阶层的利益，并予以确认、权衡、整合，特别是要最大限度地体现调整对象的意志和利益。通过利益驱动，引导经济人向着法的目的行动。同时制定严厉的惩罚措施以提高违法成本。当经济人容易核算出违法行为的成本高于其所得收益时，其行为必然指向守法。建立在利益基础上的法，体现了调整对象的意志，必然会得到普遍的遵从。

第二，培育市场经济主体统一的价值观，奠定守法基石。

随着我国社会主义市场经济的深入发展，社会经济成分、组织形式、就业方式、利益关系和分配方式的日益多样化，与社会进步相适应的新思想、新观念丰富着人们的精神世界。与此同时，道德失范、诚信缺失、假冒伪劣、欺骗欺诈活动有所蔓延，黄赌毒、黑社会等丑恶现象沉渣泛起，奢侈浪费、贪污受贿等腐败问题触目惊心，随之也出现了社会伦理与价值的迷失。法律与道德相辅相成、相得益彰，都是规范人们行为、维护社会秩序、保障社会发展的基本社会控制手段。

马克斯·韦伯考察新教伦理精神与西欧资本主义发展关系时得出经济活动需要一种文化精神。① 在中国的社会转型时期，市场经济也迫切需要这样一种经济伦理、文化精神。通过这样一种伦理、文化来培育市场经济主体统一的价值观，使其达成价值共识，从而树立价值合理性权威。

这种经济伦理、文化精神首要包含的价值便是晋商中的信义。近年来，我国经济领域中的失信状况愈演愈烈，市场交易中因信用缺失、经济秩序问题造成的无效成本已占到我国 GDP 的 10%—20%，直接和间接损失每年高达 5855 亿元。② 重塑信义可以极大地节约经济活动中的交易成本，避免经济纠纷，从而减少违法现象的产生。因此必须注重加强道德建设，强化行业自律，在全社会营造诚信为本、操守为重的良好氛围。

其次便是和谐。市场经济条件下，竞争非常激烈。特别是同行业之间，展开了恶性竞争，严重破坏了市场经济秩序。在国家反不正当竞争法律法规的约束下，亦需要发扬晋商的和谐价值观，通过讲信义、讲相与、讲帮靠，协调行业间的关系，在行业协会等社会中介组织的规范引导下实现整体利益与局部利益的和谐统一。

正义是各种利益主体之间理想的利益分配方式，是人们之间的理想社会关系，是法律所追求的崇高的道德价值目标。对正义的追

---

① ［德］马克斯·韦伯：《新教伦理与资本主义精神》，四川人民出版社 1986 年版，第 170 页。

② 转引自薛勇民、崔俊霞："论晋商伦理及其现代价值"，载《运城学院学报》2005 年第 1 期。

求有助于维护社会秩序，社会秩序稳定了会极大地提高市场经济运行的效率，从而促进了社会成员利益的最大化，社会成员的利益得到了满足，才会最终实现整个社会的和谐！

中国法治的进程需要的是国家和社会两种合力的共同推进，需要的是两者的互动和整合。法治的基础是在社会，而不在国家。法治离开了传统和习惯就难很好地发挥作用。所以一定要关注中国的现实。当今中国处于一个多元重构的矛盾境地，承受着多方面的文化引力，而我们的传统法文化与西方法文化相比又显得那么脆弱无力。这就需要我们以勇猛精进的动力和自我批判的精神及智慧去挖掘、探索蕴涵在传统文化深层的法律价值，并将其继承转化与超越，以引领中国的改革与创新。

二、晋商经济纠纷解决机制初探

从世界各国的发展规律来看，在人均 GDP 从 1000—3000 美元这个阶段，是一个社会矛盾纠纷比较集中、比较突出的阶段，即"矛盾凸显期"。目前我国正好处在矛盾纠纷高发的时期，如道德失范、诚信缺失、欺骗欺诈等现象四处蔓延，各式不正当竞争充斥市场，从而引发各种经济纠纷。纠纷产生后如果得不到及时、顺利、公正的解决，将会影响市场经济的和谐有序，制约我国经济的发展，进而影响和谐社会的稳定。因此，必须有健全完善的纠纷解决机制予以保障。但是由于纠纷的性质、形式、对抗程度不同，决定了纠纷是多层次性的，而目前的纠纷解决机制较为单一，无法给不同层次的经济纠纷以适当的出口。于是，许多法学者致力于探寻完善我国纠纷解决机制的多元路径，或借鉴于国外，或搜寻于本土。

移植国外制度，往往会有排异反应，国民不易消化，因此，笔者更倾向于搜寻本土。传统不是一件可以随时脱掉的外衣，它有一种无法逃避的、巨大的惯性力量，总是以潜移默化的方式发挥着作用。时至今日,"轻法厌讼"等传统法律观念还深深地影响着人们。于是,笔者回归到本土的历史长河中进行搜索,发现晋商在世界商业史上占有很重要的地位。其资本实力雄厚,活动区域广阔,活跃时间久长而饮誉海内外。众所周知,人们在生产、流通、分配、消费等诸多领域,形成了纷繁复杂的各种社会关系,而由于观念及利益方面的差异,表现为行为的冲突,必然导致各种纠纷的产生。那么晋商是如何解决这些纠纷营造稳定和谐的经济秩序以保障其长达五个世纪的辉煌呢?本文正是由此出发,从晋商史料中钩沉掘隐探索晋商的经济纠纷解决之道。

(一)晋商经济纠纷解决的"活法"适用

中国古代法典,无论《唐律》还是《大清律例》,都很少关于"私法"的规定,特别是关于商事交易、经济纠纷的具体规定更少,与此形成鲜明对照的是,仅今人搜集入藏的明清契约文书一项,其总数就已超过1000万件。这个数字为我们展现出一个极大的社会空间,其中国家法虽然不是全无影响,但其作用肯定极其有限。卢梭认为,"它形成了国家的真正宪法;它每天都在获得新的力量;当其他的法律衰老或消亡的时候,它可以复活那些法律或代替那些法律,它可以保持一个民族的创制精神,却可以不知不觉的以习惯的力量代替权威的力量";① 孟德斯鸠认为:法律应当和国家的自然状态有关……和居民的宗教、财富、人口、贸易、风俗、习惯相适用。② 梅因认为,"'罗马法典'只是把罗马人的现存习惯表述于文字中"。③ 韦伯认为:法律、习惯和惯例属于同一个连

---

① [英]洛克:《社会契约论》,商务印书馆1980年版,第73页。
② [法]孟德斯鸠:《论法的精神》,商务印书馆1961年版,第7页。
③ [英]梅因:《古代法》,沈景一译,商务印书馆1959年版,第11页。

续统一体，即它们之间的演变难以察觉。① 由此看出，任何社会都不可能没有秩序，而中国古代国家法律的缺失并没有造成秩序的混乱，那么必然存在着国家之外的一套规则体系约束着人们的行为。②

在国家法所不及和不足的地方，生长出另一种秩序，另一种法律，即"活法"。

这些"活法"应当具有以下特征：

1. "活法"不是出于立法者的意志与理性，而是人们在长期的生产生活中逐渐形成，或者由民间组织、群体成员约定的一套地方性规范。它是一种以先例为基础的而获得合法性并具有法律效应的社会规范，是民间约定俗成的规范，但不以成文与否作为成立要件。

2. "活法"被用来分配乡民之间的权利、义务，调整和解决他们之间的利益冲突。这也正是活法同一般日常生活习惯最大的区别。乡民根据民间"活法"安排生活，处理相互间的权利义务关系。当有人违反了某一"活法"规则时，其他人根据"活法"的预期，必然要求某种"活法"规则下的处理。

3. "活法"具有确定性和约束力，它在一套关系网络中实施，其效力来源于乡民对于此种"地方性知识"的熟悉和信赖，并且依据某种社会权威和舆论机制来维护。通常民间"活法"发挥作用限于一定的范围，不能普遍适用。这种范围大小不同，只要有共同的社会文化、社会心理就可以形成这样的范围，尤其是在"熟人社会"中广泛应用。这种存在状况决定其必定不同于制定法统一、普遍适用的特征，而具有丰富的地方性色彩。因此"活法"

---

① ［德］马克斯·韦伯：《经济与社会中的法律》，张乃根译，中国大百科全书出版社1998年版，第20页。

② 参见梁治平：《清代习惯法：社会与国家》，中国政法大学出版社1996年版，第30页。

也是一种地方知识。官府的认可和支持也有助于加强其效力，但这并非是其所以为"法"的根本特征。

4. "活法"以大量的家庭事务、民事活动以及商事活动为调整对象。国家制定法则主要调整涉及统治关系的行为，所采取的手段主要是刑事处罚，因而人们普遍认为中国古代的制定法是以刑法为主体。这些"活法"则具有自治法的性质，因而包含有私刑的成分，但是超出宗族范围之外的"活法"却完全不具有"刑"的性质。

明清时期，晋商的发展达到了顶峰，并衍生出一系列的规则、制度。在缺少国家制定法的外部规制下，晋商却能营造和谐有序的经营秩序，取得辉煌的经营业绩，正是仰赖于这些"活法"的适用，并建立了其特有的"纠纷解决机制"。这些"活法"规则在晋商发展中起着现代法律的作用，利用其特有的效力消弭冲突，解决纠纷。晋商中的"活法"在经济纠纷解决时表现为实体规则和程序执行。实体规则即晋商内部制约的隐性规则——诚信和外部规制的显性规则——店规、行规；程序执行则是通过行业协会等进行调解来贯彻实施"活法"，从而化解纠纷，保障当事人的权益。

（二）晋商经济纠纷解决的具体方式

首先是实体规则。

第一，晋商内部制约的隐性规则——诚信。从最一般的意义上来说，制度可以被认为是处于社会中相互交往的人们所遵循的一套行为规则。人们在制度框架内行动，就可以抑制交往中可能出现的机会主义行为，降低个人所面临的不确定性，构建起有序的经济和社会秩序，形成一套关于行为和事件的可识别的重复模式。制度根据其来源的不同，可分为内在规则和外在规则。所谓内在规则是指从过去的经验中演化出来，通过习惯、教育和经验得到的制度。可见，内化规则具有不可言传的特征，只能在组织内的制度上具体化并通过逐渐扩散其影响，来促进经济和社会秩序的形成。作为内在制度重要内容的诚信，对本能的、短视的机会主义行为、协调成本及冲突的减少靠的是道德的约束力量，它无须大量依赖法律规则和程序。因此，诚信制约互动中所可能出现的机会主义行为的机制被称之为隐性的。①

晋商把诚信运用于一切经济交往活动中，包括与消费者之间、东家与伙计之间以及同行之间，通过诚信制约，一方面避免了大量纠纷的产生，另一方面也有利于纠纷的解决。具体表现在以下几方面：

1. 诚信待客，避免纠纷

晋商讲究信用，出售商品货真价实。晋中商家孩童习就读《俗言杂字》说："趸装零卖，主顾客人，收买出换，贩卖交银。童叟无欺，价实货真。本多利厚，贸易兴隆。每年开棒，足有千金。"自幼即被灌输诚信经商才能致富的思想，强调货真价实，鄙视欺瞒欺诈，商家的诚信经营在很大程度上避免了与消费者的纠纷。偶尔有些伙计一时贪图厚利，与消费者发生了纠纷，晋商中的掌柜、东家也会基于商誉的制约，即使经济受损失，也要维护消费者的权利。如祁县乔家在包头的复盛油坊，运胡麻油回山西销售，经手伙计为图厚利，在油中掺假，掌柜发现后，即令另行换装，经济上虽一时受了点损失，却招得近悦远来。晋商依托良好的信用基础，优化了当地的投资和贸易环境，降低了社会交易成本，有效防范了各类交易风险和纠纷的生发，扩大了信用交易规模，促进了统一、开放、竞争、有序的市场体系形成和市场秩序建立，进而推动了晋商经济长达五个世纪的持续发展。

2. 劳资守信，减少纠纷

商号新学徒的来源，原则上只在商号财东或经理的同乡人中选拔，在对其家庭出身、上辈人的为人处事、德行信誉等都很了解的

---

① 张秋云："晋商诚信：一种隐性制约机制"，载《生产力研究》2003年第 2 期。

人员中挑选,所以多为亲朋引进,知根知底,事关个人信誉,推荐人都很认真负责,绝不敢推荐不肖子弟。当表现不好被开除回家者,别的商号多不再录用。故一旦被开除,将会绝其后路,所以学徒都很遵守商规号规。"东伙共而商之",掌柜全权负责,东家不问号事。相互信赖,体现了企业内部"和为贵"的精神。对商规号规的自觉遵守,使东家、掌柜、伙计的关系在规范之内,也在很大程度上减少了劳资纠纷。无论劳方、资方依赖诚实信用,彼此互相信任,减少了劳资双方的摩擦,不仅避免了纠纷,更重要的是增强了商号的凝聚力。这对当今劳资关系紧张对立,事前缺乏对对方的信用考核,从而导致上当受骗有所启示。

3. 建立相与,弱化纠纷

晋商和其他同业之间广泛开展横向联系,建立适当的相与关系,相与之间都是经过了解,认为可以共事,可以与之金钱往来的同行。凡是"相与",必诚信往来,既保持平等竞争,又相互支持和关照。即使无利可图,也不中途绝交,必定善始善终,同舟共济。通过建立"相与"不仅维护了商业信誉,更重要的是建立了良好的人际关系,减少了行业间的纠纷。上海汇丰银行的一位经理给山西票号这样的评价:"二十五年来汇丰与山西商人做了大量的交易,数目达几亿两,但没有遇到一个骗人的中国人。"[①]晋商建立相与,不仅以诚信为润滑剂,协调行业间纠纷,而且通过诚信互助,形成利益联盟,从而使晋商的买卖越做越大直至走出国门。而我国现今,同行业之间更多的是竞争对立,甚至采取不正当竞争的方式排挤对手,破坏了市场经济秩序的良性循环,导致两败俱伤,所以中国很难发展具有国际竞争力的大集团也不足为奇。

"在一个特定的社会群体中,对它的违法将导致一种相对普遍

---

① 渠绍淼:"晋商兴衰溯源",载《文史研究》1992年第1—2期。

的而且具有实际影响力的谴责性反应。"① 在晋商群体中，诚信规则被视为"有效"，对于违背诚信规则的人将会遭致大众的集体谴责，在熟人社会这个有限的范围内，来自信誉的压力使得违背者在这个群体里难以维生。于是，诚信作为一种隐性制约机制，使得越来越多的人选择诚信，从而生发出广泛的"集体惩戒机制"（即人们会排斥不诚实的人，并对发现别人不诚实而不排斥的人进行追究），这使人们不易于打破这种惯例。在这样的社会中，商人将严守信誉作为商业道德，在经营中坚持"义在利先"，对待顾客、雇员甚至同行均是如此，我们称这样的商业制序为"儒商制序"。同时，商人们从自己的经营实践中也深深懂得只有讲求诚信，才能近悦远来；取不义之财，只会自断财源。这说明，诚信在当时的社会环境中是理性最大化的选择。它不需要外部力量的强制维护，每个成员都会自觉遵守——无论他出于习惯、模仿还是理性计算的动机。因此，儒商制序有着很强的自我维系能力，非常稳定。② 这种儒商制序引导、规范着人们的行为，避免了许多纠纷的生发，对纠纷起着预防、警戒的作用，即使发生纠纷，人们也会基于诚信进行协商，为了维护自己的信誉将其扼杀在萌芽状态，这成为晋商纠纷解决的第一道防线。

第二，晋商外部规制的显性规则——店规、行规。所谓外在的制度是统治共同体的政治权利机构自上而下地设计出来、强加于社会并付诸实施的。在构建有序运作的经济和社会秩序时，外在制度是通过外化的明确规则规定人们在交往中如何达到自己的目标，即它有着正式机制的支持，是显性的。③ 在晋商的经济交往活动中规

① ［德］马克斯·韦伯：《经济与社会中的法律》，张乃根译，中国大百科全书出版社 1998 年版，第 64 页。

② 杨艳红："文化、伦理与社会制序：以山西票号为例"，载《世界经济文》2002 年第 1 期。

③ 张秋云："晋商诚信：一种隐性制约机制"，载《生产力研究》2003 年第 2 期。

范其行为，构建良好秩序的店规、行规便是调整其经济关系，避免、解决其纠纷之外部规制的显性规则。

1. 彰显劳动者利益，抑制劳资纠纷

马克思指出："法的利益只有当它是利益的法时才能说话。"①聪明的晋商仿佛深谙此道，创立了顶身股制度。凡山西商号中的掌柜、伙计，虽无资本顶银股，却可以根据其表现和对资本的贡献大小顶一定的股份，而与财东的银股（即资本股）一起参与分红。但顶身股者不承担亏赔责任。这种建立在利益基础上的顶身股制度具有协调劳资关系，解决劳资纠纷的作用。因为其最大限度地体现了劳动者的意志，最大限度地彰显了劳动者的利益，赢得了劳动者的信任与依赖，从而树立了资方（财东）的权威。这种权威包括工具合理性权威和价值合理性权威，工具合理性权威注重的是上下级之间的功利关系，认同的是管理者手中的资源支配能力；而价值合理性权威则注重上下级之间的非功利关系，即注重管理者的行为在多大程度上彰显自己所认同的价值观。②这种权威树立之后，管理者的决定会得到最大限度的认可。这些店规、行规对于员工的约束恐怕更重要的是其对店规、行规的认同感上。这样，晋商通过顶身股制度的实施，把店员个人利益与商号利益、财东利益紧密联系在一起，通过利益获得员工的价值认同，从而引导其自觉遵守店规，对于资方的其他决定，也会最大限度地得到员工的认可，这样缓和了劳资对立的局面，避免了不少劳资纠纷，增强了商号的凝聚力。

2. 严惩不守信行为，平息商事纠纷

无论是店规、行规都制定正式、明确的规则严厉惩罚不守信行为，增加不守信的违约成本。晋商商号店规对上至掌柜，下至伙计

---

① 《马克思恩格斯全集》（第一卷），人民出版社 1956 年版，第 178 页。
② 蔡禾："企业职工的权威意识及其对管理行为的影响——不同所有制之间的比较"，载《中国社会科学》2001 年第 1 期。

的行为都有十分严格的要求，如驰名中外的旅蒙晋商——大盛魁对其成员的行为就有颇为严格的要求：进入号内必须"循规蹈矩、勤于号事……如若违反号规，则由本人、掌柜及保人三方当面交割开除出号，永不续用，其他各连庄分号亦不得录用"。① 这种严厉的惩罚从外部制裁了不守信行为，提高了其违反规则的成本，对其产生强大的威慑力，从而有效地约束了其违规行为。

行规大多是以行业习惯和地方俗例为基础，并且它们一般要经过报官立案，得到官府的批准承认。行会的惯例和行规一经议定，就是所有同行从业者必须遵守的法律。在当时人看来，这些行规条约与国家律例有同样的法律效力。清末出版的《中国经济全书》中的《糖帮章程》开头说："法之自上而立者曰禁曰防，而自下而拟者曰规曰约，其名异其实同也。"所以行规实际上是作为习惯法来补充国家法的缺失。行规对晋商的经营行为进行规范，明确规定了会员义务、行为及惩罚办法。其所确立的处罚方式与国家法律以刑事处罚解决民事冲突的特点不同，一般是采取公议罚酒席，罚戏，或者处以罚金，重者开除出帮。如商人违反行规时，首先要在行会或会馆内受到罚款、罚戏等处罚，"倘有不遵者，大家举官究治"。会馆行会的惩罚往往使商人名声扫地，更有甚者会使其失去行会成员的资格，驱逐出这个行业。这种惩罚是对商人们最大的惩罚。如北京汇兑庄（山西票号）商会的章程载："出银票之商家宜认真整顿。行用银票，不唯流通市面，亦且维持商业，见票发银必平色无差，即可望其通用。……争小利，致票不通行，甚非计也。……倘有贪利妄为，致现银缺乏，不敷开发所出之票者，则商会不认保护之责。""商会不认保护之责"意味着可能会被驱逐出会，失去在本行业经营的资格，可以说这是最大的惩罚。这种惩罚是比法律制裁还要使人难堪的事，因而最大限度地减少了商人的不

① 刘建生、刘鹏生：《山西近代经济史》，山西经济出版社1995年版，第289页。

守信行为，从而也避免了一些纠纷的产生。这些规定也说明其解决经济纠纷的主要目标是实现民事调节功能，在一定程度上弥补了国家民事法律规范较为缺乏的不足，在维持和规范市场秩序中发挥着积极的作用。

此外，行规还通过在基层司法中的运用来解决商事交易当事人的纠纷。行业惯例和行规不仅调解行会内部的商事纠纷，还由于所谓"州县自理词讼"，而成为基层官员的处断依据。① "州县自理"审判是指那些经过州、县级行政长官审理并作出判决后，除非当事人不服上诉，便不需要再报送上级官府复审的案件。换句话说，就是州、县级官员可以终审的案件，主要包括民事案件和轻微的刑事案件。州县官员在审理这类"词讼"案件时采纳行会规条、惯例为裁量准则，而不只是依据只有原则精神意义的国家法。州县审判构成了连接成文法与"活法"的中间环节。成文法与"活法"的适用范围得到了明确划分，他们依据自己对于成文法和习惯法的理解，将案件加以区分，然后分别适用不同的法律。官方的审判机构适用"活法"进行审判，从而使"活法"获得了官方的承认和保护，其强制性进一步获得了制度上的保障。这有利于在司法中对违规晋商的惩罚，从而维护了诚实信用的交易秩序，平息了商事纠纷。

事实上，在清代中国，尽管正式的制定法与"活法"之间存在诸多差异，但是两者却彼此交融，构成了完整的法律体系。这种融合通过两方面得以体现：一方面，大多数活法以群体内的共同意识价值形态作为其规范的基础，因而承认"活法"的国家制定法能够得到大众的认可和普遍的推行；另一方面，基于国家制定法的认可，并且通过正式的审判能够使"活法"的效力得以强化。

其次是程序执行。晋商化解纠纷，贯彻实施其"活法"主要

---

① 雷慧剑："论行业监管在维护公平竞争市场秩序中的作用——从晋商的行会制度谈起"，载 http://www.ccelaws.com，2005 - 11 - 30。

是通过调解的方式来执行。调解作为中国传统法文化的重要资源，被视为远东法系或中华法系的基本标志之一。早在西周的铜器铭文之中，已有调解的记载。在漫长的中国古代社会发展中，形成了一个多元化的纠纷解决机制。调解在古代不仅是民间社会的各种血缘和地缘组织解决其内部纠纷的主要手段，即使在官方衙门的公堂上，它也是与审判和判决密不可分的纠纷解决的主要手段。调解基本上是民间调解与官府调解同时并重，相辅相成。在实际的纠纷解决中官府调解和民间调解往往相互配合，形成一种互动关系，正如黄宗智在对清代法律制度中研究所描述的："事实上，清代的民间调判制度是建立在两者的结合上的，即以判决为主的正式系统和以和解为主的非正式系统的结合。这套制度的运作取决于两者的相互配合以及两者之间相互作用的空间。"①

在晋商群体中，调解工作主要是由晋商行会来承担。从晋商行会发生发展的历史背景与它的组织制度可以看出，它是一个封建商人的团体，是民间商人自治、自束、自卫的组织。可以肯定，晋商在中国明清两代称雄国内数百年，并能引起国外经济社会各方面的重视，这与行会组织强有力的经济管理和协调是分不开的。一方面，晋商行会承担着维护市场公平交易的职能，以预防纠纷的滋生，营造稳定有序的环境。如清雍正二年（1724 年），河南赊旗镇的晋商行会为维护市面公平，杜绝商人靠戥称欺诈，特立碑规定："公议称足十六两，戥依天平为则，庶乎校准均匀，公平无私，俱各遵依。公议之后，不得暗私戥秤之更换，犯此者，罚戏三台。如不遵者，举称禀官究治。唯日后紊乱规则，同众禀明县主蔡老爷，发批钧谕，永除大弊。"② 鉴于晋商行会的威望和影响，该地市面

---

① 转引自刘惠冲、黄端："论我国诉讼调解与人民调解之互补和衔接"，载 http://www.duozhao.com，2006 - 1 - 13。

② 李希曾：《晋商史料研究》，山西人民出版社 1996 年版，第 357、362 页。

的商人很少再有利用戥秤进行欺诈的行为，很好地约束限制了同行商人的一些不正当竞争行为，也维护了消费者的权益，预防了纠纷的发生。

另一方面，晋商行会对纠纷承担着调解的义务。《中国经济全书》描述道："同业组合者，即票庄同业者所组织之公所是也……凡与外商交涉事件，及同业中交涉事件，皆由总董裁决。……然为总董者，既有同业者共同选定，自得同业者全般之信用，故于总董提议之事，或裁决之事，几无不服从者也。"晋商行会是一个自治、自束、自卫的组织，仰仗自己的在晋商群体中的权威实施管理和调解，虽然其调解决定没有国家强制力的保障，但却得到了普遍的拥护和遵从。正如美国学者萨尔托里所言："权力发号施令，并在必要时候援之以强制；权威则'呼吁'，它没有惩罚的功能，一旦它进行强制就不再是权威了。因此权威是一种权力形式，一种影响力的形式，它是来自人们自发的授权，它从自愿服从、为民认可中得到力量。他们同样可以说，权威是建立在威望和尊敬之上的权力。"①

另外，调解工作也有一些由有名望的个人承担。如晋商中有一批绅商群体，既有学识和功名，又有雄厚的财力，并且热心公益，关心家乡的发展，他们在地方上有较高的威望，于经济纠纷中充当着现在"调解员"的角色，在排解社会经济纠纷，惩戒不法之徒等方面，发挥着积极有效的作用。如羊楼洞的绅商雷文庵先生（1798—1870），"居宅近市，每岁茶商辐辏，情伪滋生，有不了事，得公一言辄解，于时缙绅冠带之徒，闻公名咸请谒焉"。雷蒂亭公（1801—1878），"剧喜锄强扶弱"，"有丁寡妇者，崇（阳）人也，业小生涯于市，年老子懦，恒为市痞所陵，诉于公，卒为申之。""通城有黎正权者，性很恶，贸于洞，人皆畏之如虎"，"公

---

① ［美］乔·萨尔托里：《民主新论》，东方出版社1993年版，第191页。

恶声斥之"。"族人有不法事，一闻履声，即奔窜无地，若畏严父母"。其子雷雅堂公（1830—1878），也遇事有决断，能持大体，"排难解纷好直言。族中不法者，恒面斥之，不少容"。① 可见，这些"调解员"依赖自己的威望和凭借优良的综合素质在民众中树立了威严正义的形象，对不法之徒具有一定的威慑力。因此，由其出面调解，以通情达理和非对抗的对话缓和了当事人之间的对立，基于对"调解员"的信服，当事人自愿接受调解结果，同时也有利于保持今后双方长远的合作关系。

晋商的这种调解机制对于纠纷的解决具有独特的优势与价值：一方面，由内行管理内行，在一个相对封闭的领域内便于形成"集体惩戒机制"，保障信用体系的有效运行，从而在很大程度上避免因不诚信带来的纠纷。因为其不守信行为的直接后果便是永久性地被驱逐出此行业，极大地提高了不守信的成本。另一方面，由行会或业内权威人士进行调解，因其便捷、高效、低成本而易于被当事人选择。与此同时，由于所谓"州县自理词讼"，在诉讼中注重采纳行规、惯例为裁量准则而成为基层官员的处断依据。这样，国家在程序上保证了调解结果的有效，也保障了行会自治、自束、自卫的法律地位，从而使其对纠纷的解决更加有力。另外，我们可以看出，无论是晋商行会的调解还是有名望的个人调解，调解的有效都得益于其树立的权威。因为在晋商群体中的威信，使得在调解中容易得到当事人的认可，从而减少了双方的对抗和冲突，对熟人社会人际关系的影响最小，进而有利于纠纷处理结果的执行。

"民间习惯作为另一套规则植根于现实，有着确立的行为预期，维护个体间合作，捍卫群体价值和信念等重要功能。"② 晋商在

---

① 转引自定光平、彭南生："清以降乡村绅商的形成及其社会经济功能——以湖北羊楼洞雷氏等家族为例"，载《中国农史》2005 年第 1 期。

② ［美］昂格尔：《现代社会中的法律》，吴汉章等译，中国政法大学出版社 1994 年版，第 224 页。

日常生活中都认同这些民间习惯等"活法",并且根据"活法"的预期安排自己的行为。在这种模式下"活法"必然在纠纷解决中发挥特定的作用,而这种效果是制定法不能够实现的。

(三) 晋商经济纠纷解决机制的现代转换

党的十六届六中全会提出的构建社会主义和谐社会的目标和任务之一就是完善社会纠纷解决机制,维护公民的合法权益,稳定社会秩序。我国目前正处于体制转型时期,各种体制、观念和利益调整的矛盾,导致了社会纠纷的增多。纠纷的品种繁多,层次多样,相应的必然要求建立多元化的纠纷解决机制,以为各种类、各层次的纠纷找到最恰当的出口。晋商发展、辉煌于明清之际,也经历了社会转型,虽然时过境迁,其中许多具体的制度已无法适应当今社会的发展,但其内蕴的理却值得今人深思。因此,对保障晋商经济发展,营造良好秩序的纠纷解决机制经过现代转换与超越对现代纠纷解决机制的完善也许会有所裨益。笔者认为,现代多元化纠纷解决机制的完善可以从晋商之诚信防纷机制、行会调解机制、利益解纷机制中汲取养分。

第一,诚信防纷机制。

现在学界很多人认为社会纠纷的解决机制与抑制防范机制未能相互照应,存在着一定程度的脱节。纠纷的解决大多是事后的解决,这使得纠纷解决十分被动,并且纠纷已经发生就会产生不利影响。因此,一个完善的纠纷解决机制不仅是要妥善地解决纠纷,更重要的是能够避免、防范纠纷的发生。而防范机制不可能只是一套细密的文字法规加一套严格的司法体系,而是与亿万中国人的价值、观念、心态以及行为相联系的。马克斯·韦伯考察新教伦理精神与西欧资本主义发展关系得出经济活动需要一种文化精神。[①] 在

---

① [德] 马克斯·韦伯:《新教伦理与资本主义精神》,四川人民出版社1986年版,第170页。

中国的社会转型时期，市场经济也迫切需要这样一种经济伦理。通过这样一种伦理来培育市场经济主体统一的价值观，使其达成价值共识，从而依赖这种价值规则规范人们的经济行为，进而防范纠纷的生发。这种经济伦理便是诚信。所谓诚信防纷机制是指通过建立诚信体系，以诚信作为规则规范人们的经济行为，以尽量避免纠纷的滋生，从而成为防范纠纷的第一道警戒线。

在全社会重塑诚信，首先，可以减少假冒伪劣、欺瞒欺诈的现象，从而避免大量纠纷的产生。其次，在解决纠纷中引入诚信，建立各方当事人的信任，有利于当事人的和解协商，降低调解协议的反悔率。就像以信义著称的晋商营造的诚实信用氛围避免了大量纠纷的产生，即使个别为图一时之利，发生了纠纷，在行会的仲裁、调解之下，在诚信这种"集体惩戒机制"的约束下，也不敢再犯。建立在诚信基础上的纠纷解决机制降低了纠纷解决的难度，节约了成本，同时赢得了当事人的认可，而获得了最大的效益。

虽然，现在社会形态改变了，不像晋商所处的封闭的、地域化环境内商誉如此重要，在开放、流动的当今社会很难重塑这种隐性的诚信。但是我们可以利用现代化的科技，用先进的信息化手段，给每个从业人员建立起个人信誉档案，形成严密的信用体系。只有使个人信誉成为每个人的生命，才会对个人形成足够的威慑。比如当一个人在这一行业违背诚信，将永久性地吊销其职业资格，并建立个人档案予以记录。有这样的一套信誉体系，每个理性的经济人都会作一次利益的衡量，不守信所付出的巨大代价高于其所获得的一时横利，趋利避害的本性将使其作出明智的选择。

第二，行会调解机制。

纠纷解决途径的单一加剧了社会关系的对抗性和紧张，增加了经济生活和市场运行的成本，而多元化纠纷解决机制的路径之一便是构建行业性的调解机制。构建行业性的调解机制最为关键的便是提升行业协会的地位。在调解中，调解人是中立的第三方，它必须有独立的地位和强大的权威。目前，调解反悔率高的原因之一就与调解人或调解机构有关。行业自治目前正处于初建阶段，与行政管理未完全脱钩，所以没有独立的地位，并缺乏应有的权威，不能使大众信服。在博弈理论中，改变局中人是改变博弈结果的一种可行方式。所以，应该提升行会的地位，树立其权威。我们可以借鉴晋商行会与政府的关系，加强行会的自律性管理。特别是行会的负责人绝不应该是官员身份，它必须真正由业内最有威信的企业经理人员组成。对于行业协会正常地发挥职能，政府应予以支持、协助。

另外，可以通过依法确认调解协议效力来维护行会的权威，提升其地位。确保行会调解的有效性，增强其公信度，从而使基层的各类社会矛盾纠纷及时得到疏导化解，保持社会稳定和经济的持续发展。为赋予人民调解协议以法律强制效力，可以把人民调解协议书与法院调解书衔接起来，即人民法院可以应当事人的申请，按照一定的法律程序，根据人民调解协议书的内容制作调解书，该调解书即具有法律调解书的法律效力，当事人可以以此申请强制执行。实行这种衔接制度，不仅具有现实上的重大意义，而且具有法理上的可行性。

各种协会、行业组织、社会团体均可以成为解决纠纷的"外围组织"，将大量的纠纷多渠道地分流。经过这些机关、组织对民事纠纷的消解、滤化，不仅可以将一些纠纷、争议、矛盾消灭在萌芽状态，而且将大大缓解诉讼的压力。

第三，利益解纷机制。

我国现在处于社会转型时期，社会阶层日益分化，利益格局日益复杂，这给我们的纠纷解决带来了很大难度。要想纠纷解决时当事人主动配合，以使纠纷解决变得高效、便捷，就需要借鉴晋商顶身股制度的利益安排，在纠纷解决中引入利益机制。它强调在纠纷解决中不仅仅关注自身的权利和利益，也同时关注对方的利益；不仅仅关注眼前利益，更应当着眼于长远利益，在纠纷解决中以寻找共同的利益基础和折中为中心，当事人都本着解决问题的态度，积极寻求双方都认为满意的解决问题的方案以寻求双方的互利和共赢。

纠纷解决过程的实质是一个利益表达、利益协调、利益整合的交涉过程，其社会基础在于利益主体多元化格局。人们在社会活动中存在着各种利益关系，它们相互联系、相互作用，构成或简单或复杂的利益体系。由于主体需要的多样性、无限性与利益资源有限性之间的矛盾，当一种利益与另一种利益相互冲突又不能使两者同时得到满足的时候，就需要在纠纷解决中引入利益衡量机制，使双方当事人在有限资源中达成妥协，找到利益平衡。这种利益衡量以利益识别为纠纷解决之起点，对各利益主体的利益需求进行全面了解是纠纷妥善解决的前提。其次，利益衡量要依据一定的价值指引进行利益评价。面对多元利益的冲突，调解者如何进行利益衡量，实现利益平衡，这便把利益衡量带入了价值判断的领域。最后，利益衡量的最终结果在于利益选择。纠纷解决的过程是一个利益选择的过程。在对利益关系的调解过程中，运用的是权利义务的利导机制，最终将所识别之利益在规范分析之基础上转换。值得注意的是，利益衡量不应是毫无节制的恣意，它受多种因素的制约与影响，应当充分考虑社会基本价值观念、既定法律秩序、公共政策、社会习惯及社会舆论等因素的影响。总之，在纠纷解决中进行利益衡量是必需的，但如何科学、合理的利益衡量却着实复杂，它不仅受到诸多因素的影响，而且更重要的是它是一个动态的过程。

将以上三种机制引入非诉讼纠纷解决机制中，加强了非诉讼解决方式的效力，并以其特有的优势被一些当事人优先选择。如在熟人社会，并且是一般纠纷，人们会倾向于选择民间调解。第一，民间调解便捷、高效。面对一般纠纷，当事人的损失不会很大，所以人们不会太计较民间调解不很重视明晰双方权利义务，寻求正义的缺点，只是在当事人之间找到利益平衡点并得到双方的认可即可，这节省了大量调查取证的时间，也没有烦琐的程序，减少了当事人时间、精力的损耗。第二，民间调解低成本。由于是一般纠纷，人们不愿意花费更大的成本，而诉讼费用是高昂的，即便判决胜诉，也涉及执行问题。第三，在相对封闭的熟人社会中具有独特的优势。在这种环境中，人们的交往具有长期性，纠纷解决最好能不伤害熟人之间的感情，以有利于日后相处。所以，在此非诉讼解决机制无疑是最理想的纠纷解决方式，它通过消除当事人之间的情感对立来彻底消除当事人之间的矛盾。调解常常以纠纷当事人所共同分享的"地方性知识"为背景。在调解过程中，人们依据熟悉的习惯、习俗、乡规民约等确定各自的权利和义务，调解人也在这个空间内寻找合适而又体面的解决方案，以使矛盾消解，当事人之间的感情对立消失，被扰乱的社会生活秩序得到恢复。调解人通过对纠纷当事人所应遵循的伦理规范以及相互间所应尽的义务进行重申，并对纠纷焦点进行协调，然后让当事人在明白事理后主动作出某些让步，从而达到互相谅解、消除纷争的目的。① 非诉讼纠纷解决机制是对我国传统纠纷解决方式的传承与超越，更适合我国的本土文化，更易得到民众的普遍认可和广泛支持，在转型时期对秩序的稳定起着无可替代的作用，也是和谐社会法治建设的有效途径。

从当前农村人口的数量，城乡分治的格局及其传统价值观念的根深蒂固来看，我们没有理由说"活法"没有现实意义。事实上，我们可以发现近代意义上的法律制度在下乡的过程中由于稚嫩而终究难免被乡土社会习俗上的知识传统重新解读，并在被解读的过程中不得不去回应后者而使其本身逐渐向乡间的社会记忆同质化。② 所以，一个过分依赖国家强制力的法律体系是没有生命力的。而"活法"以其独特的优势顽强地生存着，承担着弥补国家法缺失的重任，并给和谐法治社会的建设带来了许多润滑剂，减少了社会转型的创伤之痛。"活法"的发展也映衬出当代社会对法治的反思和

---

① 参见陈柏峰："论乡村体制改革对纠纷解决的影响"，载 http：//www. sannongzhongguo. net／，2006 – 11 – 13。

② 参见尤陈俊："法治的困惑：从两个社会文本开始解读"，载《法理学、法史学》，中国人民大学复印期刊资料 2002 年第 9 期。

理念的变化，追求共同体内和谐关系的稳定、崇尚对话协商的价值，已逐渐成为社会生活的主流。

晋商在中国商业历史上谱写了光辉的一页，给后人留下许多值得深掘的文化宝藏。时间维度的转换，遮掩了许多具体的制度，但其内蕴的"理"却依然值得我们去悟、去思。虽然它只是我国传统法律文化之沧海一粟，但笔者并非妄想把局部性的问题抽象为整体和全局的问题，把阶段性的现象描述为成功经验而直接予以应用。只缘于其传统历经几千年积淀而形成，具有强大的历史惯性，其影响至今仍然根深蒂固地存在着。因此，我们要以开放的胸怀对其进行解构，挖掘、探寻无法状态下的纠纷解决方式，并予以现代诠释。若能吸引学者对我国传统的纠纷解决方式进行真正现代意义的充实、转化与超越，建构适合我国国情的有中国特色的纠纷解决机制便是本文的旨趣所在。

三、温州模式的法理思考

改革开放前，温州经济社会比较落后。改革开放以后，温州在邓小平理论和党的基本路线指引下，坚持把党的改革开放政策同本地实际紧密结合起来，大胆进行市场取向改革，率先发展多种所有制经济，依靠党的政策脱贫致富，依靠改革创新抢先发展，依靠温州人自身力量振兴经济，经济和社会发展取得了很大的成就。温州人用20多年的时间，完成了从"生命命题"到"发展命题"的跨越，形成了极具活力、独具特色的社会经济发展格局——温州模式。

温州模式是温州老百姓自己创造的模式，它是自发和内生的，又是稳定的、可持续发展的，其本质是民办、民营、民有、民享。相比于"珠江模式"和"苏南模式"，温州模式对市场亲和力更强，运作机制更加灵活。同时，温州模式根植于广大人民群众，更符合中国国情和发展趋势，是社会主义初级阶段建设中国特色社会主义的一种最富有生命力和最有前途的区域经济体制改革和经济发展模式。① 实际上，温州模式是西方 200 多年市场经济发展历程在中国的一个浓缩，它完整地反映了市场经济在中国从萌芽到发生和发展，从古典市场经济到现代市场经济的全过程。② 因此，研究温州模式，不仅具有实际意义，而且具有理论意义。其实际意义在于，通过总结温州模式的形成和发展机理，揭示温州模式的体制示范效应和发展示范效应，可以为其他区域的改革和社会经济发展提供新的启示，有利于改革在整体上顺利地度过转轨时期；其理论意义在于，迄今为止的较为成熟的市场经济理论都是建立在西方文明或西方的意识形态的基础上的，温州模式则完整地提供了一个在东方文明和东方的意识形态的基础上发展市场经济的典范。通过对温州模式的研究，揭示在东方文明下发展和运行市场经济的特殊规律性，对丰富市场经济理论具有重要的意义。

（一）温州模式体现的法的精神

首先，温州模式体现了市民社会本质。经过 20 多年的建设，温州无论是经济总量，还是城市建设，都超过了许多现有同等级城市。温州有着市民社会成长的有利而充分条件，其社会结构对目前中国的大多数地区来讲较为特殊和超前，但正是这种特殊和超前对其他地区有着普遍而持久的意义。

第一，温州模式的经济基础是非公经济为主体的经济结构。

温州是在相对充分的市场化的背景下开始城市化的，在这种自下而上的城市化过程中，它逐渐形成了与全国其他城市迥然不同的、以非公企业为主的市场主体结构。目前，温州的经济结构中

---

① 史晋川、金祥荣等：《制度变迁与经济发展：温州模式研究》，浙江大学出版社 2002 年版，第 2 页。

② 林承亮："三大经济发展模式的发展与比较"，载《浙江社会科学》2000 年第 2 期。

99%都是非公成分。在以私有企业为主的市场主体结构下，社会结构真正分化为政府、企业以及此外的第三部门。在非公企业为主的温州，纯粹的私有产权关系在社会经济关系中占据主导，各社会主体基本上拥有经济上独立的人格，因此才可能相应地拥有真正意义上个人选择的自由，才有可能产生个人本位的市民社会。

第二，温州模式的社会主体是失去共同体保护和约束的先富阶层。

与温州在全国所处的位置一样，远离政治中心的边缘位置和长期地下的私有经济发展，使得温州成为没有中央特殊授权的超前市场化的经济"特区"。改革开放初期，尽管这里交通不便，但温州人善于经商的特长，使得江南平原在全国尚未正式对外开放之前就出现了一批先富起来的社会群体。他们大多是一直在体制外生存，失去了旧体制的保护，也较少受旧体制束缚的"自由"① 的农民。这些体制外生存的社会群体，本来就没有享受到旧体制的利益，也没有旧体制的包袱，面对社会经济转型的机会成本也很低。因而在全国体制改革刚刚起步的时候，较早地完成了资本的原始积累。当积累了一定的资金以后，又遇到国家降低了进入城镇的制度壁垒，加上地方政府的大胆改革使得他们能够凭借自己的经济实力，成为城市居民。这些新居民是真正意义上的自由人，他们有一定的经济实力，并形成了相对独立的以企业主为主体的市民阶层。这些离开了原来的村落共同体的社会个体，在城市这一新的社会环境中更多地通过契约性关系互相联结。相对独立的市民阶层的出现成为市民社会形成的基础。

第三，温州模式的主体关系是平等自治的契约联结。

温州独特的城市化道路和特殊的社会结构，决定了它与其他城市相比有着不同的社会主体关系。首先，温州是国家资金不足情况

---

① 朱康对："来自底层的革命——从龙港农民城看温州模式城市化中的市民社会成长"，载《战略与管理》2003 年第 6 期。

下，主要依靠民间资本发展起来的。政府为了吸引当地百姓的民间资金，以公共设施费的名义，以间为单位出售城市土地，在全国率先实行土地有偿使用，这也是一种政府与私人之间的契约。温州这种民间推进型的城市化彻底改变了计划经济时期下政府与社会个体之间的关系，社会个体在经济上的独立一定程度上提高了其在传统社会结构中的地位，城市化进程中政府和社会个体之间的互动需求，使得相互产生了真正意义上的平等契约关系。其次，城市化以后社会结构变迁，也改变了温州社会主体之间的关系。一方面，在整个经济结构中个体、私营企业是温州社会的主体；另一方面，城市化以后多来源的人口结构也改变了传统乡村社会聚族而居的居住格局，城市社会个体之间业缘和地缘的关系在一定程度上代替了传统的血缘和亲缘关系。

第四，温州模式的第三部门是自治的志愿性社会团体。

温州在社会分化和整合过程中，各个异质性的社会群体基于共同的爱好或者共同的利益，在社会互动过程中，除了借助和依靠各种传统的社会组织以外，还自发形成一些新的社会组织，如行业协会和商会等民间组织。在整个温州的这种高度浓缩的新古典工业化过程中，近年来由于国家垂直控制的放松，上下联动推进的行业自治、社区自治、村民自治运动，使得社会的公共领域自治性逐渐强化；同时像温州众多协会和商会这样高度自主化的社会团体和组织涌现，更使得在温州逐渐衍生出新型的国家和社会的关系。城市化进程中政府和社会个体之间的互动需求，使得相互产生了真正意义上的平等契约关系，这在中国今后社会发展进程中必然产生深远的影响。

温州作为一个依靠内源资本积累兴建的城市，与全国其他城市相比，对旧体制依赖较少，也较少受旧体制的束缚，其在本质上是市民社会。但是，在市民社会的成长过程中，它依然难以摆脱国家现有宏观制度的约束，也难以消除源于传统文化的非正式制度的影响，它还不是完全意义上的现代市民社会。

其次，温州模式体现了契约价值观念。温州模式的进程是一个"契约文明"造就温州社会繁荣、经济发达和人民生活富足的自然历史过程。温州人的契约更多地表现为一种默示契约，约定俗成是其形式上的特征。契约本质上是一种期待权或者信用关系。信用关系包括契约形成前的信用关系和契约中的期待权（信用）关系，前者是一种信赖利益，后者是另一种对价利益。在早期的温州模式中，温州人追逐的是一种个体收入最大化、成本最小化的效果，其信用关系的核心是契约中的信用关系和期待权中的对价利益。温州人的契约观最显著特性莫过于在契约中融入地缘、血缘、人缘等温州本土资源，广泛采取"关系契约"形式。温州人致富是"共同富裕"，温州的小商品和大市场都是以"一村一品"为依托的，依靠基层政府和自治组织的扶持和引导，市场观念强、头脑反应快的温州人，特别善于模仿。在企业组织形式上，无论是温州模式早期的挂户经营、家庭工厂、股份合作企业，乃至现在的公司和集团公司，大部分投资者（股东）都是家庭成员，形成独具特征的家族企业和血缘性的企业治理结构。家庭成员间以相互间血缘关系为纽带，形成一种默示的契约（默契）关系。温州人作为一个共同体，外出时都认温州人或者温州话，形成共同的人缘契约，即使在温州本土，是否温州籍或者会讲温州话竟然也成为信用关系的重要组成部分。温州人把经常在一起的感情相投的人，称为"朋友"。朋友之间无论是经济上，还是生活方式上都有着某种天然的合契，朋友间同业竞争时，其竞争手段和方式无形中有一种讲求"适可而止"的心灵契约。温州人的契约观在司法上的显著特点是"厌讼"观念和调解心理。诉讼意味着不经济或成本增加，甚至是当事人间长期"信用关系"破裂和信赖利益的丧失。温州人把打官司比喻为"生病"，因此，温州人（企业）在客户关系持续期间，一般不会"打官司"，打官司只是在感情或者信用关系终结并反目为仇时才采取的不得已手段。同时，在诉讼过程中，往往是在法官主持下，采取柔化术，促使双方相互让步，达成调解协议，以使大家都有一个好"面子",这也是本土司法的一大特色。

再次,温州模式体现了意思自治原则。温州人有着可贵的独立自主意识,创业欲望强烈,改革开放初期叫做"四千精神",即历尽千辛万苦、说尽千言万语、走遍千山万水、想出千方百计发展商品经济;后来叫做"四自",即"自主改革、自担风险、自强不息、自求发展"搞市场经济。此种经济上的独立性、自主性,从法学角度分析,就是市场主体的高度意思自治。在温州,正因为有自己独特的区域文化和本土资源,才确保在改革开放时期,大部分地方政府官员都站在温州市民一边,形成一种无形的社会契约,组成温州改革试验区的统一战线,共同推动温州人的意思自治去创造本土的社会发展史。20世纪80年代时期,温州党政领导都说,我们是"无为而治",所谓"无为而治"从法律价值观上理解,就是政府不过多地介入市场领域,充分尊重市场主体——温州人的主动性、能动性和创造性,在政府与市民的关系中,尽可能保留最大限度的生存空间,让温州人的意思自治观念有用武之地。马克思在讲到法律的起源时,就认为是"习惯上升为法律",温州人凭自己意思自治理念,"从契约到习惯,从习惯到法律(政府的规范性文件)"的过程充分地体现了自然法精神。

温州99%为非公经济,拥有中小企业30万多家,另有160多万温州人在全国各地经商。到目前为止,温州建立了70多个行业协会和40多个民间商会(2005年前的统计数字),其"民间性"、"自治性"的特色在全国行业商会中独树一帜,充分体现了温州人的意思自治。一是自愿组织。温州的行业协会和商会应社会的需要而产生,由企业会员自发要求、自行发起组织的行业协会和商会,充分体现了企业本身的意愿,代表了行业利益而发展。二是自选领导。温州市行业协会和商会一直坚持领导人由民主选举产生,选举一般采用无记名投票的方法。三是自筹经费。温州行业协会和商会实行市场化运作,会长、副会长、常务理事单位每年除会费外还提供一定的赞助经费,同时由协会和商会出面组织行业交流,组织企业参加商品展览，收取部分有偿服务费用，供行业协会和商会使用。四是自我管理。主要是协会和商会的日常管理、会员管理、自我约束、自我保护和行业自律。五是自我服务。这一点以温州烟具协会和眼镜协会在国际反倾销诉讼案中维护了中国企业利益最具说服力。

第五，温州模式体现了诚实信用理念。

温州人本着诚实信用的理念在鞋业、服装、电器等领域创出一大批闻名国内外的品牌，使得许多温州品牌已成为质量的象征，甚至在其他地方出现了仿制和假冒温州产品的现象，以致温州的企业拿来起法律武器去打击侵害自己合法权益的行为。在进行这一系列努力的过程中，温州人的诚实信用理念也得到了进一步发展，逐步形成"重守信、轻失信"的社会氛围。据中国人民银行总行 2005 年的统计，温州个人消费贷款余额占全部贷款余额的 16%，而全国平均数是 6%；另外，在所有贷款中，温州不良贷款比率仅为 5.9%，而全国平均数为 26%。温州一些私营企业老板手里都有一支"金笔"，无须担保，也不用抵押，凭自己的签名就可以在银行贷到数千万元的款项，这在全国颇为罕见。如今，温州人自古形成的"明礼诚信，共生共荣"的品格更为突出，在社会活动中重视分工合作，重视发挥各自的优势，主张以诚信为纽带，我盈利，你也盈利，大家共同盈利。因此，诚信正在把温州经济社会发展与温州人的福祉紧紧地结合在一起。

第六，温州模式体现了权利本位意识。

温州模式的权利本位意识首先体现在强调个体在经济生活中的自主性。作为社会系统的要素和社会的主体的人，应该而且必须是独立自主的人。我国传统国民性的要害是缺乏积极进取的方面，在社会结构中不重视个体，不重视个体的自主权，更难以谈及个体的发展和个体人格的实现。而温州商品经济的发展，使旧的共同体解体了，人的独立性确立并发展了。温州模式是温州农民自筹资金、自找门路、自己经营、自己销售、自负盈亏的实践活动。它带来了温州农民个性的大发展，带来了温州农民人格的大提高，这可以说是温州模式区别于其他模式的最富于生命力、最具有现实意义的地方。其次体现在重利上。过去，我们强调国家利益和集体利益，过分要求个人当"无名英雄"，牺牲自己的一切，片面贬低个人利益，甚至全盘否定个人利益。温州农村商品经济的发展滋生了重利又重义的现象，打破了小农的狭隘观念和家长制观念，变人们的被动心态为主动心态。重利观念的出现，是温州人对传统意识的反悟和觉醒，是温州人整个道德价值体系、文化心理结构重新建构的肇始。由此，温州人变得重视个人利益，敢于追求个人利益。这诚如马克思所说："个人利益一旦确定，也会对社会的发展起积极作用。"[①] 个人利益的追求，使自私利益越来越强大，推动了社会的发展，也带来了越来越多的共同利益。最后体现在平等观念上。温州模式的形成和发展，使温州农民在从事等价交换的社会经济交往和平等的竞争中，逐渐地养成了平等的观念和民主习惯，封建主义的等级观、宗族观逐步得到了克服，家长制和专制主义的阵地逐渐地缩小。另外，从总体上看，温州模式重视个体，并不是像欧美型的个人主义那样，把个人狭隘地理解为同集体是相对抗的；也不是封建主义的集权主义和村社主义图解以后变形的集体主义。温州模式承认个人的发展，也就是集体的丰富和发展，并鼓励个体在自身发展中对集体作出贡献。温州模式正是对马克思集体主义原则的一个现实的注解，是对长期以来的非马克思主义观念的一个冲击。当然，温州模式在其形成与发展过程中，在权利本位意识上也免不了出现一些消极的东西，但我们不能就此否认这种意识的作用。

（二）温州模式发展的法治障碍

首先是缺乏法治经济。

---

① 《马克思恩格斯全集》（第46卷上），人民出版社1972年版，第102页。

第一，制度创新陷于式微。温州的经济改革力量主要来自民间推动，最深刻的制度变迁是发生在微观领域的民营企业制度和市场结构的创新。但是到了 20 世纪 90 年代中期，温州凡是可以依靠底层力量推动、老百姓能够做的微观领域的制度创新仿佛都已做完，此后近 10 年来温州在民营企业和市场制度的方面创新活动一直没有停止，但如果与 80 年代那些在全国有影响的制度相比，这些创新活动似乎都属于"量的变化"而没有"质的飞跃"，绝大多数温州民营企业至今都保持着封闭式家族企业的形态，既不能让外人进入，也不想与其他企业联合和合并，更不愿被其他企业收购和兼并，以致平均企业规模依然很小，少有股份有限公司，还没有一家民营企业成为上市公司。而商品市场发展特别是市场结构和交易方式方面也已经开始落后于义乌和绍兴等地，要素市场和市场秩序建设方面也没有什么新进展。

第二，运行机制转型滞后。要建立现代市场经济——一个以法治为基础、以自由契约为基础的市场形态，就是以非人格化交易机制维系的无形市场。温州人率先冲破了计划经济体制的束缚，从温州走向外地去从事市场交易活动。可是，与此同时，在中国大陆尚未明确市场化的改革目标，也未初步建立起与市场经济相应的法律制度，温州以外的绝大多数人也还未大胆到敢与温州人一样广泛地从事市场交易活动，甚至温州人所从事的商贸活动还常常受到外地人的"歧视"。因此，温州人只有通过自身的努力建立和利用人格化的交易方式来从事商贸活动。这种人格化交易方式一旦形成，就会导致一种"路径依赖"，一方面它使得温州人能以较低的成本进入传统劳动密集型行业；另一方面它也限制了温州人进入新的行业。[①] 倘若继续依赖这一路径，就不可能顺利地完成从初级市场经济向现代市场经济的转变，也不能很好地完成从传统社会向现代社

---

① 史晋川："温州模式的历史制度分析——从人格化交易与非人格化交易视角的观察"，载《浙江社会科学》2004 年第 2 期。

会的转型。同时,金融转型也显滞后。在温州,国有金融仍是制度性金融的主体,而国有金融本身的制度性困境,必然使得它游离于温州主体经济之外。当然,温州民间信用十分发达,但一则不受金融当局正常管理,二则不时有道德风险,三则与制度性金融相隔而自我封闭运行。这就影响资金效率的提高,亦即影响总体经济运行效率的提高,又带来了企业兼并合作等的困难,进而影响企业主体发育。①

第三,市场竞争行为失范。一是权力参股、权力介入不正当竞争。如一些公安人员参股娱乐业,土地规划等人员参股房地产业;地方政府直接介入不正当竞争,如温州市政府曾发文将位于市中心人民路的霓虹灯广告业务直接指定给一家公司去垄断经营。二是一些非公有制企业采取了不合法、不合规的办法来发展自己,如生产假冒伪劣的商品,侵犯他人的知识产权,靠行贿、拉关系等办法获得原材料、推销商品等。这使温州商品一度成为假冒伪劣商品的代名词。这种情况经过整顿已经大有好转,但不合法、不合规的情况仍然存在。三是存在无序竞争现象。温州模式系统内各个个体大多处于无序状态,彼此缺少相互合作。随着生产总体规模的扩大,个体数量的膨胀与系统环境市场的有限性之间的矛盾,使系统的结构和功能难以有效地调整家庭工业之间的各种非理性竞争和非法竞争,包括互相拆台、通过降低质量来占据成本优势、降价倾销等。温州模式整体优势的不足,很大一个原因就是各个体之间缺乏协作,多有内耗。

其次是政府转型缓慢。

第一,调控失灵。长期以来,温州市各级政府都奉行着"无为而治"的管理准则,企业都是在市场的引导下发展起来的。这种管理方式固然能充分保证市场的调节作用,但同时导致了经济和

---

① 卓勇良:"番薯、战争与企业家精神",载《浙江社会科学》2004年第3期。

城市发展的盲目性与短期性。而对温州发展十分重要的公共产品供给和宏观经济管理体制改革是无法主要依靠自发的民间力量解决的，而是需要政府的积极主动推动。

第二，权力寻租。在温州，各级政府官员的显性收入相对较低，寻租欲望非常强烈，权钱交易、官商结合的现象相当严重，其表现如下：1. 一些地方政府和部门的管理掺杂较浓厚的"集团利益"色彩，典型地表现在出让土地收费和权力创收上。2. 公务员设租、寻租突出。以城市土地出让为例，20 世纪 90 年代由于温州房地产火暴，房地产价格高于全国同类地区，经营房地产利润丰厚。然而温州土地出让基本上实行协议价，批与不批、批给谁及价格高低完全由少数部门甚至少数人说了算，租金数额巨大。3. 权力参股。温州一带公务员个人或家庭以各种形式创办企业或从事各种投资的比例，远高于浙江其他地方。这种公务员职业生涯的非专业化，极大地侵蚀了公共行政。

第三，效率不高。温州地方政府的机构设置、管理职能和行为方式仍然基本上在延续计划经济时期的旧"套路"；政府机关作风和官员服务态度在"门难进，脸难看，事难办"方面比其他地方可能还有过之而无不及，办事效率低下普遍存在，致使投资软环境恶化，企业"社会交易成本"增大。

再次是历史传统制约。

第一，家庭经营模式的局限。在温州的民营企业中，不仅个体工商户和独资业主制私营企业大都属于家庭、家族企业，而且连股份合作企业以及公司制企业，也大都保留着家庭、家族色彩。这种模式在企业创办之初，对家族经营发挥过一定的作用。但当企业发展到一定规模时，家族经营的弊端便逐渐暴露出来：企业决策依附于个人，加大了经营风险；家族封闭性文化抑制了公司的创新能力；企业财产与家族财产不分，造成内部财务制度混乱；任人唯亲，难以引进优秀人才；产权制度封闭，难以向社会融资等。① 这造成了企业人才匮乏、知识老化、权责不清、管理落后等问题。这些弊病严重阻碍了家族企业的进一步发展。

第二，传统文化意识的影响。一是价值观念仍存在落后一面。温州模式主要是由基层和农民创造的模式，其缺乏现代人力资源和教育、科技的应有发展，这与温州人群体素质状况是密切相关的。即使被人们赞扬的温州人价值观念，也有不适应市场经济发展要求诸多方面，如竞争意识强而合作精神弱，"宁为鸡头，不为凤尾"；追求发家致富和物质享受动力强，但缺乏现代企业家精神和干大事业的雄心。二是温州文化中具有比较浓厚的宗教迷信色彩与封建文化传统。作为乡村化城市，温州的文化中宗教迷信的色彩极浓。三是温州文化的相对封闭性。这表现在语言环境、人际交往等方面具有较强的排外倾向。四是人情关系盛行。温州人重人情关系，不太讲秩序，轻视法治，崇尚权力。在温州，凡涉及案件，不论大小如何，有理无理，人们的惯性思维便是通过人情找关系，法治原则在人情面子中显得极其脆弱。

最后是法律规范缺失。

第一，无地方立法权。温州作为地级市，本身没有立法权，多年来上报要求批准成为"较大的市"，始终未得到批准，没有立法权的区域政府颁布的规范性文件，没有国家强制力，没有国家强制力的规范性文件得不到实施保障。因此，于是温州市在推动城市文明时，就不得不依靠一些已经"过时"的行政强制手段，行政手段的滥用，导致与法治文明不相协调，发生了"官"与"民"的激烈冲突。因此，在本土资源下严格用法律规范政府行为将是温州模式法治建设的难点。

第二，尚有人治倾向。早期的温州模式下的法制是传统型体

① 吕金记："渐进转轨中区域经济发展模式"，载《经济研究》2002 年第 11 期。

制，即人治居支配地位，政府各相应部门不是按国家法律规范行使行政管理权，而是习惯常使用"协调会议"或"红头文件"推行自己的长官意志，往往是政府一声令下，市民呼隆运动，而政府决策又往往缺乏程序，往往是个人意志的体现。政府决策的失误和变化不定，常会造成社会资源的极大浪费。

（三）温州模式发展的法治路径

一是立足本土法治资源。

在现实过程中，如果法治过于偏离地方本土资源，那么法治建设会适得其反，最终只会妨碍地方社会的良好发展。地方社会在发展过程中已经形成的具有自己特色的本土资源，有自己的生长基点、活动空间和作用范围。要想在现有的地方社会环境中取得行之有效的法治建设，就势必要充分考虑到地方本土资源的发挥和结合，温州模式发展的法治建设也必须充分重视和利用本土法治资源。

首先是温州模式本土法治资源。法治的本土资源这一提法意味着"法治为本，资源为用，本土为用"，因为资源本身不是目的，它是为别的目的服务的。笔者在上文已详细分析了温州模式所体现的法的精神，这可以说是温州模式的本土法治资源，其既有自身鲜明特点，又有别于其他地方，概括起来主要有如下三个方面内容。

第一，自由理念与秩序创新。温州模式在本质上是市民社会，自由和秩序是其形成和发展的两大价值取向和基本要素。温州模式的自由是指经济意义上的"消极自由"而非政治意义上的"积极自由"。积极自由观基于人们理性具有改造社会秩序的无限能力的盲目自信，主张人们可以按理性设计对社会、经济、法律制度进行随心所欲的建构和改造。而消极自由观则基于人们相对无知的客观事实，笃信社会秩序深深植根于道德、宗教、习俗等民族文化传统，而不是空凭理性的力量可以任意改造的。消极自由观主张自由的本质在于自发性和否定性（即无强制状态），内在的自由与外在的强制是水火不相容的。温州模式的秩序是指一种经济意义上的内生和自发的原生秩序。用古典自由主义思想家哈耶克的话说:"市场秩序是一种特殊类型的自发秩序,是人们在财产法、侵犯法和合同法之内行动经由市场而形成的。"① 正是原生秩序往往表现为法律秩序,但其自身并不就是法律秩序,法律秩序不过是它被权威化表述的一种外在形态。外在的法律秩序往往只是社会的衣饰和表象,内发的原生秩序才显现了社会的真实轮廓。然而在实践中,人们往往本末倒置,忽视内在原生秩序的培育,而寄奢望于建构一个万能的市场经济法律体系。温州模式在产生之初,就比较注重这种内生原发秩序的培养。20世纪70年代末选择市场经济体制,其深层原因在于,此一体制可以通过提高人的生存质量、文化层次,进而提高人的自主意识、利益保护意识、政治参与意识及能力,增强人的自由度,从而有效培育人的自由理念。

第二,契约精神与意思自治。温州模式是我国市场经济发展的前沿地带,市场经济本质上是契约经济。温州模式走向市场,走向民主,走向法治的现代化过程,表现为一个社会关系契约化的过程。与契约精神紧密相连的是温州模式的社会自治,社会自治是温州模式的一个主要特征。自治的性质是社会性的,是市民对社会事务的自主管理,自主的内容主要包括私人生活、市民的生活方式和习惯的自主,私营经济的自主管理,社会性企业的自主,非官方的社会组织和事业组织的自主管理等内容。自治形式具有多样性,既有直接形式、间接形式,又有直接形式与间接形式的结合。

第三,权利本位与个体自主。权利本位,是市场经济发展的必然要求。温州模式的发展历程是一个从权力支配权利到权利与权力互动的历程,一个从权力为主导的社会向权利为主导的社会衍进的历程。其形成和发展以人作为个体主体而存在为先决条件,从人的

---

① Hayek: Law Legislation and Liberty, The University of Chicago. Press, 1973; Vol. I. ch. 9. II. ch. 4.

存在方式说最重要的正是人的思想和行为在一定范围内由群体本位转向个体本位，个体具有了作为真正的主体而存在的意义。这表现在企业对政府或职工对企业都有了较大的自主权，从而能更大地调动其积极性，这种积极性说到底发自个体作为主体的内在追求。大到整个国家和社会，小到一个企业和班组，能在某种程度上激发每一作为主体的个人的内在追求，并通过各种可能的手段把它们组成合力，是在某种程度上取得成功的重要尺度。①

其次，本土资源与现代法治兼容。我们应该看到，西方法治思想由古希腊发源，其产生的社会文明基础是地中海海洋文明。同时由地中海文明所衍生出来并在以后的西方历史发展过程中不断巩固的崇尚自由主义、个人本位以及对人权的一种近乎执著的追求，是西方法治由一种思想演变为当今世界的主流价值理念的思想基础；私法至上，严格限制国家公权力、有限政府的观念以及支撑这些观念的一整套制度是法治的制度基础。温州也属于海洋文化，有着与西方文明发展相近的环境条件。温州模式在形成和发展过程中积淀下来的自由经济、平等、自由、个人本位、契约精神、秩序创新、自治等本土资源，都是现代法治所必需的，与现代法治是相容的。但是，温州模式毕竟生长在集体观念、国家观念占有优势的社会里，还存在许多反法治的本土资源，正如苏力教授所言，我们的本土资源中反法治的成分是主要的。因此，温州模式的本土资源还需要投入大量的人力、物力资源去研究、探讨、挖掘、支撑其进一步发展，使之真正成为我国法治现代化过程的重要组成部分，为顺利实现依法治国方略作出贡献。

二是弘扬时代法治文明。

任何一项事业的背后都存在某种决定该项事业发展方向和命运的精神力量。法治不仅仅是或者说更重要的是我们的法治理念，正

---

① 袁祖社："中国'市民社会'及其基本价值取向初探"，载《求是》1999年第4期。

如刘作翔教授所说,法治是一种观念、一种意识、一种视法为最高权威的理念和文化。这种观念、意识、理念和文化尊崇以社会集体成员的意志为内容而形成的规则体系。① 温州模式也需要灌输现代法治理念,弘扬时代法治文明,这是温州模式法治建设的一条重要路径。

第一,树立法律至上理念,张扬温州精神。法律是社会关系的调节器,对于国家权力有制约(依法行政)作用,是维护社会主体权利的重要工具。但温州模式在发展过程中,其追求制度创新的另一面,则是出现了大量旨在规避正式法律制度和政策规定的一些地方、企业的土政策、"擦边球"或"钻政策的空子"。而且认为"法律是死的,人情是活的"的法不抵情观念在温州也较为普遍地流行着。这必定有损法律制度的权威性和统一性,影响法治的建设。正如伯尔曼所言:"法律必须被信仰,否则它将形同虚设。"② 因此,温州模式实现法治之路,必须首先树立法律至上理念。特别是处在新世纪的今天,温州人必须努力以世界眼光来观察温州、看待自己,以树立法律至上理念带动其他理念的全面更新,进一步弘扬温州精神。一要将单纯谋利动机升华为一种事业的成就感和社会责任;二要把重商主义意识升华为一种工业精神和实业精神;三要把单纯重视货币资本的意识升华为一种重视人力资本和智能资本的意识;四要将你死我活的竞争意识升华为一种互惠互利、你赢我赢的意识;五要将家族血缘意识人情观念转向现代契约意识和现代法理精神;六要从把自然当做劳动对象和资源索取对象的意识升华为人与自然有机统一的现代环境意识和生态伦理精神;七要把安逸、享乐意识升华为一种追求生活质量、生活价值、生活意义的超越精神。当然。那些适应法治建设需要和市场经济发展的温州人精神,

---

① 刘作翔:"实现法治:我们的理想和追求",载《政治与法律》1996年第5期。

② [美]伯尔曼:《法律与宗教》,三联书店1991年版,第28页。

比如温州的崇实务实、敢于竞争、勇于进取的实干精神以及艰苦创业、四海为家的开拓精神等，都应进一步地大力弘扬。①

第二，培育私法文化精神，奠定法治基础。应当说，我们的私法文化精神和法治进程确实没有必要也不可能对西方法治进程亦步亦趋。从某种意义上说，西方社会更多需要解决的，是其发展过头的形式理性精神，而中国更多需要面对的，则是"实质非理性"的社会传统。② 温州模式法治建设也不例外，需要以当代法律理性精神的重建取向为参照，以"反思现代化"精神来扬弃文化传统，促进具有交往理性精神的"自生自发"秩序的形成，弘扬私法文化精神，奠定法治基础。首先，要避免法治浪漫主义或法律工具主义的误区，把民主和自由价值注入法治精神和私法秩序之中，确立法律的"话语共识"基础和"程序主义范式"的法治思维，使法治秩序真正建立在公众认同和需求的基础之上，建立在市民社会价值信念和规则要求的基础上，以体现"自生自发"性和自由理性精神。其次，必须注重私法文化精神的法治的社会根基，注重"生活世界"的交往理性结构和内在规则。要从社会的现实生活出发，立足于世俗的"社会人"、"个性人"、"人性人"，立足于个体活生生的、自由自主的理性交往行动，摆脱金钱的奴役，解除权力的压迫，切实保障市场经济主体的人格自主、意思自治、契约自由、经营自由和财产权利，使自由、平等、权利、契约、正义等法律信念变成人们内在自觉的自主行动和行为选择，使法治秩序在温州模式生根。再次，要通过"私人自主"和"公共自主"的共建和一致，确立自由、平等、民主和公正的沟通协商机制和话语论证原则，辅以重人本精神、重社群价值和重实质公平等具有现代性潜

---

① 蔡克骄、陈魑："温州模式与温州人精神"，载《温州师范学院学报》（哲学社会科学版）2000 年第 21 卷第 1 期。

② 马长山："现代性与私法文化精神论纲"，载《法学论坛》2004 年第 19 卷第 4 期。

力的传统价值观，使多元利益要求和互竞的价值诉求得以交互理解、认同而形成共识，并反映到法治实践中来。特别是私人权利纠纷中的自主协商机制、司法过程中的"对话式"解决机制、民间法（如行业规则）的自我规制机制、私人领域的自主决断机制等，使得多元共识、自由自主、平等互利、权利互动、契约共建等成为可能，从而奠定有效的地方法治基础。

第三，强化自由平等观念，建立法治秩序。众所周知，资本主义的胜利是自由、平等权利对王权神权专制的胜利，但是，随后过度发展的个体自由和利己主义精神却侵蚀了社会平等，形式上的机会均等也内在地否定着现实的机会均等。① 因此，温州模式在法治建设进程中，必须重视解决这一矛盾，努力弘扬现代自由平等精神。在社会与政府的纵向关系上，主要是贯彻自由原则。这就要求温州必须继续大力发展市场经济，特别是非公有制经济，努力建立完善的市场经济体制，积极培育中产阶级和民间社会组织，充分确认和保障社会主体的广泛自由和私人自主领域，使自由只受它自己的生活条件的限制，进而确立私法秩序的主导地位。在社会内部的横向关系上中，主要是贯彻平等原则，以实现自由的平等化。这就要求人人都应树立平等意识，掌权者应该树立一种自我反思、自我抑制的平民意识；普通公民则应该确立一种不羡权贵、不阿权势和不畏强权的独立精神品格。② 当然，这里的自由并不是绝对个人主义的"任性的自由"，而是理性、多元、宽容的自由，是立足个人但又兼顾社会的自由，这就要求对自由权利的滥用进行必要的限制，以他人同等自由和平等权利不受干扰和侵犯为约束边际原则；这里的平等也绝不是扼杀自由的均等，而是为自由提供条件和保障

---

① 马长山："现代性与私法文化精神论纲"，载《法学论坛》2004 年第 19 卷第 4 期。

② 高鸿钧：《现代法治的出路》，清华大学出版社 2003 年版，第 387 页。

的相同对待，是对每一个人（无论强弱）自由和权利的平等保护，并基于此构成辐射政治、经济、文化和社会诸领域的基本法治精神。这样，私人自治、契约自由和权利主张等也才有了必要和可能。这种平等化自由正是法治秩序得以确立的基础和保障。

三是建立现代法治经济。

现代市场经济是由高度非人格化的交换活动组成的经济形式，这种交换的正常秩序要有特殊的维系方式来提供。传统的维系方式，如靠血缘关系、乡亲关系来维系，远远不能满足它的需要。这种特殊维系方式的特点是一套由国家作为第三方来保证执行的规则体系，即法律体系。所以说，现代的市场经济是建立在规则基础上的，也可以称为法治的市场经济。① 但是建立法治经济，并非易事，温州模式要实行这一目标，需要在以下几个方面作出努力。

第一，从主观诚信向信用经济转变。温州模式下的诚实信用还局限在主观诚信和人格诚信上，尚缺乏信用经济下的客观诚信和制度诚信。这种诚信往往非常主观，是以人格的可感受性为前提的，以情感为纽带，凭自己的情感，建立在日常生活经验的基础上的，要靠风俗习惯和自己的生活理性来确保信任，是融于百姓生活之中的。而信用经济不再是以人格的可感受性为前提，恰恰相反，制度上的承诺是关键。所以，温州模式要建立现代法治经济，必须完成从主观诚信向信用经济转变。首先要完善以政府为主体的信用制度，如温州于2002年出台《信用工作建设管理办法》，就是在这方面有益的尝试。但建立和完善信用制度应重在制定规则与提高政府掌握的相关信用记录的透明度，重在解决信用信息不对称问题，既要保护个人的隐私和各类市场主体的商业秘密，更要实现信用信息的公开化。要抓紧制定促进公平竞争、保护商业秘密等相关制度，以规范税务、工商、司法等与社会公共信用记录有关的政府部

---

① 吴敬琏："建设法治的市场经济"，载《中国外汇管理》2004年第1期。

门行为,并依法向社会信用机构和公众提供信用信息,制定可操作的信用服务规则和处罚规定。其次要健全以社会为主体的信用体系。信用体系的核心是由独立于市场交易之外的第三者,通过各种信用记录的客观收集与分析评价以及保证措施,为客户提供信用信息和信用交易服务。所以,社会化的信用体系应以民间设立的独立中介机构为主体,在法律允许的范围内通过收集和分析个人和企业的信用资料,为客户提供当事人信用状况等证明资料,帮助客户判断和控制信用风险的社会化信用保障系统。2002 年温州成立了信用中心,包括征信、评估、查询、服务、管理、法规等六大体系的温州信用工程全面启动,这为信用经济建设创造了良好的条件。再次要强化对失信行为的法律制裁,维护公平竞争的信用基础。信用关系与财产关系是一个问题的两个方面,信用缺失的实质,是失信的一方只想拥有权利而不愿履行义务,这就必然直接或间接地挑战财产关系和财产规则。因此必须让失信的人、失信的企业付出沉重代价,只有令其得不偿失,才能规范其经济行为,承担应有的法律责任。①

第二,从家族企业制度向现代企业制度转变。制度在一个社会中的主要作用是通过建立一个人们相互作用的稳定的结构来减少不确定性,这种制度是处于一种不断变迁的过程中。② 到 20 世纪 90 年代中后期,温州模式的企业制度先发优势已逐渐弱化,经济绩效下降,渐进式改革中触及了一些更深层次的问题,所以必须进行新一轮的创新,实现从家族企业制度向现代企业制度转变。一方面要进行企业管理制度创新,突破家族式管理的限制。首先是企业家观念和知识要进行更新,能够适应市场新变化。同时在所有权和经营权分离的基础上,吸纳职业经理人和其他有才能的人来管理和经营

---

① 韩灵丽:"信用机制与商法保护",载《浙江学刊》2003 年第 4 期。

② 〔美〕道格拉斯·C. 诺斯:《制度、制度变迁与经济绩效》,刘守英译,上海三联书店 1994 年版,第 7 页。

企业；其次是在企业内部人才管理上，形成一种良性的人才竞争机制，建立一支善于经营、懂得管理的现代企业家队伍，形成企业经营者市场化、职业化的社会环境和企业经营者培养、选聘、考核、监督的有效体系，建立与企业经营者经济绩效结合的利益机制。再次是引导企业运用现代企业管理模式，大力推行资本经营、虚拟经营等，推进市场形式的创新。另一方面，要进行产权制度改革，建立现代企业制度，这是温州模式从制度上走向成熟的关键。制度经济学的研究表明，制度安排对经济增长和经济效率有着重大影响，尤其是产权制度对经济增长的影响是最根本的。当前，在市场机制运行比较完善的环境下，温州模式应通过发展要素市场尤其是资本市场推进产权制度的变迁，从而推动民营企业的成长。主要是通过产权制度变迁，建立起多元化、分散化的产权结构和企业经营者的激励和约束机制，提高企业的运行效率。对于上规模的企业，力争首先使其建立现代企业制度，健全内部法人治理结构；对于已经建立公司制的企业，要引导其完善提高，建立所有者和经营者的利益制衡机制；对于大部分企业而言，都应调整企业分配制度，积极推行技术股、项目股、管理股、营销股等要素股，以使管理层和劳动技术人员的经营业绩和企业效益紧密挂钩。在股权结构上也要改变"一股独大"的局面，适当进行分散，这也有利于完善和发挥企业法人治理结构的作用。

第三，从重视发展中小企业向法律保护中小企业转变。温州历来重视中小企业发展，其经济以股份合作企业和私营企业为先导和主导，是全国最典型的民营经济，也是最典型的中小企业。温州的中小企业在基本上没有享受国家法律的特殊性保护的情况下，出现生机和活力，并茁壮成长，成为市场经济的"领头羊"。然而，随着市场经济观念的普及和全国性地域性竞争的激烈，温州的宏观环境现已开始不利于中小企业的发展。从而出现了一方面引资未出现突破性进展，国内大企业和国外跨国公司均未落户温州，而另一方面温州的资金大量"外逃"，颇具实力的中小企业大量外迁的严峻局面。对此，温州模式应面对现实、正视困难，经济工作的重点不再是建立实体性市场，而是对温州经济总量占 99% 以上的 30 多万家中小企业采取特殊性的扶持政策，从法律上保护中小企业的发展。一要制定促进中小企业发展的规范性文件。明确中小企业的地位，将保护私有财产的宪法规定落到实处；明确中小企业（尤其是民营中小企业）可以合法进入的行业领域，明确中小企业正常的生产经营及管理活动受法律保护，民营中小企业可依据法定程序参与公有企业改制，民营中小企业的财产及法人可以依法继承转让等。二要建立完善有利于中小企业发展的管理体制。设立专门的政府机构对中小企业实行统一管理，按照城乡统一和所有制统一的原则，加强部门协调配合，增强对中小企业管理的整体性和有效性；要理顺管理职能，一方面要对中小企业在劳动安全、资源环保、质量卫生、社会保障、金融税收等方面进行监督和管理，另一方面要为中小企业提供服务，帮助解决中小企业在生产经营和发展中遇到的各种困难；要继续加强行业组织建设，帮助中小企业建立行业协会等民间组织，加强中小企业的行业自律、自我服务和自主管理，以替代政府的部分管理职能。三要制定实行促进中小企业发展的相关政策，如产业引导政策、税收优惠政策、财政投入政策、土地使用政策、减轻企业负担政策，扶持中小企业发展。四要为中小企业发展提供有力的融资支持，银行要增加中小企业信贷，政府可以支持兴办一两个股份制民营银行，为中小民营企业发展融资。并要发展中小企业信用担保和风险投资，鼓励中小企业以集资入股、合资、合作等方式进行直接融资，有条件的中小企业可以通过发行股票、债券等进行直接融资。

四是建设和谐法治政府。

第一，树立和谐政府理念。在当今中国，和谐社会目标的提出有着重要的现实意义。建构和谐社会固然需要全社会的共同努力，但同时更是政府的"当然责任"，为了这一宏大目标的达成，需要我们对当下政府的治理能力予以考量并作出适当调整。如果说，政府治理的调整是一个系统工程，需要在多方面作出努力，那么，理念的更新恐怕是其当务之急。政府施政理念是政府的精神基础和智力支持，是社会和谐的基石。建设和谐社会，政府必须培育以人为本的理念、和谐发展的理念、民主法治的理念、公平正义的理念、诚信政府的理念和责任政府的理念。为此，温州的地方政府必须坚持依法行政，加快建设法治政府。这至少要从四个方面实现公共治理和谐：在发展战略上打破单一以经济建设为中心的思想，坚持可持续发展的观点；在公共政策制定上真正体现公正、公平和正义；从政府职能上实现由管制型政府走向服务型政府；要科学执政、民主执政、依法执政。

第二，转变政府职能。我们今天要求的科学界定政府职能和转变政府职能，是在强调政府"有限"的同时，也强调政府的"有为"，既要求政府坚决地减少、放弃某些职能，不管其不应管、管不了和管不好的事，又要求政府加强、健全和完善某些职能，管其应该管、管得了和管得好（而其他组织则管不好）的事。① 在法治建设的今天，必须重新审视温州政府的作用，努力建设"有限"和"有为"的政府。一要深化政府机构改革，解决温州经济发展中某些刚性的堡垒。在精简机构的同时提高办事效率、改进服务，从而降低市场的交易费用和更好地为微观主体的创新活动服务。二要大力加强和改善基础设施建设，降低人、物、信息、资金流通的成本。三要简化和减少行政审批手续，大力、全面推进政务公开和限时办理制度，提高办事效率。要按照市场经济发展的需要，减少政府对经济主体的干预，大力降低因政府管理而给企业带来的外部成本，要减少和简化行政审批手续，给企业以更大的自由发展空间；全面推进政务公开，提高行政行为的公开性和透明度；缩短办事时限，提高工作效率。四要建立健全市场经济所要求的公平、自

---

① 姜明安："关于建设法治政府的几点思考"，载《法学论坛》2004 年第 19 卷第 4 期。

由、有序的经济和社会秩序。要建设经济主体的信用制度和评价体系,引导和建设市场经济所要求的商业文化和商业道德规范;建立健全质量监督制度;适度、有效地惩罚诚信失范行为和严厉打击经济欺诈、假冒、不公平竞争等违法行为;在市场准入、主体资格、优惠条件等方面的政策和法律上给予民营经济以同等待遇;建设安全有序的社会生活秩序。五要鼓励民间组织的建立和发挥效用,加快发展和健全各种中介机构,如行业协会,专业化培训和教育、信息与技术的研究,以及咨询、融资和分散风险的机构等。通过这些自发的或官方促成的中介机构逐步提升企业战略、拓展市场深度和扩张市场容量,并形成对政府的软约束。只有真正转变政府职能,发挥其市场的促进作用,温州经济发展才能在经济转轨的渐进式改革中逐步打破对自身的各种锁定,从而更好地发挥其区域扩展作用。

第三,健全相互制衡的行政、司法、执法科学运作机制。温州的政府不同程度地存在着各行政机关政府及官员没有明确的分工责任制,与行政法治原则要求"行政活动必须遵守法律,法律规定行政活动的机关、权限、手段、方式和违法的后果"尚有相当差距。同时,由于司法体制、执法体制和干部管理体制的制约因素,温州司法、执法系统有专业高法律素质的法官、检察官、警官和其他执法人员微乎其微,面对着法治建设中出现的新问题、新情况,司法、执法机关常常是束手无策或以行政手段代替法律手段。另外,鉴于社会环境的关系,温州的行政、执法、司法部门及人员易受"人情关系"的影响和干扰,依法不作为和依法作为的概念相对薄弱,权利的概念过强,违法、违纪作为和不作为的现象时有发生,严重影响政府的形象和威信。因此,要实现温州模式的法治建设,必须建立健全相互制衡的司法、行政、执法科学运行机制,提高司法、行政、执法人员素质。一要整合政府各职能机构和人员行政活动权限、方式、责任和程序,明确司法职能,简化办事规则,建立相互制衡的行政、司法、执法科学运作机制;二要建立政府和司法的权威和信用，强化依法行政、执法、司法的职能和责任，提高违法行政、执法和司法的成本，加强廉政建设，加大反腐败工作的力度；三要设立专门机构，整合法制资源环境，引进高层次法学专家，形成良好的法治氛围，为温州早日取得立法权做好物质和精神上的准备工作。温州市场经济发展急需有足智多谋的法学专家为温州市立法、司法、执法机关、企业出谋划策。法学专家作为法律科学的专家，独立于其他机关团体的利益和立场，能从纯粹法理上保证法制现代化过程的科学性。可以说，没有法学专家参与，温州模式的法治建设可能会成为权力和利益分配的工具，法治进程将可能更加缓慢而曲折。

温州人创造了温州模式，但温州模式不仅仅属于温州人。不管是温州模式所创造的成功经验，还是今天在发展中面临的新情况、新问题，应该说具有同样重要的实践意义和理论启示意义。特别是在我国法治建设的大背景下，由于温州模式发展的超前性和典型意义，其法治建设的启示对其他区域发展乃至我国的法治建设有着特殊的认识价值。

但我们同时也应清醒地认识到温州模式在其发展过程中还会不断地遇到新的问题，面临新的挑战，其表现出的与市场经济的不适应，需要我们随时予以关注、研究，通过发挥法律的控制功能对其进行科学合理的整合，建设市场经济下可持续发展的温州模式。

参考文献

著 作 类

1. 胡玉鸿：《法学方法论导论》，山东人民出版社 2005 年版 。

2. 林喆：《法律思维学导论》（第 3 期），山东人民出版社 2000 年版。

3. 葛贤慧：《商路漫漫五百年——晋商与传统文化》，华中理工大学出版社 1996 年版。

4. 张正明：《晋商兴衰史》，山西古籍出版社 1995 年版。

5. 黄鉴晖校注：《晋游日记、同舟忠告、山西票商成败记》，山西经济出版社 2003 年版。

6. 谢晖：《法律信仰的理念与基础》，山东人民出版社 2003 年版。

7. 刘旺洪：《法制现代化研究》，南京大学出版社 1996 年版。

8. 许章润：《法律信仰：中国语境及其意义》，广西师范大学出版社 2003 年版。

9. 姚建宗：《法治的生态环境》，山东人民出版社 2003 年版。

10. 〔美〕哈罗德·J. 伯尔曼著：《法律与宗教》，梁治平译，三联书店1991年版。

11. 聂文军：《亚当·斯密经济伦理思想研究》，中国社会科学出版社2004年版。

12. 〔英〕亚当·斯密著：《国富论》（上），郭大力、王亚南译，商务印书馆1972年版。

13. 厦门大学经济研究所编：《王亚南经济思想史论文集》，上海人民出版社1981年版。

14. 〔英〕西尼尔：《政治经济学大纲》，商务印书馆1977年版，第46页。

15. 杨春生：《经济人与社会秩序分析》，三联书店、上海人民出版社1998年版。

16. 〔英〕休谟：《休谟政治论文选》，商务印书馆1993年中译本。

17. 胡玉鸿：《法学方法论导论》，山东人民出版社2005年版。

18. 冯亚东：《平等、自由与中西文明》，法律出版社2002年版。

19. 姚建宗：《法治的生态环境》，山东人民出版社2003年版。

20. 谢晖：《法律信仰的理念和基础》，山东人民出版社2003年版。

21. 许章润主编：《法律信仰：中国语境及其意义》，广西师范大学出版社2003年版。

22. 吕世伦主编：《现代西方法学流派》（上），中国大百科全书出版社2000年版。

23. 费孝通：《乡土中国　生育制度》，北京大学出版社1998年版。

24. 徐显明：《马克思主义法理学》，山东人民出版社1990年版。

25. 夏勇：《走向权利的时代》，中国政法大学出版社1995年版。

26. 陈惠雄：《人本经济学原理》，上海财经大学出版社1999年版。

27. 梁治平：《寻求自然秩序的和谐》，中国政法大学出版社2002年版。

28. 刘作翔：《法理学》，社会科学文献出版社2005年版，第478页。

29. 李桂林、徐爱国：《分析实证主义法学》，武汉大学出版社1999年版。

30. 周永坤：《法理学——全球视野》，法律出版社2000年版。

31. 舒国滢主编：《法理学》，中国人民大学出版社2006年版。

32. 赵肖筠主编：《法理学》，法律出版社 2006 年版。

33. 何勤华：《法国法律发达史》，法律出版社 2001 年版。

34. ［美］理查德·A. 波斯纳著：《性与理性》，苏力译，中国政法大学出版社 2002 年版。

35. 苏力：《法治及其本土资源》，中国政法大学出版社 2004 年版。

36. 苏力：《法律与文学——以中国传统戏剧为材料》，生活·读书·新知三联书店 2006 年版。

37. ［法］卢梭著：《论人类不平等的起源和基础》，李常山译，商务印书馆 1996 年版。

38. Lon Fuller, *The Morality of Law*, rev. ed. Yale University Press, 1969.

39. 李龙：《良法论》，武汉大学出版社 2005 年版。

40. ［英］维特根斯坦著：《哲学研究》，汤潮、范光棣译，北京商务印书馆 1992 年版。

41. ［德］哈贝马斯著：《公共领域的结构与转型》，曹卫东译，学林出版社 1999 年版。

42. ［古罗马］西塞罗著：《论共和国/论法律》，王焕生译，中国政法大学出版社 1997 年版。

43. 《马克思恩格斯全集》（第 1 卷），人民出版社 1956 年版。

44. ［美］罗尔斯著：《正义论》，何怀宏等译，中国社会科学出版社 1988 年版。

45. ［古希腊］亚里士多德著：《政治学》，吴寿彭译，商务印书馆 1965 年版。

46. 《阿奎那政治著作选》，马清槐译，商务印书馆 1963 年版。

47. ［美］本杰明·卡多佐著：《司法过程的性质》，苏力译，商务印书馆 1998 年版。

48. 苏力：《道路通向城市》，法律出版社 2004 年版。

49. 袁曙宏、宋功德：《统一公法学原论——公法学总论的一种模式》（下卷），中国人民大学出版社 2005 年版。

50. 谢晖：《价值重建与规范选择》，山东人民出版社 1998 年版。

51. ［美］T. 帕森斯著：《现代社会的结构与过程》，梁向阳译，光明日报出版社 1988 年版。

52. 〔美〕萨缪尔·亨廷顿著：《变革社会中的政治秩序》，李盛平、杨玉生等译，华夏出版社 1988 年版。

53. Max Weber, *Economy and Society*：*An Outline of Interpretative Sociology*, ed., by Guenther Roth Claus Wittich, University of California Press, 1978.

54. 陈瑞华：《问题与主义之间——刑事诉讼基本问题研究》，中国人民大学出版社 2003 年版。

55. 周鲠生：《国际法》，商务印书馆 1976 年版。

56. 梁西：《国际法》，武汉大学出版社 2000 年版。

57. 王铁崖：《国际法引论》，北京大学出版社 1998 年版。

58. 中共中央马恩列斯著作编译局：《马克思恩格斯全集》（第三卷），人民出版社 1960 年版。

59. 〔美〕埃尔曼：《比较法律文化》，贺卫方等译，三联书店 1990 年版。

60. 〔法〕勒·达维德：《当代主要法律体系》，上海译文出版社 1984 年版。

61. 〔法〕勒内·罗迪埃尔：《比较法概念》，陈春龙译，法律出版社 1987 年版。

62. 〔法〕孟德斯鸠：《论法的精神》，张雁深译，商务出版社 1982 年版。

63. 〔美〕E. 博登海默著：《法理学——法律哲学及法律方法》，中国政法大学出版 1998 年版。

64. 〔英〕孟罗斯密：《欧陆法律发达史》，姚梅镇译，台湾商务印书馆 1979 年版。

65. 梁启超：《饮冰室文集》（39 卷），中华书局 1989 年版。

66. 梁漱溟：《东西文化及其哲学》，商务印书馆 1999 年版。

67. 张晋藩：《中国法律的传统与近代转型》，法律出版社 1997 年版。

68. Jost Desbruck, *Globalization of Law*, *Politics*, *and Markets – Implications for Domestic Law – A European Perspective*, 1 Indiana Jocund of Global Legal studies 9, 1993.

69. Gordon Walker, *The Concept or Globalization*, 14 Company and Securities Law Journal 59, 1996.

70. 陈安主编：《国际经济法论丛》（第 3 卷），法律出版社 2000 年版。

71. 陈安主编：《国际经济法论丛》（第 4 卷），法律出版社 2001 年版。

72. 朱景文：《比较法社会学的框架和方法法制化、本土化和全球化》，中国人民大学出版社 2001 年版。

73. 范健等：《法理学的历史、理论与运行》，南京大学出版社 1995 年版。

74. 《邓小平文选》（第三卷），人民出版社 1993 年版。

75. 郝铁川：《法治随想录》，中国法制出版社 2002 年版。

76. 苏力：《送法下乡——中国基层司法制度研究》，中国政法大学出版社 2002 年版。

77. 夏锦文：《社会变迁与法律发展》，南京师范大学出版社 1997 年版。

78. 谢晖：《法制讲演录》，广西师范大学出版社 2005 年版。

79. 朱力宇：《依法治国论》，中国人民大学出版社 2006 年版。

80. 黄建武：《法理学》，广东高等教育出版社 1998 年版。

81. 郭成伟：《外国法系精神》，中国政法大学出版社 2001 年版。

82. ［美］罗宾·保罗·马洛伊：《法律和市场经济——法律经济学价值的重新诠释》，钱弘道、朱素梅译，法律出版社 2006 年版。

83. ［美］乌戈·马太：《比较法律经济学》，沈宗灵译，北京大学出版社 2005 年版。

84. ［美］唐纳德·A. 威特曼：《法律经济学文献精选》，苏力等译，法律出版社 2006 年版。

85. ［美］尼古拉斯·麦考罗、斯蒂文·G. 曼德姆：《经济学与法律——从波斯纳到后现代主义》，吴晓露、潘晓松、朱慧译，法律出版社 2005 年版。

86. 钱弘道：《经济分析法学》，法律出版社 2005 年版。

87. ［美］理查德·A. 波斯纳：《法律的经济分析》，蒋兆康译，中国大百科全书出版社 1997 年版。

88. ［美］迈克尔·D. 贝勒斯：《法律的原则——一个规范的分析》，张文显、宋金娜、朱卫国、黄文艺译，中国大百科全书出版社 1996 年版。

89. ［美］理查德·A. 波斯纳：《正义/司法的经济学》，苏力译，中国政法大学出版社 2002 年版。

90. ［美］理查德·A. 波斯纳：《法理学问题》，苏力译，中国政法大学出版社 2002 年版。

91. ［美］理查德·A. 波斯纳：《道德和法律理论的疑问》，苏力译，中国政法大学出版社 2001 年版。

92.［美］理查德·A. 波斯纳：《超越法律》，苏力译，中国政法大学出版社 2001 年版。

93.［美］罗伯特·考特、托马斯·尤伦：《法和经济学》，张军等译，上海三联书店、上海人民出版社 1994 年版。

94.［美］罗宾·保罗·麦乐怡：《法与经济学》，孙潮译，浙江人民出版社 1999 年版。

95.［英］哈耶克：《个人主义与经济秩序》，邓正来译，新知三联书店 2003 年版。

96.［美］布坎南：《自由、市场与国家》，平新乔、莫扶民译，三联书店上海分店 1989 版。

97. 沈宗灵：《现代西方法理学》，北京大学出版社 1992 年版。

98.［爱尔兰］J. M. 凯利著：《西方法律思想简史》，法律出版社 2002 年版。

99. 纪素珍、田力：《中外科技史概要》，中国人民大学出版社 1991 年版。

100. 潘永祥、李慎：《自然科学发展史纲要》，首都师范大学出版社 1996 年版。

101. 潘永祥：《自然科学发展简史》，北京大学出版社 1984 年版。

102.［荷兰］R. J. 弗伯斯、E. J. 狄克斯特霍伊斯著：《科学技术史》，求实出版社 1985 年版。

103.［荷兰］R. 霍伊卡著：《宗教与现代科学的兴起》，丘仲辉等译，四川人民出版社 1991 年版。

104. 教育部社会科学研究与思想政治工作司编：《自然辩证法概论》，高等教育出版社 2004 年版。

105. 赵震江：《科技法学》，北京大学出版社 1998 年版。

106. 李可、罗洪洋：《法学方法论》，贵州人民出版社 2003 年版。

107. 徐志明：《社会科学研究方法论》，当代中国出版社 1995 年版。

108. 吴元樑：《科学方法论基础》，中国社会科学出版社 1991 年版。

109. 张文显主编：《法学理论前沿论坛》（第一卷），科学出版社 2003 年版。

110. 张文显主编：《法学理论前沿论坛》（第三卷），科学出版社 2005 年版。

111. 梁治平等著：《新波斯人信札》，贵州人民出版社 1988 年版。

112. 殷陆君编译：《人的现代化》，四川人民出版社 1988 年版。

113. 张岱年：《中国哲学大纲》，中国社会科学出版社 1982 年版。

114. ［日］小原秀雄监修：《環境思想と社会》（環境思想の系譜 2），东海大学出版社，1995. 269 – 270. Cf., Richard Hofrichter（ed.）. Toxic Struggles：The Theory and Practice of Environmental Justice. Philadelphia：New Society Publishers，1993.

115. ［日］戸田清："解説社会派エコロジーの思想"，载小原秀雄监修：《環境思想と社会（環境思想の系譜 2)》，东海大学出版社 1995 年版。

116. 世界环境与发展委员会：《我们共同的未来》，王之佳等译，吉林人民出版社 1997 年版。

117. ［美］魏伊丝著：《公平地对待未来人类：国际法、共同遗产与世代间衡平》，汪劲等译，法律出版社 2000 年版。

118. 陈鸿清：《生存的忧患》，中国国际广播出版社 2000 年版。

119. 杨通进：《走向深层的环保》，四川人民出版社 2000 年版。

120. ［美］罗尔斯顿：《哲学走向荒野》，刘耳、叶平译，吉林人民出版社 2000 年版。

121. ［英］米尔恩：《人的权利与人的多样性——人权哲学》，中国大百科全书出版社 1995 年版。

122. 韩德培主编：《环境资源法论丛》（第一卷），法律出版社 2001 年版。

123. ［日］川岛武宜：《现代化与法》，中国政法大学出版社 1994 年版。

124. 孙立平：《断裂——20 世纪 90 年代以来的中国社会》，社会科学文献出版社 2003 年版。

125. 张树义：《中国社会结构变迁的法学透视》，中国政法大学出版社 2002 年版。

126. 吴玉章：《法治的层次》，清华大学出版社 2002 年版。

127. 卓泽渊：《法治泛论》，法律出版社 2001 年版。

128. 姚建宗：《法治的生态环境》，山东人民出版社 2003 年版。

129. 张文显主编：《法理学》，高等教育出版社、北京大学出版社 2003 年版。

130. 陈弘毅：《法治、启蒙与现代法的精神》，中国政法大学出版社 1998 年版。

131. 刘建生等：《晋商研究》，山西人民出版社 2002 年版。

论 文 类

1. 陈金钊："论法律信仰——法治社会的精神要素"，载《法制与社会发展》1997 第 3 期。

2. 陈融："法律信仰的基础及价值"，载《河南政法管理干部学院学报》2004 年第 2 期。

3. 孙笑侠："论法律的外在权威与内在权威"，载《学习与探索》1996 年第 4 期。

4. 杨春学："经济人的'再生'：对一种新综合的探讨与辩护"，载《经济研究》2005 年第 11 期。

5. 邓春玲："'经济人'与'社会人'——透视经济学两种范式的人性假设"，载《山东经济》2005 年第 3 期。

6. 郑云波："世俗法律与上帝律法之局部比较——法律被信仰的理论与实践分析"，载《研究生法学》2002 年第 1 期。

7. 钟明霞、范进学："试论法律信仰的若干问题"，载中国民商法律网，2006 年 3 月 2 日。

8. 钟明钊、应飞虎："经济人与国家干预法"，载《现代法学》2003 年第 12 期。

9. 张文显："构建社会主义和谐社会 法律机制"，载《中国法学》2006 年第 1 期。

10. 叶传星："法律信仰的内在悖论"，载《国家检察官学院学报》2004 年第 6 期。

11. 刘作翔："奥斯丁、凯尔森、拉兹的法律体系理论——根据拉兹的《法律体系的概念》一书"，载《金陵法律评论》2004 年（春季卷）。

12. 谢晖：“论法律体系——一个文化的视角”，载《政法论丛》2004 年第 3 期。

13. 邓正来：“中国法学何处去——建构‘中国法律理想图景时代’论纲”，载《政法论坛》2005 年第 2 期。

14. 倪正茂：“当代中国法律体系及其发展模式探索”，载《上海社会科学院学术季刊》2001 年第 1 期。

15. 杨一凡：“中华法系研究中的一个重大误区——‘诸法合体，民刑不分’说质疑”，载《中国社会科学》2002 年第 6 期。

16. 俞可平：“马克思的市民社会理论及其历史地位”，载《中国社会科学》1993 年第 4 期。

17. 王继军：“论公法与私法的划分与区别”，载《山西大学学报》（哲学社会科学版）2006 年第 4 期。

18. 王晨光：“韦伯的法律社会学思想”，载《中外法学》1992 年第 3 期。

19. 赵肖筠、马晓敏：“析良法与善德”，载《山西大学学报》（哲学社会科学版）2002 年第 3 期。

20. 李林：“全球化时代的中国立法发展”（中），载《政法论丛》2002 年第 6 期。

21. 苏力：“市场经济需要什么样的法律——关于法律文化的一点思考”，《北京大学学报》（社科版）1993 年第 4 期。

22. 苏亦工：“得形忘意：从唐律情结到民法典情结”，载《中国社会科学》2005 年第 1 期。

23. 周旺生：“法典在制度文明中的位置”，载《法学论坛》2002 年第 4 期。

24. 谢晖：“判例法与经验主义哲学”，载《中国法学》2000 年第 3 期。

25. ［英］阿兰·沃森：“法律移植论”，贺卫方译，载《比较法研究》1989 年第 1 期。

26. 周少元：“关于法律移植的几点思考”，载《法学学刊》1997 年第 1 期。

27. 沈宗灵：“论法律移植与比较法学”，载《外国法译评》1995 年第 1 期。

28. 吴玉章：“对法律移植问题的初步思考”，载《比较法研究》1991 年第 2 期。

29. ［美］杜鲁贝克："当代美国的法律与发展运动"，载《比较法研究》1990 年第 2 期。

30. 王晨光："不同国家法律间的互相借鉴与吸收——比较法研究中的一项重要课题"，载《中国法学》1992 年第 4 期。

31. 郝铁川："中国法制现代化与移植西方法律"，载《法学》1993 年第 9 期。

32. 尹伊君："文明进程中的法治现代化"，载《法学研究》1999 年第 6 期。

33. 王献枢、王宏伟："经济全球化时代的国家主权"，载《法商研究》2002 年第 1 期。

34. 马涛、肖绣文："'经济人'与人文关怀——兼评海派经济学的'新经济人'理论"，载《当代经济人研究》2004 年第 9 期。

35. 应飞虎、吴锦宇："事实的推导、预测与发展"，载《现代法学》2005 年第 7 期。

36. 徐崇温："经济全球化趋势下的国家主权问题"，载《求是》2000 年第 21 期。

37. 李德海："论司法独立"，载《法律科学》2000 年第 1 期。

38. ［美］沃伦·E. 伯格："美国司法审查的起源"，载《法学译丛》1998 年第 1 期。

39. ［美］艾伯特·P. 梅隆等："美国司法审查的起源与现状——篡权问题与民主问题"，载《法学译丛》1988 年第 6 期。

40. 聂德宗："交易费用经济绩效与文化——西方法律与经济学理论评析"，载《学术研究》1997 年第 2 期。

41. 黄立君："《1857～1858 年经济学手稿》是如何对法律进行经济分析的"，载《政法论丛》2003 年第 2 期。

42. 张建伟："'变法'模式与政治稳定性——中国经验及其法律经济学含义"，载《中国社会科学》2003 年第 2 期。

43. 李树："法学研究的经济学维度——基于法律经济学的思考"，载《现代法学》2003 年第 2 期。

44. 丁以升："法律经济学的意义、困境和出路"，载《政治与法律》

2004 年第 2 期。

45. 史晋川："法律经济学：回顾与展望"，载《浙江社会科学》2001 年第 2 期。

46. 钱弘道："法律经济学与中国法律改革、未来中国法学"，载《法律科学》2002 年第 2 期。

47. 吴杰："民事诉讼机制改革与完善的法律分析"，载《政治与法律》2000 年第 2 期。

48. 张建伟："法律经济学理论的最新发展：范式竞争与反思性评论"，载《中州学刊》2003 年第 2 期。

49. 张建伟："主流范式的危机：法律经济学理论的反思与重整"，载《法制与社会发展》2005 年第 2 期。

50. 李树："经济学思维的泛化——法律经济学的发展现状与启示"，载《天津社会科学》2005 年第 2 期。

51. 林道海："法律经济学的方法论评析"，载《南京社会科学》2003 年第 3 期。

52. 王继军："走向理性的探索——评《法律的经济解释》"，载《苏州大学学报》2005 年第 2 期。

53. 史晋川：" '法经济学'：九十年代的研究进展及趋势"，载www. lawpress. com. cn。

54. 刘少荣："法律的经济分析中使用经济学概念、范畴时应注意的几个问题"，载《法律科学》2004 年第 2 期。

55. 钱弘道："经济分析法学的几个基本概念阐释"，载《同济大学学报》2005 年第 2 期。

56. 钱弘道："关于对法律进行经济分析的三个角度"，载《法制与社会发展》2004 年第 2 期。

57. 钱弘道："法律经济学的理论基础"，载《法学研究》2002 年第 2 期。

58. 钱弘道："法律的经济分析方法评判"，载《法制与社会发展》2005 年第 2 期。

59. 张建伟："俄罗斯法律改革与秩序治理：一个法律经济学的分析"，载《世界经济》2002 年第 10 期。

60. 张建伟："从主流范式到比较制度分析——法律经济学理论思维空间

的扩展",载《财经研究》2005年第2期。

61. 张弘、魏磊:"科学发展观视野下的法治",载《法学》2005年第4期。

62. 苏力:"法律与科技问题的法理学重构",载《中国社会科学》1999年第5期。

63. 杨丽娟、陈凡:"高技术立法规制问题的哲学探讨",载《法学论坛》2005年第1期。

64. 高金榜:"法的起源探源——再论马克思主义的法起源观",载《中国地质大学学报》(社科版)2003年第3期。

65. 谢石松:"再论马克思主义关于法的起源观",载《法学评论》1998年第6期。

66. 倪雄飞、余珂珂:"对法的发展阶段的哲学思考",载《广西政法管理干部学院学报》2001年第3期。

67. 刘爱军:"论人与自然关系的法律化",载《法学论坛》2006年第2期。

68. 王贵松:"论立法中的电子革命",载《法学家》2005年第5期。

69. 刘素民:"科技行为道德约束的困境与法德并济",载《自然辩证法研究》2001年第10期。

70. 吴恒斌:"关于科技伦理与法的思考",载《武汉科技大学学报》(社科版)2001年第4期。

71. 陈泉生:"论可持续发展与科技法的调整",载《亚太经济》2000年第5期。

72. 陶鑫良、陈剑平等:"科技进步法若干问题研究",载《上海大学学报》(社会科学版)1998年第5期。

73. 孙东川、李向荣:"从系统论看我国法制建设的复杂性",载《软科学》2001年第3期。

74. 吴凡:"系统论在民事诉讼法学中应用的可行性分析",载《荆州师范学院学报》(社会科学版)2003年第6期。

75. 王志峰、安玉磊:"通过两维的社会控制走向法治——以当代中国法律为例对社会控制论的探求",载《重庆邮电学院学报》2004年第2期。

76. 〔日〕大须贺明:"环境权的法理",载《西北大学学报》(哲社版)

1999 年第 1 期。

77. 徐祥民："环境权论——人权发展历史分期的视角"，载《人大复印资料》2005 年第 1 期。

78. 蒋立山："迈向'和谐社会'的秩序路线图"，载《法学家》2006 年第 2 期。

79. 薄振峰："法律理性与人类正义"，载《环球法律评论》2006 年第 2 期。

80. 马长山："社会转型与法治根基的构筑"，载《浙江社会科学》2003 年第 7 期。

81. 孙咏梅："从趋利性看资本效率与社会公平的矛盾"，载《当代经济研究》2006 年第 1 期。

82. 顾肃："论社会公正与自由的关系"，载《学海》2004 年第 2 期。

83. 谢晖："权力缺席与权力失约——当代中国的公法漏洞及其救济"，载《求是学刊》2001 年第 1 期。

84. 李龙："人本法律观简论"，载《社会科学战线》2004 年第 6 期。

85. 汪习根："对话与超越：全球化时代中国人权法治发展路径"，载《武汉大学学报》（人文科学版）2005 年第 7 期。

86. 叶传星："和谐社会构建中的法理念转换"，载《法制与社会发展》2006 年第 1 期。

87. 郭忠："法律权威如何形成——卢梭法律观的启示"，载《现代法学》2006 年第 3 期。

88. 张正明："优秀传统文化融贯于商业经营中——晋商文化初探"，载《人民日报》1997 年第 118 期。

89. 何乃光、郑宪："试论晋商精神与传统文化"，载《中央社会主义学院学报》第 1997 第 5 期。

90. 张聪林、张春菊："山西票号的内部股权制"，载《现代商业银行》2002 年第 4 期。

91. 程素仁、程雪云："晋商股俸制及其对现实的指导意义"，载《北京商学院学报》2000 年第 4 期。

92. 余谋昌："生态人类中心主义是当代环保运动的唯一旗帜吗？"，载《自然辩证法研究》1997 年第 9 期。

93. 孔祥毅："诚信建设的历史与现实——兼谈晋商的诚信品格"，载《山西财政税务专科学校学报》2003 年第 12 期。

94. 张奎胜："晋商票号与现代企业制度"，载《北京经济瞭望》2001 年第 5 期。

95. 王莉："可持续发展观念与法的基本价值"，载《河南省政法管理干部学院学报》2004 年第 5 期。

后　　记

　　本书的完成，得益于我多年法理学教学的感悟，得益于法理学界同仁研究成果的启迪，得益于山西大学法学院领导和同事的大力支持，更得益于我的研究生与我共同探讨法理学前沿问题时的启示。在此，一并表示诚挚的感谢。

　　其中特别要提出的是，我院首届法理学专业的研究生曹艳琼、王国勤、史剑华、刘志峰、张艳燕，他们活跃的思维和悉心的研究，以及2005届在职法律硕士研究生项洁（现在温州信访局）提供的温州实地调研资料和文字资料，都启发了本书写作的许多思路。他们在承担本书研究写作任务的同时，也找到了各自的研究方向并顺利完成了毕业论文。2005级法学硕士苏静、任婷婷也为本书的写作付出了极大努力。因此，在某种意义上说，本书是我与我的研究生共同研究的成果，同时希望他们继续深入学习研究，取得更大的成绩。

　　在这里，还要特别感谢好友倪泽仁教授在学术上对我一贯的支持与帮助。

　　最后，谢谢中国检察出版社及和育东主任对本书的大力支持。

作者
2007 年 6 月